Behördliche Nachbesserung von Verwaltungsakten im verwaltungsgerichtlichen Verfahren und Rechtsschutz der Betroffenen

Dissertation
zur Erlangung des Doktorgrades

der Juristischen Fakultät der Universität Regensburg

vorgelegt von

Barbara Heinrich

Barbara Heinrich

Behördliche Nachbesserung von Verwaltungsakten im verwaltungsgerichtlichen Verfahren und Rechtsschutz der Betroffenen

2., unveränderte Auflage

Herbert Utz Verlag · München

Rechtswissenschaften

Herausgegeben von

Prof. Dr. Thomas Küffner
küffner maunz langer zugmaier, München

Band 7

Zugl.: Diss., 1998

Bibliografische Information der Deutschen Nationalbibliothek:
Die Deutsche Nationalbibliothek verzeichnet diese Publikation in der Deutschen Nationalbibliografie; detaillierte bibliografische Daten sind im Internet über http://dnb.d-nb.de abrufbar.

frühere Ausgabe: ISBN 978-3-89675-478-3

ISBN 978-3-8316-8097-9

Printed in EU
Herbert Utz Verlag GmbH, München
www.utzverlag.de

Inhaltsverzeichnis

Literaturverzeichnis

Alexy, Robert, Ermessensfehler, in: JZ 1986, S. 701 ff.

Arnold, Rainer, Vereinheitlichung des Verwaltungsverfahrensrechts in der EG-unter besonderer Berücksichtigung der Regeln über die Sachverhaltsermittlung und die Verteidigungsrechte der Betroffenen. Bereits bestehende Ansätze im Gemeinschaftsrecht und Bedürfnisse ihrer Fortentwicklung, in: EuR-Beiheft 1- 1995, S. 7 ff.

Bachof, Otto, Verfahrensrecht, Verfahrenspraxis, in: DÖV 1982, S. 757 ff.

Badura, Peter, Gestaltungsfreiheit und Beurteilungsspielraum der Verwaltung, bestehend aufgrund und nach Maßgabe des Gesetzes, in: Püttner, Günter (Hrsg.), Festschrift für Otto Bachof, München 1984, S. 169 ff.

Badura, Peter, Das Planungsermessen und die rechtsstaatliche Funktion des Allgemeinen Verwaltungsrechts, in: Festschrift für den Bayerischen Verfassungsgerichtshof, München 1972, S. 157 ff.

Barbey, Günther, Aus der Rechtsprechung des Bundesverwaltungsgerichts, in: JR 1982, S. 143 ff.

Bartlsperger, Richard, Das Abwägungsgebot in der Verwaltung als objektives und individualrechtliches Erfordernis konkreter Verhältnismäßigkeit, in: Abwägung im Recht - Symposium zur Emeritierung von Werner Hoppe, Köln 1996, S. 79 ff.

Bartlsperger, Richard, Planungsrechtliche Optimierungsgebote, in: DVBl. 1996, S. 1 ff.

Baum, Gerhart Rudolf, Die Verwaltungsgerichtsbarkeit im Spannungsverhältnis zwischen Gesetzesvollzug und Individualrechtsschutz, in: DÖV 1980, S. 425 ff.

Baur, Fritz, Einige Bemerkungen zur Beweislastverteilung im Verwaltungsprozeß, in: Püttner, Günter (Hrsg.), Festschrift für Otto Bachof, München 1984, S. 285 ff.

Becker-Schwarze, Kathrin, Wandel der Handlungsformen im öffentlichen Recht, Stuttgart 1991, S. 47 ff.

Beckmann, Martin, Verwaltungsgerichtlicher Rechtsschutz im raumbedeutsamen Umweltrecht, Eine Untersuchung zum Umfang der richterlichen Kontrolle im Abfall-, Immissionsschutz-, Wasserhaushalts- und Naturschutzrecht, Münster 1987

Behrens, Fritz, Der Faktor Zeit im Prozeß der Rechtsfindung - Reflexionen über die gegenwärtige Beschleunigungsdiskussion, in: NWVBl. 1996, S. 121 ff.

Behrens, Peter, Die ökonomischen Grundlagen des Rechts. Politische Ökonomie als rationale Jurisprudenz, Tübingen 1986

Berg, Wilfried, Grundsätze des verwaltungsgerichtlichen Verfahrens, in: System des verwaltungsgerichtlichen Rechtsschutzes, Festschrift für Christian-Friedrich Menger, Köln 1985, S. 537 ff.

Berkemann, Jörg, Horizonte rechtsstaatlicher Planung, in: Planung und Plankontrolle, Entwicklungen im Bau- und Fachplanungsrecht, Festschrift für Otto Schlichter, Köln 1995, S. 27 ff.

Bertrams, Michael, Verwaltungsverantwortung und Verwaltungsgerichtsbarkeit - Notwendigkeit des Abbaus richterlicher Kontrolldichte?, in: NWVBl. 1997, S. 3 ff.

Bethge, Herbert, Grundrechtsverwirklichung und Grundrechtssicherung durch Organisation und Verfahren, in: NJW 1982, S. 1 ff.

Bettermann, Karl August, Anfechtbare und nichtanfechtbare Verfahrensmängel, in: System des verwaltungsgerichtlichen Rechtsschutzes, Festschrift für Christian-Friedrich Menger, Köln 1985, S. 709 ff.

Bettermann, Karl August, Die Anfechtung von Verwaltungsakten wegen Verfahrensfehlern, in: Beiträge zum deutschen und europäischen Verfassungs- Verwaltungs- und Wirtschaftsrecht, Festschrift für Hans Peter Ipsen, Tübingen 1977, S. 271 ff.

Bettermann, Karl August, Über die Rechtswidrigkeit von Staatsakten, in: Recht als Prozeß und Gefüge, Festschrift für Hans Huber, Bern 1981, S. 25 ff.

Blümel, Willi, Grundrechtsschutz durch Verfahrensgestaltung, in: Blümel (Hrsg.), Frühzeitige Bürgerbeteiligung bei Planungen, Vorträge und Diskussionsbeiträge der 49. Staatswissenschaftlichen Fortbildungstagung 1981 der Hochschule für Verwaltungswissenschaften Speyer, Berlin 1982, S. 23 ff.

Blümel, Willi (Hrsg.), Die Vereinheitlichung des Verwaltungsverfahrensrechts, Vorträge und Diskussionsbeiträge der 10. Arbeitstagung 1983 des Forschungsinstituts für öffentliche Verwaltung bei der Hochschule für Verwaltungswissenschaften Speyer, Bd. 93, Berlin 1984

Blümel, Willi, Verwaltungsverfahrensrecht und Verwaltungsprozeßrecht, Deutsch-Deutsches Verwaltungsrechtskolloquium, Speyer 1990

Blümel, Willi/Pitschas, Rainer, Reform des Verwaltungsverfahrensrechts, Vorträge und Diskussionsbeiträge des Forschungsseminars am Forschungsinstitut für öffentliche Verwaltung bei der Hochschule für Verwaltungswissenschaften Speyer vom 3. bis 5. März 1993, Berlin 1994

Blümel, Willi, Planung und Verwaltungsgerichtsbarkeit, in: DVBl. 1975, S. 695 ff.

Böckenförde, Christoph, Die sogenannte Nichtigkeit verfassungswidriger Gesetze, Eine Untersuchung über Inhalt und Folgen der Rechtssatzkontrollentscheidungen des Bundesverfassungsgerichts, Berlin 1966

Bonk, Heinz Joachim, Strukturelle Änderungen des Verwaltungsverfahrens durch das Genehmigungsverfahrensbeschleunigungsgesetz, in: NVwZ 1997, S. 320 ff.

Bracher, Christian-Dietrich, Nachholung der Anhörung bis zum Abschluß des verwaltungsgerichtlichen Verfahrens?, in: DVBl. 1997, S. 534 ff.

Breuer, Rüdiger, Verfahrens- und Formfehler der Planfeststellung für raum- und umweltrelevante Großvorhaben, in: Bürger-Richter-Staat, Festschrift für Sendler, München 1991, S. 357 ff.

Buchner, Werner, Deregulierung, Verwaltungsvereinfachung und Verfahrensbeschleunigung, in: Planung und Plankontrolle, Entwicklungen im Bau- und Fachplanungsrecht, Festschrift für Otto Schlichter, Köln 1995, S. 183 ff.

Bullinger, Martin (Hrsg.), Investitionsförderung durch flexible Genehmigungsverfahren, Bericht der Unabhängigen Expertenkommission zur Vereinfachung und Beschleunigung von Planungs- und Genehmigungsverfahren, Verwaltung 2000, Baden-Baden 1994

Bullinger, Martin, Beschleunigte Genehmigungs- und Planungsverfahren für eilbedürftige Vorhaben, in: Blümel/Pitschas (Hrsg:), Reform des Verwaltungsverfahrensrechts, Berlin 1994, S. 127 ff.

Bullinger, Martin, Investitionsförderung durch nachfragegerechte und kooperative Beschleunigung von Genehmigungsverfahren, in: JZ 1994, S. 1129 ff.

Burke, Norbert, Abbau oder Zunahme der verwaltungsgerichtlichen Kontrolle? Tagungsbericht zur Frühjahrstagung der Arbeitsgemeinschaft für Verwaltungsrecht im Deutschen Anwaltsverein 1994 in Münster, in: DVBl. 1994, S. 994 ff.

Busse, Volker, Verfahrenswege zu einem „schlankeren Staat", in: DÖV 1996, S. 389 ff.

von Danwitz, Thomas, Zum Anspruch auf Durchführung des „richtigen" Verwaltungsverfahrens, in: DVBl. 1993, S. 422 ff.

von Danwitz, Thomas, 15 Jahre VwVfG, in: Jura 1994, S. 281 ff.

von Danwitz, Thomas, Umweltrechtliche Präklusionsnormen zwischen Verwaltungseffizienz und Rechtsschutzgarantie, in: UPR 1996, S. 323 ff.

Detterbeck, Steffen, Das Verwaltungsakt-Wiederholungsverbot, in: Neue Zs. für Verwaltungsrecht 1994, S. 35 ff.

Di Fabio, Udo, Risikoentscheidungen im Rechtsstaat, Zum Wandel der Dogmatik im öffentlichen Recht insbesondere am Beispiel der Arzneimittelüberwachung, Tübingen 1994

Dörr, Dieter, Faires Verfahren. Gewährleistung im Grundgesetz der Bundesrepublik Deutschland, Kehl am Rhein 1984

Dolde, Klaus-Peter, Die Heilungsvorschriften des BauGB, in: BauR 1990, 1, S. 11 ff.

Dolde, Klaus-Peter, Grundrechtsschutz durch einfaches Verfahrensrecht?, in: NVwZ 1982, S. 65 ff.

Dolde, Klaus-Peter, Zur Beteiligung der Naturschutzverbände im Planfeststellungsverfahren - § 29 I Nr. 4 BNatSchG ein „absolutes Verfahrensrecht"?, in: NVwZ 1991, S. 960 ff.

Dolde, Klaus-Peter, Novellierung des Baugesetzbuchs, in: NVwZ 1996, S. 209 ff.

Dürr, Hansjochen, Aktuelle Fragen der Planfeststellung, in: VBlBW 1992, S. 327 ff.

Eckert, Lucia, Beschleunigung von Planungs- und Genehmigungsverfahren, Speyer 1997

Ehlers, Dirk, Anhörung im Verwaltungsverfahren, in: Jura 1996, S. 617 ff.

Eidenmüller, Horst, Effizienz als Rechtsprinzip, Möglichkeiten und Grenzen der ökonomischen Analyse des Rechts, München 1996

Erbguth, Wilfried, Umweltrecht im Gegenwind: die Beschleunigungsgesetze, in: JZ 1994, S. 477 ff.

Erbguth, Wilfried, Bauleitplanung und Fachplanung: Thesen, in: NVwZ 1995, S. 243 ff.

Erfmeyer, Klaus, Der nichtmaterielle Verwaltungsakt - rechtswidrige und überflüssige Fiktion, in: DÖV 1996, S. 629 ff.

Erfmeyer, Klaus, Die Befugnis der Behörde zum Erlaß von Folgebescheiden nach rechtskräftigem Urteil über den Erstbescheid, in: DVBl. 1997, S. 27 ff.

Erichsen, Hans-Uwe (Hrsg.), Allgemeines Verwaltungsrecht, 10. Auflage, Berlin 1995

Erichsen, Hans-Uwe, Verfassungs- und verwaltungsrechtsgeschichtliche Grundlagen der Lehre vom fehlerhaften belastenden Verwaltungsakt und seiner Aufhebung im Prozeß, Frankfurt am Main 1971

Erichsen, Hans-Uwe/Knoke, Ulrich, Bestandskraft von Verwaltungsakten, in: NVwZ 1983, S. 185 ff.

Ewer, Wolfgang, Beschränkung der verwaltungsgerichtlichen Kontrolldichte bei der Anwendung unbestimmter Rechtsbegriffe-Zulässiges und geeignetes Mittel zur Beschleunigung behördlicher und gerichtlicher Verfahren?, in: NVwZ 1994, S. 140 ff.

Fechtrup, Hermann/Wiedemeier, Wilhelm, Vergerichtlichung der Verwaltung aus kommunaler Sicht, in: System des verwaltungsgerichtlichen Rechtsschutzes, Festschrift für Christian-Friedrich Menger, Köln 1985, S. 797 ff.

Finkelnburg, Klaus, Das Gebot der Effektivität des Rechtsschutzes in der Rechtsprechung des Bundesverwaltungsgerichts, in: Verwaltungsrecht zwischen Freiheit, Teilhabe und Bindung, Festgabe für das Bundesverwaltungsgericht, München 1978, S. 169 ff.

Finkelnburg, Klaus, Rückwirkende Heilung von Bebauungsplänen, in: Planung und Plankontrolle, Entwicklungen im Bau- und Fachplanungsrecht, Festschrift für Otto Schlichter, Köln 1995, S. 301 ff.

Fisahn, Andreas, Kampf gegen Windmühlen? Überlegungen zur Bedeutung der Bürgerbeteiligung für den Umweltschutz anläßlich der Beschleunigungsnovellen, in: Neue Justiz 1996, S. 63 ff.

Gaentzsch, Günter, Rechtsfolgen von Fehlern bei der Aufstellung von Bauleitplänen, in: Baurecht Aktuell, Festschrift für Felix Weyreuther, Köln 1993, S. 249 ff.

Geislinger, Josef, Unterlassungsansprüche Drittbetroffener gegen rechtswidrig formlos errichtete Anlagen der öffentlichen Hand, in: BayVBl. 1994, S. 72 ff.

Göb, Rüdiger, Mitwirkungsmöglichkeiten im Planungsverfahren, in: AfK 1980, S. 26 ff.

Goerlich, Helmut, Grundrechte als Verfahrensgarantien, Ein Beitrag zum Verständnis des Grundgesetzes für die Bundesrepublik Deutschland, Baden-Baden, 1981, S. 360 f.

Götz, Volkmar/Klein, Hans Hugo/Starck, Christian, Die öffentliche Verwaltung zwischen Gesetzgebung und verwaltungsgerichtlicher Kontrolle, München 1985

Gornig, Gilbert-Hanno, Die sachbezogene hoheitliche Maßnahme, auch ein Beitrag zur Allgemeinverfügung im Sinne des § 35 S. 2 VwVfG, Berlin 1985

Grimm, Dieter, Verfahrensfehler als Grundrechtsverstöße, in: NVwZ 1985, S. 865 ff.

Groß, Thomas, Die Anpassungsfähigkeit des Verwaltungsrechts, in: DÖV 1994, S. 66 ff.

Häberle, Peter, Grundrechte im Leistungsstaat, in: VVDStRL 30 (1972), S. 43 ff.

Hatje, Armin, Die Heilung formell rechtswidriger Verwaltungsakte im Prozeß als Mittel der Verfahrensbeschleunigung, in: DÖV 1997, S. 477 ff.

Heinze, Christian, Keine Heilung der Nichtberücksichtigung relevanter Belange bei einer planerischen Abwägung im gerichtlichen Verfahren, in: NVwZ 1989, S. 121 ff.

Held, Jürgen, Der Grundrechtsbezug des Verwaltungsverfahrens, Berlin 1984

Henneke, Hans Günter, Verwaltungseffizienz und Betroffenenakzeptanz, in: Neue Zs. für Verwaltungsrecht 1994, S. 555 ff.

Hill, Hermann, Das fehlerhafte Verfahren und seine Folgen im Verwaltungsrecht, Heidelberg 1986

Hill, Herrmann, Rechtsstaatliche Bestimmtheit oder situationsgerechte Flexibilität des Verwaltungshandelns, in: DÖV 1987, S. 885 ff.

Hofe, Gerhard/Müller, Andreas, Wandel der Staatsfunktionen - Wandel in Verwaltungsverfahren und Verwaltungsprozeß, in: BayVBl. 1995, S. 225 ff.

Hoffmann, Roland, Verfahrensgerechtigkeit, Studien zu einer Theorie prozeduraler Gerechtigkeit, Paderborn 1992

Hoffmann, Gert, Investitionsförderung durch flexible Genehmigungsverfahren: zum Bericht einer Expertenkommission der Bundesregierung, in: DÖV 1995, S. 237 ff.

Hoffmann-Riem, Wolfgang, Tendenzen in der Verwaltungsrechtsentwicklung, in: DÖV 1997, S. 433 ff.

Hoffmann-Riem, Wolfgang, Reform des Allgemeinen Verwaltungsrechts: Vorüberlegungen, in: DVBl. 1994, S. 1381 ff.

Hofherr, Erich, Planersetzende Satzungen, in: in: Planung und Plankontrolle, Entwicklungen im Bau- und Fachplanungsrecht, Festschrift für Otto Schlichter, Köln 1995, S. 375 ff.

Hoppe, Werner, Schlarmann, Hans, Rechtsschutz bei der Planung von Straßen und anderen Verkehrsanlagen, 2. Auflage, München 1981

Hoppe, Werner, Erste Überlegungen zu einem Grundsatz der Planerhaltung, in: Planung und Plankontrolle, Entwicklungen im Bau- und Fachplanungsrecht, Festschrift für Otto Schlichter, Köln 1995, S. 87 ff.

Hoppe, Werner, Der Rechtsgrundsatz der Planerhaltung als Struktur- und Abwägungsprinzip, in: DVBl. 1996, S. 12 ff.

Hoppe, Werner, Planung und Pläne in der verwaltungsgerichtlichen Kontrolle, in: System des verwaltungsgerichtlichen Rechtsschutzes, Festschrift für Christian-Friedrich Menger, Köln 1985, S. 747 ff.

Hoppe, Werner, Das Abwägungsgebot in der Novellierung des BauGB, in: DVBl. 1994, S. 1033 ff.

Hoppe, Werner, Gerichtliche Kontrolldichte bei komplexen Verwaltungsentscheidungen-Ein Beitrag zu „zieldiktierten" Planungs- und komplexen Prognoseentscheidungen, in: Verwaltungsrecht zwischen Freiheit, Teilhabe und Bindung, Festgabe für das Bundesverwaltungsgericht, München 1978, S. 295 ff.

Hoppe, Werner, Verwaltungsverantwortung und Verwaltungsgerichtsbarkeit, in: DVBl. 1975, S. 684 ff.

Hoppe, Werner, Die Schranken der planerischen Gestaltungsfreiheit (§ 1 IV und V BBauG), Das Urteil des Bundesverwaltungsgerichts vom 12. 12. 1969 zum Abwägungsgebot (§ 1 IV S. 2 BBauG) und seine Rechtskontrolle, in: BauR 1970, S. 15 ff.

Hoppe, Werner, Zur Struktur von Normen des Planungsrechts, in: DVBl. 1974, S. 641 ff.

Horn, Hans-Detlef, Das Nachschieben von Gründen und die Rechtmäßigkeit von Verwaltungsakten, in: Die Verwaltung 1992, S. 203 ff.

Hüttenbrink, Jost, Endstation Einzelrichter, in: DVBl. 1996, S. 717 ff.

Hufen, Friedhelm, Verwaltungsprozeßrecht, 2. Auflage, München 1996

Hufen, Friedhelm, Fehler im Verwaltungsverfahren, 2. Auflage, Baden-Baden 1991

Hufen, Friedhelm, Zur Systematik der Folgen von Verfahrensfehlern - eine Bestandsaufnahme nach zehn Jahren VwVfG, in: DVBl. 1988, S. 70 ff.

Hufen, Friedhelm, Heilung und Unbeachtlichkeit grundrechtsrelevanter Verfahrensfehler?, in: NJW 1982, S. 2160 ff.

Ibler, Martin, Die Schranken planerischer Gestaltungsfreiheit im Planungsrecht, Berlin 1988

Ipsen, Jörn, Verbindlichkeit, Bestandskraft und Bindungswirkung von Verwaltungsakten, in: Die Verwaltung 1984, S. 169 ff.

Isensee, Josef, Kirchhof, Paul, Handbuch des Staatsrechts der Bundesrepublik Deutschland, Das Handeln des Staates, Band III, (unveränderte) 2. Auflage, Heidelberg 1996

Jacoby, Henrik, Die Beschleunigung von Verwaltungsverfahren und das Verfassungsrecht, Frankfurt am Main 1996

Jäde, Henning, Vereinfachungsprobleme des Anlagenzulassungsrechts, in: WiVerw 1995, S. 158 ff.

Jäde, Henning, Beschleunigung von Genehmigungsverfahren nach denm Genehmigungsverfahrensbeschleunigungsgesetz
UPR 1996, 361 ff.

Johlen, Heribert, Besonderheiten des Rechtsschutzes gegenüber Planfeststellungen, in: Rechtsstaat zwischen Sozialgestaltung und Rechtsschutz, Festschrift für Konrad Redeker, München 1993, S. 487 ff.

Knack, Hans Joachim, Verwaltungsverfahrensgesetz, Kommentar, 5. Auflage, Köln 1996

Knippel, Wolfgang, Rechtsfolgen fehlerhafter Anhörung im Verwaltungsverfahren, Köln 1987

Koch, Hans-Joachim, Das Verwaltungsverfahren im Spannungsfeld von Komplexitätsbedingungen und Effizienzgeboten, in: Neue Zs. für Verwaltungsrecht 1994, S. 252 ff.

Koch, Hans-Joachim, Das Abwägungsgebot im Planungsrecht, Einige Bemerkungen zur Intensität verwaltungsgerichtlicher Kontrolle, veranlaßt durch BVerwG, Urteil vom 21. 8. 1981, in: DVBl. 1983, S. 1125 ff.

Koch, Hans-Joachim, Die normtheoretische Basis der Abwägung, in: Erbguth/Oebbecke/Rengeling/Schulte (Hrsg.), Abwägung im Recht - Symposium zur Emeritierung von Werner Hoppe, Köln 1996, S. 9 ff.

König, Eberhard, Meins, Jürgen, Verwaltungsverfahrensgesetz des Freistaates Bayern unter Berücksichtigung des Veraltungsverfahrensgesetzes des Bundes, Kommentar, 1. Auflage, München 1993

Kopp, Ferdinand, Entwicklungstendenzen in der Verwaltungsgerichtsbarkeit, in: BayVBl. 1977, S. 513 ff.

Kopp, Ferdinand, Verfassungsrecht und Verwaltungsverfahrensrecht, München 1971

Kopp, Ferdinand, Beteiligung, Rechts- und Rechtsschutzpositionen im Verwaltungsverfahren, in: Verwaltungsrecht zwischen Freiheit, Teilhabe und Bindung, Festgabe für das Bundesverwaltungsgericht, München 1978, S. 387 ff.

Kopp, Ferdinand, Die Rechtsschutzfunktion des Widerspruchsverfahrens nach §§ 68 ff. VwGO, in: Rechtsstaat zwischen Sozialgestaltung und Rechtsschutz, Festschrift für Konrad Redeker, München 1993, S. 543 ff.

Krämer, Clemens, Sechstes Gesetz zur Änderung der Verwaltungsgerichtsordnung, in: LKV 1997, S. 114 ff.

Kraft, Ingo, Änderungsbescheide im Widerspruchsverfahren und Verwaltungsprozeß, in: BayVBl. 1995, S. 519 ff.

Krasney, Otto Ernst, Zur Anhörungspflicht im Verwaltungsverfahren, in: NVwZ 1986, S. 337 ff.

Krebs, Walter, Kompensation von Verwaltungsverfahrensfehlern durch gerichtlichen Rechtsschutz?, in: DVBl. 1984, S. 110 ff.

Krebs, Walter, Subjektiver Rechtsschutz und objektive Rechtskontrolle, in: System des verwaltungsgerichtlichen Rechtsschutzes, Festschrift für Christian-Friedrich Menger, Köln 1985, S. 191 ff.

Kügel, J. Wilfried, Der Planfeststellungsbeschluß und seine Anfechtbarkeit - Zugleich ein Beitrag zur Auslegung der §§ 74, 75 VwVfG, Berlin 1985

Kühling, Jürgen, Fachplanungsrecht, Berlin 1988

Kuhla, Wolfgang/Hüttenbrink, Jost, Endstation Einzelrichter - Kritische Betrachtung der Entwürfe von Bundesrat und Bundesregierung zur 6. VwGO-Novelle, in: DVBl. 1996, S. 717 ff.

Kuschnerus, Ulrich, Beschleunigung der Verkehrswegeplanung?, in: UPR 1992, S. 167 ff.

Kutscheidt, Ernst, Verfahrensbeschleunigung und richterliche Kontrolldichte, in: NWVBl. 1995, S. 121 ff.

Ladeur, Karl-Heinz, Die Zukunft des Verwaltungsakts, in: Verwaltungsarchiv 86 (1995), S. 511 ff.

Ladeur, Karl-Heinz, Die Schutznormtheorie - Hindernis auf dem Weg zu einer modernen Dogmatik der planerischen Abwägung?, in: UPR 1984, S. 1 ff.

Laubinger, Hans-Werner, Grundrechtsschutz durch Gestaltung des Verwaltungsverfahrens, in: VerwArch 73 (1982), S. 60 ff.

Laubinger, Hans-Werner, Heilung und Folgen von Verfahrens- und Formfehlern, in: VerwArch 72 (1981), S. 333 ff.

Lerche, Peter, Kernkraft und rechtlicher Wandel, Bielefeld 1981

Loewer, Wolfgang, Klagebefugnis und Kontrollumfang der richterlichen Planprüfung bei straßenrechtlichen Planfeststellungsbeschlüssen, in: DVBl. 1981, S. 528 ff.

Lorenz, Dieter, Die verfassungsrechtlichen Vorgaben des Art. 19 IV GG für das Verwaltungsprozeßrecht, in: System des verwaltungsgerichtlichen Rechtsschutzes, Festschrift für Christian-Friedrich Menger, Köln 1985, S. 143 ff.

Lotz, Klaus Werner, Sechstes Gesetz zur Änderung der Verwaltungsgerichtsordnung, in: BayVBl. 1997, S. 257 ff.

Lübbe-Wolff, Gertrude, Stufen des Grundrechtsschutzes gegen Verfahrensverstöße, in: Festschrift für Werner von Simson, Baden-Baden 1983, S. 137 ff.

Luhmann, Niklas, Legitimation durch Verfahren, Neuwied am Rhein 1969

Mandelartz, Herbert, Anhörung, Absehen von der Anhörung, Nachholen der unterbliebenen Anhörung - Zur Relativierung eines Verfahrensrechts, in: DVBl. 1983, S. 112 ff.

Marschall, Ernst/Schroeter, Wolfgang/Kastner, Fritz, Bundesfernstraßengesetz, Kommentar, 4. Auflage, Köln 1977

Martens, Joachim, Die Praxis des Verwaltungsverfahrens, München 1985

Maunz, Theodor/Dürig, Günter/Herzog, Roman/Scholz, Rupert, Grundgesetz, Kommentar, 5. Auflage, München 1991

Maurer, Hartmut, Allgemeines Verwaltungsrecht, 10. Auflage, München 1995

Maurer, Hartmut, Bestandskraft für Satzungen?, in: Püttner, Günter (Hrsg.), Festschrift für Otto Bachof, München 1984, S. 215 ff.

Meissner, Claus, Die Novellierung des Verwaltungsprozeßrechts durch das Sechste Gesetz zur Änderung der Verwaltungsgerichtsordnung, in: VBlBW 1997, S. 81 ff.

Messerschmidt, Lothar, Zur Heilung und Folgenlosigkeit von Verfahrens- und Formfehlern bei Verwaltungsakten gemäß §§ 45 und 46 VwVfG, in: NVwZ 1985, S. 877 ff.

Meyer, Hans, Die Kodifikation des Verwaltungsverfahrens und die Sanktion für Verfahrensfehler, in: NVwZ 1986, S. 513 ff.

Meyer, Hans/Borgs-Maciejewski, Hermann, Verwaltungsverfahrensgesetz, 2. Auflage, Frankfurt am Main 1982

Meyer-Ladewig, Jens, Sozialgerichtsgesetz mit Erläuterungen, 5. Auflage, München 1993

Müller-Ibold, Till, Die Begründungspflicht im europäischen Gemeinschaftsrecht und im deutschen Recht, Frankfurt am Main 1990

von Münch, Ingo/Kunig, Philip, Grundgesetz, Kommentar, Bd. 1, Präambel bis Art. 20, 4. Auflage, München 1992

von Mutius, Albert, Der Mülheim-Kärlich-Beschluß des *BVerfG*: Grundrechtsschutz durch Verfahren, in: Jura 1984, S. 529 ff.

von Mutius, Albert, Gerichtsverfahren und Verwaltungsverfahren, in: System gerichtlichen Rechtsschutzes, Festschrift für Christian-Friedrich Menger, Köln 1985, S. 575 ff.

von Mutius, Albert, Frühzeitige Bürgerbeteiligung bei der Planung von Verkehrsanlagen, in: Blümel, Frühzeitige Bürgerbeteiligung bei Planungen, Berlin 1982, S. 157 ff.

Nehls, Jürgen, Die Rechtsprechung des BSG zur Anhörung, in: NVwZ 1982, S. 494 ff.

Niehues, Norbert, Der verwaltungsgerichtliche Ausschluß von Einwendungen gegen einen Planfeststellungsbeschluß, in: System des verwaltungsgerichtlichen Rechtsschutzes, Festschrift für Christian-Friedrich Menger, Köln 1985, S. 619 ff.

Obermayer, Klaus, Die Bedeutung der „Regelung" im Rahmen der Begriffsbestimmung des Verwaltungsaktes nach § 35 VwVfG, in: RiA 1980, S. 121 ff.

Oberrath, Jörg-Dieter/Hahn, Oliver, Ende des effektiven Rechtsschutzes? Die Änderungen der VwGO und des VwVfG, in: VBlBW 1997, 241 ff.

Odenthal, Hans-Jörg, Die Heilung von Verfahrensfehlern gemäß § 45 VwVfG nach erhobener Untätigkeitsklage, in: NVwZ 1995, S. 668 ff.

Ossenbühl, Fritz, Eine Fehlerlehre für untergesetzliche Normen, in: NJW 1986, S. 2805 ff.

Ossenbühl, Fritz, Die richterliche Kontrolle von Prognoseentscheidungen der Verwaltung, in: System des verwaltungsgerichtlichen Rechtsschutzes, Festschrift für Christian-Friedrich Menger, Köln 1985, S. 731 ff.

Ossenbühl, Fritz, Gedanken zur Kontrolldichte in der verwaltungsgerichtlichen Rechtsprechung, in: Rechtsstaat zwischen Sozialgestaltung und Rechtsschutz, Festschrift für Konrad Redeker, München 1993, S. 55 ff.

Ossenbühl, Fritz, Verwaltungsverfahren zwischen Verwaltungseffizienz und Rechtsschutzauftrag, in: NVwZ 1982, S. 465 ff.

Ossenbühl, Fritz, Grundrechtsschutz im und durch Verfahrensrecht, in: Staatsorganisation und Staatsfunktionen im Wandel, Festschrift für Kurt Eichenberger, Frankfurt am Main 1982, S. 183 ff.

Ossenbühl, Fritz, Zur Bedeutung von Verfahrensmängeln im Atomrecht, in: NJW 1981, S. 375 ff.

Ossenbühl, Fritz, Kernenergie im Spiegel des Verfassungsrechts, in: DÖV 1981, S. 1 ff.

Osterloh, Lerke, Anmerkung zu Bundesverwaltungsgericht, Urteil v. 13. 11. 1981, in: JuS 1982, S. 785 f.

Pagenkopf, Martin, Grenzen behördlicher und gerichtlicher Plankontrolle, in: BauR 1979, S. 1 ff.

Pasternak, Dieter, Beschleunigung beim Straßenbau, in: BayVBl. 1994, S. 616 ff.

Peine, Franz-Joseph, Allgemeines Verwaltungsrecht, 2. Auflage, Heidelberg 1995

Pietzcker, Jost, „Grundrechtsbetroffenheit" in der verwaltungsrechtlichen Dogmatik, in: Püttner, Günter (Hrsg.), Festschrift für Otto Bachof, München 1984, S. 131 ff.

Pietzcker, Jost, Das Verwaltungsverfahren zwischen Verwaltungseffizienz und Rechtsschutzauftrag, in: VVDStRL 41 (1983), S. 193 ff.

Pietzner, Rainer/Ronellenfitsch, Michael, Das Assessorexamen im Öffentlichen Recht, 8. Auflage, Düsseldorf 1993

Pitschas, Rainer, Verwaltungsverantwortung und Verwaltungsverfahren- Strukturprobleme, Funktionsbedingungen und Perspektiven eines konsensualen Verwaltungsrechts, München 1990

Pitschas, Rainer, Entwicklung der Handlungsformen im Verwaltungsrecht - Vom Formendualismus des Verwaltungsverfahrens zur Ausdifferenzierung der Handlungsformen, in: Blümel/Pitschas, Reform des Verwaltungsverfahrensrechts, S. 229 ff.

Pofalla, Ronald, Ein Bericht zur Änderung der Verwaltungsgerichtsordnung, in: BRAK-Mitt. 1996, S. 133 ff.

Redeker, Konrad, Über die Einflußmöglichkeiten des Fachgesetzgebers auf das verwaltungsgerichtliche Verfahren, in: DÖV 1993, S. 10 ff.

Redeker, Konrad, Ist der Rechtsstaat wirklich in Gefahr?, in: NJW 1996, S. 1870 ff.

Redeker, Konrad, Schlankere Verwaltungsgerichtsbarkeit?, in: NJW 1994, S. 1707 ff.

Redeker, Konrad, Neue Experimente mit der VwGO?, in: NVwZ 1996, S. 521 ff.

Redeker, Konrad, Legislative, Exekutive und Verwaltungsgerichtsbarkeit, in: NVwZ 1996, S. 126 ff.

Redeker, Konrad/von Oertzen, Hans-Joachim, Verwaltungsgerichtsordnung, 12. Auflage, Stuttgart 1997

Repkewitz, Ulrich, Beschleunigung der Verkehrswegeplanung, in: VerwArch 1997, S. 137 ff.

Ringel, Hans-Jürgen, Die Plangenehmigung im Fachplanungsrecht, Berlin 1995

Riotte, Wolfgang, Verwaltungsverantwortung und Verwaltungsgerichtsbarkeit - Notwendigkeit des Abbaus richterlicher Kontrolldichte?, in: NWVBl. 1997, S. 1 ff.

Ronellenfitsch, Michael, Der Entwurf eines Gesetzes zur Beschleunigung der Planungen für Verkehrswege in den neuen Ländern sowie im Land Berlin, in: DVBl. 1991, S. 920 ff.

Ronellenfitsch, Michael, Verfahrensrechtliche Reformfragen im Atom-, Immissionsschutz- und Gentechnikrecht, in: Blümel/Pitschas, Reform des Verwaltungsverfahrensrechts, S. 303 ff.

Ronellenfitsch, Michael, Neues Verkehrswegeplanungsrecht, in: DVBl. 1994, S. 441 ff.

Roßnagel, Alexander, Verfahrensfehler ohne Sanktion, in: JuS 1994, S. 927 ff.

Rubel, Rüdiger, Planungsermessen, Norm- und Begründungsstruktur, Diss., Frankfurt am Main 1982

Rupp, Hans Heinrich, „Ermessen", „unbestimmter Rechtsbegriff" und kein Ende, in: Festschrift für Wolfgang Zeidler, Bd. 1, Berlin 1987, S. 455 ff.

Rupp, Hans Heinrich, Bemerkungen zum verfahrensfehlerhaften Verwaltungsakt, in: Festschrift für Otto Bachof, München 1984, S. 151 ff.

Rupp, Jürgen-Johann, Nachschieben von Gründen im verwaltungsgerichtlichen Verfahren, Heidelberg 1987

Schenke, Wolf-Rüdiger, Das Verwaltungsverfahren zwischen Verwaltungseffizienz und Rechtsschutzauftrag, in: VBlBW 1982, S. 313 ff.

Schenke, Wolf-Rüdiger, „Reform ohne Ende" - Das Sechste Gesetz zur Änderung der Verwaltungsgerichtsordnung und anderer Gesetze (6. VwGOÄndG), in: NJW 1997, S. 81 ff.

Schenke, Wolf-Rüdiger, Das Nachschieben von Gründen im Rahmen der Anfechtungsklage, in: NVwZ 1988, S. 1 ff.

Schenke, Wolf-Rüdiger, Formeller oder materieller Verwaltungsaktsbegriff?, in: NVwZ 1990, S. 1009 ff.

Schenke, Wolf-Rüdiger, Der verfahrensfehlerhafte Verwaltungsakt gemäß § 46 VwVfG, in: DÖV 1986, S. 305 ff.

Scherzberg, Arno, Nachschieben einer kommunalen Abgabensatzung im Anfechtungsprozeß?, in: BayVBl. 1992, S. 426 ff.

Schlichter, Otto, BauGB oder „Selbstkorrektur" der Rechtsprechung, in: ZfBR 1985, S. 107 ff.

Schmidt, Walter, Abschied vom unbestimmten Rechtsbegriff, in: NJW 1975, S. 1753 ff.

Schmidt-Aßmann, Eberhard, Der Verfahrensgedanke in der Dogmatik des öffentlichen Rechts, in: Lerche/Schmitt Glaeser/Schmidt-Aßmann, Verfahren als staats- und verwaltungsrechtliche Kategorie, Heidelberg 1984, S. 1 ff.

Schmidt-Aßmann, Eberhard, Die Lehre von den Rechtsformen des Verwaltungshandelns, in: DVBl. 1989, S. 533 ff.

Schmidt-Aßmann, Eberhard, Funktionen der Verwaltungsgerichtsbarkeit, in: System des verwaltungsgerichtlichen Rechtsschutzes, Festschrift für Christian-Friedrich Menger, Köln 1985, S. 107 ff.

Schmidt-Aßmann, Eberhard/Krämer, Hannes, Das Verwaltungsverfahren und seine Folgen-Insbesondere zu den Systemgedanken einer Lehre von den Verfahrensfehlerfolgen im Deutschen Recht, unter Einbeziehung rechtsvergleichender Aspekte, in: Revue Européenne de Droit Public 1993, S. 99 ff.

Schmidt-Aßmann, Eberhard, Deutsches und Europäisches Verwaltungsrecht - Wechselseitige Einwirkungen, in: DVBl. 1993, S. 924 ff.

Schmidt-Aßmann, Eberhard, Die Grundgedanken des Verwaltungsverfahrens und das neue Verwaltungsverfahrensrecht, in: Jura 1979, S. 505 ff.

Schmidt-Aßmann, Eberhard, Verwaltungsverantwortung und Verwaltungsgerichtsbarkeit, in: VVDStRL 34 (1976), S. 221 ff.

Schmidt-Aßmann, Eberhard, Art. 19 IV GG als Teil des Rechtsstaatsprinzips, in: NVwZ 1983, S. 1 ff.

Schmidt-Bleibtreu, Bruno/Klein, Franz, Kommentar zum Grundgesetz, 7: Auflage, Neuwied und Darmstadt 1991

Schmieszek, Hans-Peter, Sechstes Gesetz zur Änderung der Verwaltungsgerichtsordnung und anderer Gesetze (6. VwGOÄndG), in: NVwZ 1996, S. 1151 ff.

Schmitt Glaeser, Walter, Partizipation an Verwaltungsentscheidungen, in: VVDStRL 31 (1973), S. 179 ff.

Schmitt Glaeser, Walter, Die Position der Bürger als Beteiligte im Entscheidungsverfahren gestaltender Verwaltung, in: P. Lerche/W. Schmitt Glaeser/E. Schmidt-Aßmann, Verfahren als staats- und verwaltungsrechtliche Kategorie, Heidelberg 1984, S. 35 ff.

Schmitt Glaeser, Walter, Verwaltungsprozeßrecht, 13. Auflage, Stuttgart 1994

Schmitz, Heribert/Wessendorf, Franz, Das Genehmigungsverfahrensbeschleunigungsgesetz - Neue Regelungen im Verwaltungsverfahrensgesetz und der Wirtschaftsstandort Deutschland, in: NVwZ 1996, S. 955 ff.

Schneider, Otmar, Der verfahrensfehlerhafte Ratsbeschluß - Zur Dogmatik der Verfahrensfehlerfolgen, in: NWVBl. 1996, S. 89 ff.

Schoch, Friedrich, Der Verfahrensgedanke im Allgemeinen Verwaltungsrecht, in: Die Verwaltung 1992 (25. Bd.), S. 21 ff.

Schoch, Friedrich, Heilung unterbliebener Anhörung im Verwaltungsverfahren durch Widerspruchsverfahren, in: NVwZ 1983, S. 249 ff.

Schoch, Friedrich, Nachholen der Begründung und Nachschieben von Gründen, in: DÖV 1984, S. 401 ff.

Schoch, Friedrich/Schmidt-Aßmann, Eberhard/Pietzner, Rainer, Verwaltungsgerichtsordnung, Kommentar, Stand: Mai 1997, München

Scholz, Rupert, Verwaltungsverantwortung und Verwaltungsgerichtsbarkeit, in: VVDStRL 34 (1976), S. 145 ff.

Schulze, Hans-Otto, Die Anwendung der Beschleunigungsgesetze im Planfeststellungsverfahren - Die Emsvertiefung, in: Zeitschrift für Wasserrecht, 1996, S. 270 ff.

Schulze-Fielitz, Helmuth, Das Flachglas-Urteil des BVerwG - Zur Entwicklung der Diskussion um das planungsrechtliche Abwägungsgebot, in: Jura 1992, S. 201 ff.

Schulze-Fielitz, Helmuth, Kooperatives Recht im Spannungsfeld von Rechtsstaatsprinzip und Verfahrensökonomie, in: DVBl. 1994, S. 657 ff.

Schwab, Siegfried, Die Begründungspflicht nach § 39 VwVfG, Pfaffenweiler 1991

Schwab, Siegfried, Folgen einer Verletzung der Begründungspflicht nach § 39 VwVfG, in: Der öffentliche Dienst 1993, S. 249 ff.

Schwarze, Jürgen, Europäisches Verwaltungsrecht, Band 2, Baden-Baden 1988

Schwarze, Jürgen, Der funktionale Zusammenhang von Verwaltungsverfahrensrecht und verwaltungsgerichtlichem Rechtsschutz, 1974

Sachs, Michael, Grundgesetz, Kommentar, München 1996

Seebass, Friedrich, Die Prüfung - ein rechtsschutzloser Freiraum des Prüfers?, in: NVwZ 1985, S. 521 ff.

Seibert, Gerhard, Die Beachtlichkeit von Fehlern im Verwaltungsverfahren gemäß § 46 VwVfG und die Konsequenzen für das verwaltungsgerichtliche Verfahren, in: Festschrift für Wolfgang Zeidler, Band 1, Berlin 1987, S. 469 ff.

Sellner, Dieter, Kontrolle immissionsschutzrechtlicher und atomrechtlicher Entscheidungen im Verwaltungsprozeß, in: BauR 1980, S. 391 ff.

Sendler, Horst, (Un)erhebliches zur planerischen Gestaltungsfreiheit, in: Planung und Plankontrolle, Entwicklungen im Bau- und Fachplanungsrecht, Festschrift für Otto Schlichter, Köln 1995, S. 55 ff.

Sendler, Horst, Die neue Rechtsprechung des Bundesverwaltungsgerichts zu den Anforderungen an die verwaltungsgerichtliche Kontrolle, in: DVBl. 1994, S. 1089 ff.

Sendler, Horst, Neue Entwicklungen bei Rechtsschutz und gerichtlicher Kontrolldichte im Planfeststellungsrecht, in: Kormann, Aktuelle Fragen der Planfeststellung, UPR-Special, München 1994, S. 9

Sendler, Horst, Guter Rechtsschutz und Verfahrensbeschleunigung, in: DVBl. 1982, S. 812 ff.

Sendler, Horst, Die Wirtschaftsordnung der Bundesrepublik Deutschland in der höchstrichterlichen Rechtsprechung, in: Wirtschaft und Verwaltung 1976, S. 2 ff.

Sendler, Horst, Möglichkeiten zur Beschleunigung des verwaltungsgerichtlichen Verfahrens, in: DVBl. 1982, S. 923 ff.

Steinberg, Rudolf/Berg, Thomas, Das neue Planungsvereinfachungsgesetz, in: NJW 1994, S. 488 ff.

Steinberg, Rudolf, Fachplanung, 2. Auflage, Baden-Baden 1993

Steinberg, Rudolf, Komplexe Verwaltungsverfahren zwischen Verwaltungseffizienz und Rechtsschutzauftrag, in: DÖV 1982, S. 619 ff.

Steiner, Udo, Das Planungsvereinfachungsgesetz, in: NVwZ 1994, S. 313 ff.

Steiner, Udo, Beschleunigung der Planungen für Verkehrswege im gesamten Bundesgebiet, in: Blümel/Pitschas, Reform des Verwaltungsverfahrensrechts, Berlin 1994, S. 151 ff.

Steiner, Udo, Zum Anwendungsbereich der verwaltungsverfahrensrechtlichen Regelungen über die materielle Bestandskraft von Verwaltungsakten (§§ 48, 49 VwVfG), in: Verwaltungsarchiv 1992, S. 479 ff.

Stelkens, Paul, Verwaltungsverfahren, München 1991

Stelkens, Paul, Verwaltungsgerichtsbarkeit in der Krise, in: DVBl. 1995, S. 1105 ff.

Stelkens, Paul, Verwaltungsgerichtsbarkeit im Umbruch - eine Reform ohne Ende?, in: NVwZ 1995, S. 325 ff.

Stelkens, Paul, Bereinigung des Verwaltungsverfahrensrechts, in: NVwZ 1986, S. 541 ff.

Stelkens, Paul, Anhörung im Verwaltungsverfahren nach dem SGBX, in: NWVBL 1989, S. 335 ff.

Stelkens, Paul, Verwaltungsgerichtsbarkeit-Gerichtsbarkeit ohne Verwaltung?, in: NVwZ 1982, S. 81 ff.

Stelkens, Paul/Bonk, Heinz Joachim/Sachs, Michael, Verwaltungsverfahrensgesetz, Kommentar, 4. Auflage, München 1993

Stettner, Rupert, Die Verpflichtung des Gesetzgebers zu erneutem Tätigwerden bei fehlerhafter Prognose, in: DVBl. 1982, S. 1123 ff.

Stüer, Bernhard, Rechtsschutz im Verfahren und vor Gericht aufgrund der Beschleunigungsgesetze - Bericht über die Rostocker Umweltrechtstage 1995, in: NVwZ 1996, S. 46 ff.

Stüer, Bernhard, Die Anwendung der Beschleunigungsgesetze im Planfeststellungsverfahren - Die Emsvertiefung, in: Zeitschrift für Wasserrecht 1996, S. 270 ff.

Stüer, Bernhard, Beschleunigung von Planungs- und Genehmigungsverfahren - Deregulierung-Bericht über die Vierten Osnabrücker Gespräche zum deutschen und europäischen Umweltrecht, in: DVBl. 1996, S. 847 ff.

Stüer, Bernhard, Die Beschleunigungsnovellen 1996, in: DVBl. 1997, S. 326 ff.

Szczekalla, Peter, Beschleunigung von Planungs- und Genehmigungsverfahren - Deregulierung, in: ZG 1996, S. 284 ff.

Tettinger, Peter J., Fairneß und Waffengleichheit?, Rechtsstaatliche Direktiven für Prozeß und Verwaltungsverfahren, München 1984

Tettinger, Peter J., Rechtsänderungen zur „Sicherung des Wirtschaftsstandorts Deutschland" - Umweltschutz im Gegenwind?, in: NuR 1997, S. 1 ff.

Ule, Carl Hermann/Laubinger, Hans-Werner, Verwaltungsverfahrensrecht, 4. Auflage, Köln 1995

Ule, Carl Hermann, Verwaltungsverfahren und Verwaltungsgerichtsbarkeit, in: DVBl. 1957, S. 597 ff.

Vallendar, Willi, Planungsrecht im Spiegel der aktuellen Rechtsprechung des Bundesverwaltungsgerichts, in: UPR 1996, S. 121 ff.

Wagner, Jörg, Der Entwurf der Novelle des Baugesetzbuchs, in: DVBl. 1996, S. 704 ff.

Wahl, Rainer, Das Verwaltungsverfahren bei Genehmigungsverfahren. Die nachvollziehende Amtsermittlung im UVP-Gesetz, in: Recht und Verfahren, Kolloquium der Rechtswissenschaftlichen Fakultäten der Universitäten Osaka und Freiburg 1993

Wahl, Rainer, Neues Verfahrensrecht für Planfeststellung und Anlagengenehmigung - Vereinheitlichung des Verwaltungsverfahrens oder bereichsspezifische Sonderordnung?, in: Blümel/Pitschas (Hrsg.), Reform des Verwaltungsverfahrensrechts, S. 91 ff.

Wahl, Rainer/Pietzcker, Jost, Verwaltungsverfahren zwischen Verwaltungseffizienz und Rechtsschutzauftrag. in: VVDStRL 41 (1983), S. 151 ff.

Waldner, Wolfram, Der Anspruch auf rechtliches Gehör, Köln 1989

Wasielewski, Andreas, Beschleunigung von Planungs- und Genehmigungsverfahren, in: LKV 1997, S. 77 ff.

Wessendorf, Franz, Das Genehmigungsverfahrensbeschleunigungsgesetz, in: NVwZ 1996, S. 955 ff.

Weyreuther, Felix, Zur richterlichen Umdeutung von Verwaltungsakten, in: DÖV 1985, S. 127 ff.

Weyreuther, Felix, Die Rechtswidrigkeit eines Verwaltungsaktes und die „dadurch" bewirkte Verletzung „in... Rechten" (§ 113 I S. 1 und Abs. IV S. 1 VwGO), in: System des verwaltungsgerichtlichen Rechtsschutzes, Festschrift für Christian-Friedrich Menger, Köln 1985, S. 681 ff.

Weyreuther, Felix, Einflußnahme durch Anhörung, in: Bürger-Richter-Staat, Festschrift für Horst Sendler, München 1991, S. 183 ff.

Wilke, Dieter, Die gerichtliche Kontrolle unbestimmter Rechtsbegriffe im Umweltrecht, insb. im Atomrecht, in: Jura 1992, S. 186 ff.

Wolff, Heinrich A., Verfahrensrecht und materielles Recht, in: Verwaltungsrundschau 1996, S. 367 ff.

Wulfhorst, Reinhard, Erfahrungen mit den Beschleunigungsgesetzen aus der Sicht der Exekutive, in: VerwArch 88 (1997), S. 163 ff.

A. Einleitung

I. Nachbesserung im Verwaltungsprozeß

1. Fortbestand des Verwaltungsaktes

Der Erlaß eines Verwaltungsaktes durch die Behörde bildet zwar den Abschluß des Verwaltungsverfahrens, bedeutet aber nicht, daß der „status quo"des Verwaltungsaktes durch die Behörde nicht mehr verändert werden kann. Dies zeigt sich schon daran, daß die Behörde den Verwaltungsakt bei Vorliegen der Voraussetzungen der §§ 48, 49 VwVfG (bzw. der Voraussetzungen der jeweiligen fachgesetzlichen Regelung) jederzeit zurücknehmen oder widerrufen kann.

Die richterliche Kontrolle der Rechtmäßigkeit des Verwaltungsaktes entscheidet über das Schicksal des Verwaltungsaktes: Fortbestehen oder richterliche (Teil-) Kassation. Der Verwaltungsakt wird aufgehoben, wenn er rechtswidrig ist und den Kläger dadurch in seinen Rechten verletzt. Entscheidend für den Fortbestand des Verwaltungsaktes ist, daß ihm keine zur Aufhebung führenden Fehler formeller oder materieller Art anhaften. Nach der gerichtlichen Feststellung der Fehlerhaftigkeit des Verwaltungsaktes kann die erlassende Behörde versuchen den Fehler zu beheben und den Verwaltungsakt vor der Aufhebung zu retten.

Gegenstand dieser Arbeit ist die Frage, welche Möglichkeiten der Behörde zur Verfügung stehen, einen fehlerhaften Verwaltungsakt noch während des laufenden gerichtlichen Verfahrens nachzubessern und die Grenzen, die einem solchen Vorgehen der Behörde gesetzt sind.

Der Problemkreis der Nachbesserung von Verwaltungsakten befindet sich augenblicklich im Zentrum der Bemühungen um eine Beschleunigung der Verwaltungsverfahren, die durch die Diskussion über die -angeblich- sinkende Attraktivität des Wirtschaftsstandorts Deutschland ausgelöst wurden. Durch schnelle und flexible Genehmigungsverfahren soll das Interesse an in- und ausländischen Investitionen und Unternehmensansiedelungen erhöht und damit die internationale Wettbewerbsfähigkeit des Standorts Deutschland verbessert werden. Eine Verkürzung der Genehmigungsverfahren allein ist jedoch sinnlos, wenn die Genehmigung wegen eines überlangen gerichtlichen Anfechtungsverfahrens nicht umgesetzt werden kann. Aus diesem Grunde richtete sich das Bestreben des Gesetzgebers auch auf die zeitliche Verkürzung des verwaltungsgerichtlichen Verfahrens. Legislative Früchte hat diese Standortdebatte durch den Erlaß des Genehmigungsverfahrensbeschleunigungsgesetzes und des Sechsten Gesetzes zur Änderung der Verwaltungsgerichtsordnung getragen. Die sog. Beschleunigungsgesetze enthalten Modifikationen und Neuregelungen hinsichtlich der Nachbesserung von Verwaltungsakten im Prozeß. Primär sind hier die Regelungen der §§ 45 VwVfG und 114 S. 2 VwGO zu nennen.

2. Verfahrens- und prozeßökonomische Erwägungen

Hinter der Nachbesserung eines Verwaltungsaktes steht die Idee der Verfahrens- und Prozeßökonomie: Ein Verwaltungsakt, den die Behörde nach der gerichtlichen Kassation wegen eines formellen oder materiellen Fehlers inhaltsgleich neu erlassen müßte, soll durch die Behörde während des laufenden verwaltungsgerichtlichen Verfahrens nachgebessert werden können. Der fehlerhafte Verwaltungsakt gleicht einem angefaulten Apfel, den der sparsame Verbraucher ausschneidet, um nicht den ganzen Apfel wegwerfen zu müssen. Die Nachbesserung des Verwaltungsaktes dient gleichermaßen der Einsparung von Verwaltungsressourcen als auch der Entlastung der Verwaltungsgerichte.

Die Nachbesserung eines Verwaltungsaktes im Prozeß berührt Probleme des materiellen Verwaltungsrechts, des Verwaltungsverfahrensrechts und des Verwaltungsprozeßrechts, da gemeinsame Schnittpunkte existieren.

3. Nachholbarkeit von Verfahrenshandlungen

Die zentrale Frage ist, ob Verfahrenshandlungen unbegrenzt im Prozeß nachholbar sind oder ob durch die konkrete Form der Nachbesserung im Verwaltungsprozeß der grundrechtlich garantierte Rechtsschutzanspruch des Betroffenen tangiert wird.

Ziel der vorliegenden Arbeit ist es, einen Überblick über die verschiedenen Nachbesserungsmöglichkeiten der Behörde im Prozeß zu geben und ihre Zulässigkeit unter verfassungsrechtlichen Aspekten zu erörtern sowie durch den Rechtsschutzanspruch des Betroffenen gezogene Grenzen aufzuzeigen.

II. Gang der Untersuchung

Die Untersuchung beginnt mit einer kurzen Darstellung der Grundlagen des Verwaltungsaktes und des Verwaltungsverfahrens, die für die spätere verfassungsrechtliche Bewertung der behördlichen Nachbesserung im Hinblick auf elementare Verfassungsprinzipien und Grundrechte des Betroffenen von Bedeutung sind (Teil I). Dabei wird insbesondere auf die Bedeutung des Verwaltungsverfahrens für den Grundrechtsschutz als auch auf die Versuche der Legislative, die Auswirkungen von Verfahrensfehlern abzumildern, eingegangen. Daran schließt sich eine kurze Darstellung der Fehlerfolgen des Verwaltungsaktes an (Teil II). Danach folgt eine Darstellung der verschiedenen Nachbesserungsmöglichkeiten der Behörde, unterteilt nach formellen und materiellen Mängeln des Verwaltungsaktes (Teil III).
Der Schlußteil der Arbeit ist der Frage der Vereinbarkeit der Nachbesserung von Verwaltungsakten mit der Rechtsschutzgarantie des Art. 19 IV GG gewidmet (Teil IV).

B. Verwaltungsrechtliche Grundlagen

Die vorliegende Arbeit beschäftigt sich überwiegend mit den sich aus dem Verwaltungsverfahrensgesetz und der Verwaltungsgerichtsordnung ergebenden Nachbesserungsmöglichkeiten für Verwaltungsakte durch die Behörde im Verwaltungsprozeß. Um einen besseren Einblick in die Systematik und das Zusammenspiel beider Gesetze zu ermöglichen, sollen vorab der Verwaltungsakt und die Bedeutung des Verwaltungsverfahrens dargestellt werden.

I. Der Verwaltungsakt

Die Verwaltung bedient sich zur Durchsetzung ihrer administrativen Ziele einer Vielzahl von öffentlich-rechtlichen Handlungsformen.[1]

Darunter fallen Verwaltungsakte, (öffentlich-rechtliche) Verträge, Satzungen, Rechtsverordnungen, Verwaltungsvorschriften, Weisungen und schlichte (öffentlich-rechtliche) Willenserklärungen. Der Verwaltungsakt nimmt unter den verschiedenen, der Behörde zur Verfügung stehenden Handlungsformen eine Sonderstellung ein.[2] Die Bedeutung des Verwaltungsaktes und seine zahlenmäßige Häufigkeit zeigt sich schon daran, daß die Voraussetzungen seines Zustandekommens im Verwaltungsverfahrensgesetz geregelt sind.[3] Neben dem Verwaltungsakt

[1] Vgl. *Schmidt-Aßmann*, Die Lehre von den Rechtsformen des Verwaltungshandelns, DVBl. 1989, 534 ff.; *Ossenbühl*, Handlungsformen der Verwaltung, JuS 1979, 621; *Pitschas*, Entwicklung der Handlungsformen im Verwaltungsrecht, in: Blümel/Pitschas, Reform des Verwaltungsverfahrensrechts, S. 229 ff.

[2] Der Verwaltungsakt stellt immer noch die wichtigste Handlungsform der Behörde dar (vgl. nur *Martens*, Die Praxis des Verwaltungsverfahrens, § 8 Rz. 237 ff.), auch wenn in letzter Zeit Bestrebungen zu beobachten sind, die Bedeutung des Verwaltungsaktes zugunsten eines informalen kooperativen und konsensualen Verwaltungshandelns zurückzudrängen. Vgl. zu dieser Trendrichtung *Ladeur*, Die Zukunft des Verwaltungsakts, VerwArch. 86 (1995), 511; *Schmidt-Aßmann*, Die Lehre von den Rechtsformen des Verwaltungshandelns, DVBl. 1989, 533; *Pitschas*, Verwaltungsverantwortung und Verwaltungsverfahren, S. 98; *Ders.*, Entwicklung der Handlungsformen im Verwaltungsrecht, in: Blümel/Pitschas, Reform des Verwaltungsverfahrensrechts, S. 229, 236; *Hoffmann-Riem*, Reform des Allgemeinen Verwaltungsrechts: Vorüberlegungen, DVBl. 1994, 1381, 1387; *Groß*, Die Anpassungsfähigkeit des Verwaltungsrechts, DÖV 1994, 66.

[3] Das Recht des Verwaltungsaktes ist auch im VwVfG nicht umfassend geregelt. So richtet sich die Zustellung nach dem VwZG bzw. den entsprechenden Gesetzen der Länder. Das Widerspruchsverfahren gegen einen Verwaltungsakt und insbesondere der Widerspruchsbescheid als Anwendungsfall des Verwaltungsakts sind in den §§ 68 bis 73 VwGO geregelt, die Vollstreckung oder der Vollzug erfolgt gemäß den Vorschriften des VwVG bzw. den entsprechenden Ländergesetzen. Die Anordnung der sofortigen Vollziehbarkeit des Verwaltungsaktes bestimmt sich nach § 80 VwGO.

ist dies nur noch bei der Handlungsform des öffentlich-rechtlichen Vertrags der Fall.

Die herausragende Stellung des Verwaltungsakts - nicht zuletzt bei Massenverfahren, wie im Steuer- oder Sozialrecht - rechtfertigt sich auch dadurch, daß er eine fehlerunabhängige Rechtswirksamkeit besitzt, in Bestandskraft erwächst und die Befugnis zur verwaltungseigenen Vollstreckung beinhaltet.[4]

1. Begriff des Verwaltungsaktes

Der Begriff des Verwaltungsaktes wird in § 35 S.1 VwVfG legaldefiniert.

a) Legaldefinition

Gemäß § 35 S.1 VwVfG ist Verwaltungsakt jede Verfügung, Entscheidung oder andere hoheitliche Maßnahme, die eine Behörde zur Regelung[5] eines Einzelfalles auf dem Gebiet des öffentlichen Rechts trifft und die auf unmittelbare Rechtswirkung nach außen gerichtet ist.

Musterbeispiel für einen Verwaltungsakt ist die Erteilung einer Baugenehmigung gemäß Art. 79 I BayBO. Durch das Erfordernis der unmittelbaren Rechtswirkung nach außen wird der Verwaltungsakt von bloßen verwaltungsinternen Weisungen, wie z.B. dienstlichen Anordnungen der Vorgesetzten an ihre Untergebenen, abgegrenzt.[6]

b) Allgemeinverfügung

Um Verwaltungsakte handelt es sich auch bei den in § 35 S. 2 VwVfG angeführten sog. Allgemeinverfügungen. Nach § 35 S.2 VwVfG ist eine Allgemeinverfügung ein Verwaltungsakt, der sich an einen nach allgemeinen Kriterien bestimmten oder bestimmbaren Personenkreis richtet oder die öffentlich-rechtliche Eigenschaft einer Sache oder ihre Benutzung durch die Allgemeinheit betrifft. Durch die Formulierung „oder die öffentlich-rechtliche Eigenschaft einer Sache betrifft"

---

[4] Vgl. *Henneke*, in: Knack, VwVfG, vor § 35 Rz. 4.3, 5.2; *Schenke*, Formeller oder materieller Verwaltungsaktbegriff?, NVwZ 1990, 1009.

[5] Ausführlich zu dem Erfordernis der „Regelung" i. S. des § 35 VwVfG *Obermayer*, Die Bedeutung der „Regelung" im Rahmen der Begriffsbestimmung des Verwaltungsaktes nach § 35 VwVfG, RiA 1980, 121; *Erichsen*, in: Erichsen, Allgemeines Verwaltungsrecht, § 12 Rz. 20 ff.

[6] Vgl. *Ule/Laubinger*, Verwaltungsverfahrensrecht, § 48 Rz. 5 ff.

werden auch die sog. dinglichen Verwaltungsakte, die sich nicht unmittelbar an eine Person richten, sondern auf eine Sache beziehen, in den Begriff der Allgemeinverfügung einbezogen.[7] Allgemeinverfügungen sind beispielsweise im Straßenrecht die Widmung, die Umstufung und die Einziehung einer Straße.[8]

2. Funktionen des Verwaltungsaktes

a) Individualisierungs- und Klarstellungsfunktion

Der Erlaß eines Verwaltungsaktes ist das Ergebnis der Umsetzung des materiellen Rechts auf einen konkreten Einzelfall.[9] Er erfolgt entweder im Rahmen eines bereits bestehenden Rechtsverhältnisses zwischen Staat und Bürger oder ein solches Rechtsverhältnis wird durch ihn begründet.[10] Der Verwaltungsakt legt fest, was in diesem Einzelfall Recht sein soll und kann, abhängig von dem zugrundeliegenden materiellen Recht, konstitutive oder nur rein deklaratorische Wirkung besitzen.[11] Durch den Verwaltungsakt können dem Adressaten Pflichten auferlegt, aber auch Rechte[12] zugesprochen oder ganz oder teilweise entzogen werden.[13] Aus dieser verbindlichen Festlegung von Rechten oder Pflichten des Adressaten ergibt sich die sog. Titelfunktion des Verwaltungsaktes.[14] Das Vorliegen des Verwaltungsaktes ist Voraussetzung der Vollstreckung (vgl. §§ 3 II, 6 I VwVG).

b) Verfahrensrechtliche Funktion

Der Verwaltungsakt wird grundsätzlich in einem einfachen, nicht förmlichen Verfahren erlassen (vgl. § 10 VwVfG), das dem Beteiligten bestimmte Verfahrensrechte gewährleistet.[15] Diese Rechte des Beteiligten leiten sich aus dem Rechts-

---

[7] Vgl. zum Begriff des dinglichen Verwaltungsaktes *Gornig*, Die sachbezogene hoheitliche Maßnahme, auch ein Beitrag zur Allgemeinverfügung im Sinne des § 35 S.2 VwVfG, S. 15 ff.

[8] Vgl. Art. 6, 7, 8 BayStrWG.

[9] *Henneke*, in: Knack, VwVfG, vor § 35 Rz. 6.1.

[10] *Stelkens*, in: Stelkens/Bonk/Sachs, VwVfG, § 35 Rz. 14; *Erichsen/Knoke*, Bestandskraft von Verwaltungsakten, NVwZ 1983, 185.

[11] *Stelkens*, in: Stelkens/Bonk/Sachs, VwVfG, § 35 Rz. 15.

[12] Ein Verwaltungsakt, der dem Adressaten ein bestimmtes Recht verleiht, wird als begünstigender Verwaltungsakt bezeichnet.

[13] *Löwer*, Funktion und Begriff des Verwaltungsaktes, JuS 1980, 805 ff.; Vgl. zur Funktion des gemeinschaftsrechtlichen Verwaltungsaktes *Schwarze*, Europäisches Verwaltungsrecht, S. 929; *Henneke*, in: Knack, VwVfG, vor § 35 Rz. 6.1.

[14] *Henneke*, in: Knack, VwVfG, vor § 35 Rz. 4.3, 6.3.

[15] *Henneke*, in: Knack, VwVfG, vor § 35 Rz. 6.2.

staatsprinzip ab und dienen als Gegengewicht zur einseitigen Gestaltungsmöglichkeit der Behörde.[16] Die Behörde, die einen Verwaltungsakt erlassen will, ist verpflichtet, die Verfahrensvorschriften der §§ 9 ff. VwVfG (hier sind insbesondere das Recht auf Anhörung gemäß § 28 I VwVfG und das Recht auf Akteneinsicht gemäß § 29 I VwVfG für den Beteiligten relevant) zu beachten. Mit dem Erlaß des Verwaltungsaktes findet das Verwaltungsverfahren seinen formellen Abschluß.[17]

c) Prozessuale und rechtsschutztechnische Funktion des Verwaltungsaktes

Die Qualifikation eines Verwaltungshandelns als Verwaltungsakt hat Konsequenzen für den Rechtsschutz des durch einen Verwaltungsakt beschwerten Bürgers. Der Begriff des Verwaltungsaktes im Verwaltungsverfahrensgesetz ist synonym zu dem in der Verwaltungsgerichtsordnung verwendeten Begriff zu verstehen.[18] Das Vorliegen eines Verwaltungsaktes ermöglicht es dem betroffenen Bürger, diesen mit der Anfechtungsklage gemäß § 42 I VwGO anzugreifen oder Verpflichtungsklage auf dessen Erlaß zu erheben. Für die Anfechtung eines Verwaltungsaktes sind in der Verwaltungsgerichtsordnung bestimmte Fristen vorgesehen, und der Betroffene ist grundsätzlich gehalten, vor der Klageerhebung ein Widerspruchsverfahren durchzuführen. Auch die Frage, ob vorläufiger Rechtsschutz gemäß §§ 80, 80a VwGO oder § 123 VwGO erteilt wird, richtet sich nach der Verwaltungsaktsqualität des Verwaltungshandelns.

d) Bestandskraft des Verwaltungsaktes

Kennzeichnend für den Verwaltungsakt ist weiter, daß er als einzige Handlungsform der Verwaltung eine spezifische Rechtsbeständigkeit, die Bestandskraft, besitzt. Die Bestandskraft des Verwaltungsaktes ist in den §§ 43 bis 52 VwVfG geregelt.

aa) Begriff

---

[16] *Stelkens*, in: Stelkens/Bonk/Sachs, VwVfG, § 35 Rz. 19.

[17] *Stelkens*, in: Stelkens/Bonk/Sachs, § 35 Rz. 19.

[18] So die allgemeine Begründung unter 4.2 zum Musterentwurf des VwVfG, zitiert nach *Stelkens*, in: Stelkens/Bonk/Sachs, VwVfG, § 35 Rz. 25; *Henneke*, in: Knack, VwVfG, § 35 Rz. 6.4.

Bestandskraft ist eine dem Verwaltungsakt eigene Rechtsbeständigkeit, die in eine formelle und in eine materielle Komponente unterteilt werden kann.[19] Die überwiegende Ansicht in der Literatur bejaht die Unterscheidung zwischen formeller und materieller Bestandskraft.[20]

bb) Formelle Bestandskraft

Als formelle Bestandkraft wird die Unanfechtbarkeit des Verwaltungsaktes bezeichnet.[21] Das bedeutet, daß der Verwaltungsakt nicht mehr mit Widerspruch oder Anfechtungsklage angegriffen werden kann.

Die formelle Bestandskraft des Verwaltungsaktes tritt mit Ablauf der Widerspruchs bzw. Klagefrist,[22] mit einer formell rechtskräftigen gerichtlichen Entscheidung, welche die Klage gegen den Verwaltungsakt ablehnt, oder durch einen wirksamen Rechtsbehelfsverzicht des Anfechtungsberechtigten ein.[23] Die eingetretene Unanfechtbarkeit wirkt aber nur für den Adressaten und betroffene Dritte; die Behörde, die den unanfechtbaren Verwaltungsakt erlassen hat, kann sich unter Beachtung der Voraussetzungen und Grenzen der §§ 48, 49 VwVfG von dem Verwaltungsakt „befreien“.[24]

cc) Materielle Bestandskraft

Ein gesicherter einheitlicher Begriff der materiellen Bestandskraft existiert in Rechtsprechung und Literatur nicht. Die überwiegende Ansicht definiert die materielle Bestandskraft als die inhaltliche Maßgeblichkeit eines Verwaltungsaktes zwischen den Beteiligten.[25] Die materielle Bestandskraft ist als Abweichungsverbot der Verwaltung von dem Inhalt ihres Verwaltungsaktes zu sehen.[26] Die mate-

---

[19] *Klappstein*, in: Knack, VwVfG, vor § 43 Rz. 3, 3.1; *Sachs*, in: Stelkens/Bonk/Sachs, VwVfG, § 43 Rz. 5 ff.; *Erichsen/Knoke*, NVwZ 1983, 185, 186; *Ipsen*, Verbindlichkeit, Bestandskraft und Bindungswirkung von Verwaltungsakten, Die Verwaltung 1984, 170, 171, der allerdings die Unterscheidung zwischen formeller und materieller Bestandskraft ablehnt.

[20] *Erichsen/Knoke*, Bestandskraft von Verwaltungsakten, NVwZ 1983, 185, 186.

[21] Vgl. statt aller *Klappstein*, in Knack, VwVfG, vor § 43 Rz. 3.1.

[22] Vgl. §§ 70, 74 VwGO.

[23] *Sachs*, in: Stelkens/Bonk/Sachs, VwVfG, § 43 Rz. 18; *Klappstein*, in: Knack, VwVfG, vor § 43 Rz. 3.1.

[24] Ausführlich *Steiner*, Zum Anwendungsbereich der verwaltungsverfahrensrechtlichen Regelungen über die materielle Bestandskraft von Verwaltungsakten (§§ 48, 49 VwVfG), Verwaltungsarchiv 1992, 479.

[25] *Klappstein*, in: Knack, VwVfG, vor § 43 Rz. 3.1; *Sachs*, in: Stelkens/Bonk/Sachs, VwVfG, § 43 Rz. 35 ff.

[26] *Sachs*, in: Stelkens/Bonk/Sachs, VwVfG, § 43 Rz. 35 ff.

rielle Bestandskraft zeitigt ebenfalls einseitige Rechtswirkung für den Bürger[27] und bewirkt keine ausnahmslose Bindung der Verwaltung an den von ihr erlassenen Verwaltungsakt.[28]

3. Arten des Verwaltungsaktes

Verwaltungsakte können nach verschiedenen Kriterien klassifiziert werden - eine systematische Gliederung der Verwaltungsakte ist im VwVfG nicht durchgeführt worden, obwohl der Gesetzgeber in einigen Rechtsnormen die Unterscheidung nach verschiedenen Arten von Verwaltungsakten voraussetzt.[29] Ein numerus clausus der Arten des Verwaltungsaktes existiert nicht.[30]

a) Im Verwaltungsverfahrensgesetz

Im Verwaltungsverfahrensgesetz wird eine Unterscheidung nach Inhalt und Wirkung des Verwaltungsaktes beispielsweise dadurch vorgenommen, daß in den §§ 48, 49 VwVfG ein belastender oder ein begünstigender Verwaltungsakt unterschieden wird.

Das Verwaltungsverfahrensgesetz enthält auch Vorschriften, die nach der formellen und der materiellen „Komponente" des Verwaltungsaktes differenzieren. So sind die Heilungsvorschriften der §§ 45, 46 VwVfG ausschließlich auf die formelle Seite des Verwaltungsaktes zugeschnitten.

Ein Kriterium ist auch, ob durch den Verwaltungsakt eine oder mehrere Personen beschwert oder eine Person begünstigt und zugleich eine andere beschwert wird. Es handelt sich dann um Verwaltungsakte mit Dritt- oder Doppelwirkung.[31]

Eine andere Differenzierungsmöglichkeit ergibt sich daraus, ob die erlassende Behörde allein entscheidet oder ob vor dem Erlaß andere Behörden angehört, Be-

---

[27] Der von einem Verwaltungsakt Betroffene hat allerdings unter den Voraussetzungen des § 51 VwVfG die Möglichkeit eine Änderung der Verwaltungsentscheidung herbeizuführen.

[28] Wegen der Einseitigkeit der Rechtsbeständigkeit des Verwaltungsaktes (die Bestandskraft gilt regelmäßig nur für den durch denVerwaltungsakt Betroffenen und nicht für die Verwaltung, vgl. die Vorschriften über die Rücknahme und den Widerruf von Verwaltungsakten, §§ 48, 49 VwVfG) plädiert *Ipsen* für den Begriff der Verbindlichkeit des Verwaltungsaktes, vgl. *Ipsen*, Die Verwaltung 1984, 169, 171; Vgl. auch *Erfmeyer*, Die Befugnis der Behörde zum Erlaß von Folgebescheiden nach rechtskräftigem Urteil über den Erstbescheid, DVBl. 1997, 27, 29.

[29] *Ule/Laubinger*, Verwaltungsverfahrensrecht, § 48 Rz. 16.

[30] *Stelkens*, in: Stelkens/Bonk/Sachs, VwVfG, § 35 Rz. 3.

[31] Vgl. dazu *Henneke*, in: Knack, VwVfG, § 35 Rz. 5.3.1.

nehmen, Zustimmung oder Einvernehmen eingeholt werden müssen (sog. mehrstufige oder gestufte Verwaltungsakte).[32]

Der Kettenverwaltungsakt zeichnet sich dadurch aus, daß ein auflösend befristeter Verwaltungsakt nach Fristablauf durch einen neuen auflösend befristeten Verwaltungsakt ersetzt wird.[33]

Als Mischverwaltungsakt wird ein Verwaltungsakt bezeichnet, der sich sowohl aus den Adressaten begünstigenden als auch den Adressaten belastenden Bestandteilen zusammensetzt.[34]

Sonderformen der Verwaltungsakte sind die in einem förmlichen Verfahren erlassenen Verwaltungsakte gemäß § 69 VwVfG und der Planfeststellungsbeschluß gemäß § 74 VwVfG.

b) Differenzierung nach der Wirkung des Verwaltungsaktes

Eine Unterteilung der Verwaltungsakte kann auch nach ihrer Wirkung vorgenommen werden, obwohl sich Inhalt und Wirkung des Verwaltungsakt zum Teil gegenseitig bedingen und überschneiden. Gestaltungswirkung[35] hat ein Verwaltungsakt dann, wenn er ein Recht begründet, abändert oder beseitigt.[36] Allerdings werden auch Verwaltungsakte, die ein Recht nicht konstituieren, sondern lediglich deklaratorische Wirkung haben, den gestaltenden Verwaltungsakten zugeordnet.[37]

Durch den feststellenden Verwaltungsakt werden rechtserhebliche Eigenschaften einer Person oder Sache verbindlich festgestellt[38], z.B. bei der Feststellung der Staatsangehörigkeit eines Menschen. Unterfälle des feststellenden Verwaltungsaktes sind der streitentscheidende und der beurkundende Verwaltungsakt.[39] Im Ge-

---

[32] *Stelkens*, in: Stelkens/Bonk/Sachs, VwVfG, § 35 Rz. 98 ff.

[33] *Stelkens*, in: Stelkens/Bonk/Sachs, VwVfG, § 36 Rz. 16.

[34] *Sachs*, in: Stelkens/Bonk/Sachs, VwVfG, § 48 Rz. 83.

[35] Es wird zwischen den öffentlich-rechtliche Rechtsverhältnisse gestaltenden Verwaltungsakten (z.B. Ernennung oder Entlassung eines Beamten) und den privatrechtsgestaltenden Verwaltungsakten (z.B. Ausübung des Vorkaufsrechts der Gemeinde nach den §§ 24 ff. BauGB) unterschieden.

[36] *Ule/Laubinger*, Verwaltungsverfahrensrecht, § 48 Rz. 17; *Stelkens*, in: Stelkens/Bonk/Sachs, VwVfG, § 35 Rz. 125 ff.; *Erichsen*, in: Erichsen, Allgemeines Verwaltungsrecht, § 12 Rz. 23.

[37] *Stelkens*, in: Stelkens/Bonk/Sachs, VwVfG, § 35 Rz. 125; a.A.: *Erichsen*, in: Erichsen, Verwaltungsverfahrensrecht, § 12 Rz. 24, der von einem deklaratorisch feststellenden Verwaltungsakt ausgeht.

[38] *Ule/Laubinger*, Verwaltungsverfahrensrecht, § 48 Rz. 17; *Stelkens*, in: Stelkens/Bonk/Sachs, VwVfG, § 35 Rz. 128.

[39] *Stelkens*, in: Stelkens/Bonk/Sachs, VwVfG, § 35 Rz. 131, 132.

gensatz zu Verwaltungsakten, deren Rechtswirkung sich in einem einmaligen Gebot oder Verbot bzw. in einer einmaligen Rechtsgestaltung erledigt, begründen oder verändern Dauerverwaltungsakte ein auf einen längeren Zeitraum (befristetes) Rechtsverhältnis.[40] Als Beispiel sind die Rentenbescheide oder - so die Rechtsprechung - verkehrsrechtliche Anordnungen zu nennen.

c) Rechtlich gebundene und Ermessensverwaltungsakte

Eine wichtige inhaltliche Differenzierung der Verwaltungsakte wird in § 40 VwVfG getroffen: gebundene Verwaltungsakte und Ermessensverwaltungsakte.

Nach Art. 20 III GG ist die Verwaltung an Gesetz und Recht gebunden.[41] Dieser Gesetzesvorbehalt bedeutet aber nicht, daß die Exekutive stets zu einem bloßen mechanischen Gesetzesvollzug ohne jeglichen eigenen Spielraum berechtigt ist. Das Gesetz kann der Verwaltung als Ermächtigungsgrundlage für einen Eingriff in den Rechtskreis des Bürgers dienen, es kann der Exekutive die Verwirklichung eines bestimmten öffentlichen Interesses übertragen[42] und es kann als Schranke selbständigen Verwaltungshandelns dienen.[43] Es ist daher nur konsequent, daß der Verwaltung zur Erfüllung ihres weitgefächerten Aufgabenkreises ein gesetzliches Regelwerk an die Hand gegeben wird, das ihr nicht nur bei Vorliegen der Tatbestandsvoraussetzungen eine bestimmte Rechtsfolge vorgibt, sondern auch freie Spielräume der Exekutive beinhaltet. Die Existenz von Entscheidungsfreiräumen der Exekutive ist unerläßlich, da ansonsten die Selbständigkeit der Verwaltung als Staatsgewalt nicht gewährleistet ist.[44]

aa) Gebundene Verwaltung

Eine gebundene Verwaltungstätigkeit liegt vor, wenn der Behörde bei Erfüllung der Tatbestandsvoraussetzungen der anzuwendenden Norm die Rechtsfolge vor-

---

[40] *Stelkens*, in: Stelkens/Bonk/Sachs, VwVfG, § 35 Rz. 134.

[41] *Badura*, Gestaltungsfreiheit und Beurteilungsspielraum der Verwaltung, bestehend aufgrund und nach Maßgabe des Gesetzes, FS für Bachof, S. 169.

[42] Insbesondere im Planungsrecht stellt das Gesetz einen Auftrag und eine Richtlinie für die selbständige Beurteilung und Gestaltung durch die Verwaltungsbehörden dar. Vgl. dazu *Badura*, Gestaltungsfreiheit und Beurteilungsspielraum der Verwaltung, bestehend aufgrund und nach Maßgabe des Gesetzes, FS für Bachof, S. 169.

[43] *Schröder*, in: Isensee/Kirchhof, Handbuch des Staatsrechts, Bd. III, § 67 Rz. 18; *Ossenbühl*, in: Erichsen, Allgemeines Verwaltungsrecht, § 10 Rz. 1.

[44] *Weyreuther*, Verwaltungsverantwortung und gerichtliche Kontrolle, UPR 1986, 121.

gegeben ist. Diese Normen sind durch die Verwendung der Formulierung „ die Behörde hat“... oder „die Behörde ist verpflichtet“... gekennzeichnet.[45] Ein gebundener Verwaltungsakt muß erlassen werden, wenn die gesetzlichen Tatbestandsvoraussetzungen vorliegen.[46] Allerdings existieren auch im Rahmen der gebundenen Verwaltungstätigkeit graduelle Unterschiede hinsichtlich der Strenge der Gesetzesbindung.

bb) Strenge Gesetzesbindung

Der Prototyp einer strengen Gesetzesbindung liegt vor, wenn der Verwaltung kein nennenswerter Entscheidungsspielraum eingeräumt wird. Dies ist immer dann der Fall, wenn die Entscheidungstätigkeit der Behörde von einem computerisierten System übernommen bzw. unterstützt werden kann, wie dies z.B. im Rentenrecht, Steuerrecht und Besoldungsrecht geschieht. Die strikte Gesetzesbindung setzt allerdings voraus, daß der konkrete Interessenkonflikt bereits abschließend in einem der Verwaltungsentscheidung vorausgehenden legislativen Verfahren allgemein entschieden worden ist.[47]

Die strenge Gesetzesbindung und mit ihr dieVorstellung von der „einzig richtigen Entscheidung“ wird heute vielfach kritisiert, da auch bei strikter gesetzesakzessorischer Verwaltungstätigkeit die Behörde einen gewissen Entscheidungsspielraum besitze.[48]

Diese Vorstellung ist inzwischen der Erkenntnis gewichen, daß selbst bei einer in hohem Maße materiellrechtlich determinierten Handlungsnorm mehrere gleichermaßen rechtmäßige Ergebnisse denkbar sind.[49]

Im Gegensatz zu den „Akkordverwaltungsakten“ der Massenverwaltung stehen die Entscheidungen, die nur nach einer konkret-individuellen Abwägung der Umstände des Einzelfalls ergehen können und durch ihre Inkompatibilität mit einer

---

[45] Vgl. als Beispiel für Entscheidungen mit strikter Gesetzesbindung, §§ 19, 20 BDSG.

[46] *Henneke*, in: Knack, VwVfG, § 35 Rz. 5.2.9.

[47] *Schmidt*, Abschied vom unbestimmten Rechtsbegriff, NJW 1975, 1753, 1756.

[48] *Pietzcker*, Das Verwaltungsverfahren zwischen Verwaltungseffizienz und Rechtsschutzauftrag, VVDStRL 41, 193, 223; *Rupp*, Bemerkungen zum verfahrensfehlerhaften Verwaltungsakt, FS für Bachof, S. 151, 164; *Krebs*, Kompensation von Verwaltungsverfahrensfehlern durch gerichtlichen Rechtsschutz, DVBl. 1984, 109, 111; Vgl. auch die Nachweise bei *Sachs*, in: Stelkens/Bonk/Sachs, VwVfG, § 40 Rz. 82, 83 f.

[49] Schenke, Das Nachschieben von Gründen

starren Schematisierung geprägt sind.[50] Darunter fallen die Ermächtigungsnormen, die in ihrem Tatbestand unbestimmte Rechtsbegriffe enthalten, und die Ermessensnormen, die der Exekutive auf der Rechtsfolgenseite der Norm einen Entscheidungsspielraum einräumen.

cc) Unbestimmte Gesetzesbegriffe

Unbestimmte Gesetzesbegriffe sind Begriffe, deren Aussagegehalt durch Auslegung konkretisiert werden muß, bevor die Anwendung auf einen bestimmten Sachverhalt möglich ist.[51]

Beispiele dafür sind die Begriffe der „Verunstaltung" in Art. 3 I S. 3 BayBO und der „Zuverlässigkeit" i. S. des § 4 I Nr. 1 GaststättenG.[52] Diese Versagungsnorm kann erst dann auf einen konkreten Fall angewendet werden, wenn der Behörde alle Kriterien und Maßstäbe bekannt sind, die den Begriff der Zuverlässigkeit mit Leben erfüllen. Unbestimmte Rechtsbegriffe stellen eine Reaktion auf die begrenzten Möglichkeiten des Gesetzgebers dar, in der Zukunft relevant werdende Fallkonstellationen vorherzusehen und entsprechend formulierte Rechtsnormen zu schaffen. Um auch in Zukunft ein effektives, den sich wandelnden Gegebenheiten flexibel anpassendes Verwaltungshandeln zu ermöglichen, wurden abstrakt gefaßte unbestimmte Rechtsbegriffe in den Tatbestand der Rechtsnormen integriert, die vor der Anwendung einer Auslegung bedürfen.[53]

In der Literatur wird z.T. die Auffassung vertreten, daß es sich bei den gebundenen Verwaltungsakten, deren Tatbestandsvoraussetzungen unbestimmte Rechtsbegriffe enthalten, um verkappte Ermessensentscheidungen handele, da die Fällung der Ermessensentscheidung eine eigene Beurteilung durch die Behörde erfordere.[54] Vor allem in Anbetracht der Tatsache, daß durch das *BVerwG*[55] in einigen

---

[50] *Ossenbühl*, in: Erichsen, Allgemeines Verwaltungsrecht, § 10 Rz. 2.

[51] *Badura*, Gestaltungsfreiheit und Beurteilungsspielraum der Verwaltung, bestehend aufgrund und nach Maßgabe des Gesetzes, FS für Bachof, S. 169, 172.

[52] Als weitere Beispiele sind zu nennen: Sicherheit und Leichtigkeit des Straßenverkehrs, öffentliche Sicherheit und Ordnung, Gemeinwohl, öffentliches Interesse, unbillige Härte, schädliche Umwelteinwirkungen, Gefahr im Verzug, erhebliche Belästigungen, Zumutbarkeit.

[53] *Grimm*, Verfahrensfehler als Grundrechtsverstöße, NVwZ 1985, 865, 871.

[54] *Rupp*, in: Verwaltungsverantwortung und Verwaltungsgerichtsbarkeit, VVDStRL 34, S.287.

[55] *BVerwG*, Beschluß v. 19. 10. 1971 - GmS-OGB 3/70 -, BVerwGE 39, 355, 362 ff.; Urteil v. 16. 12. 1971 - I C 31.68 -, BVerwGE 39, 197, 203 ff.

Entscheidungen unbestimmte Rechtsbegriffe von der Tatbestandsseite in den Ermessensbereich der Behörde (der sich ausschließlich auf die Rechtsfolgenseite bezieht) gezogen und somit die klare Abgrenzung zwischen dem behördlichen Ermessen und dem unbestimmten Rechtsbegriff verwischt wurde, könne am unbestimmten Rechtsbegriff nicht länger festgehalten werden.[56]

Diese Kritik ist zwar insoweit richtig, als unbestimmte Rechtsbegriffe nicht in dem Maße eindeutig sind, daß sie in jedem Anwendungsfall nur zu einem bestimmten Ergebnis führen können.[57] Da es sich bei der Mehrzahl der unbestimmten Rechtsbegriffe nicht um deskriptive, sondern um normative Begriffe handelt, ist ein ergänzendes Werturteil der Behörde unerläßlich.[58] Diese Auslegung des unbestimmten Rechtsbegriffs durch die Behörde stellt aber keine Ermessensausübung der Behörde dar, da davon auszugehen ist, daß jede Behörde im Ergebnis zu einer gleichen Wertung kommen kann.

dd) Ermessen

Anders als bei der gebundenen Entscheidung, die bei Vorliegen der Tatbestandsvoraussetzungen der Norm der Behörde das Ergebnis vorgibt, wird der Behörde, wenn der Tatbestand einer Ermessensnorm erfüllt ist, die Freiheit eingeräumt, zwischen mehreren rechtlich zulässigen Rechtsfolgen zu wählen. Eine Ermessensentscheidung kann durch die Behörde nur getroffen werden, wenn die zugrundeliegende Rechtsnorm ein Mindestmaß an Tatbestandsvoraussetzungen aufweist, d.h. der Sachverhalt muß in seinen wichtigsten Grundzügen von dem Gesetzgeber schon einmal geregelt worden sein.[59] Das Vorliegen eines Ermessensspielraums ist in den entsprechenden Rechtsnormen meist durch den Gebrauch der Verben „kann, darf, soll, ist berechtigt“ kenntlich gemacht.[60]

---

[56] *Schmidt*, Abschied vom unbestimmten Rechtsbegriff, NJW 1975, 1753, 1755; *Rupp*, „Ermessen“, „unbestimmter Rechtsbegriff“ und kein Ende, FS für Zeidler, S. 455, 464.

[57] *Ule/Laubinger*, Verwaltungsverfahrensrecht, § 55 Rz. 3; *Sachs*, in: Stelkens/Bonk/Sachs, VwVfG, § 40 Rz. 82 ff.

[58] *Ule/Laubinger*, Verwaltungsverfahrensrecht, § 55 Rz. 3.

[59] *Ossenbühl*, in: Erichsen, Allgemeines Verwaltungsrecht, § 10 Rz. 11; *Busch*, in: Knack, VwVfG, § 40 Rz. 5.1.

[60] Beispiel für eine Ermessensnorm ist § 8a BImSchG.

Eine Norm, die der Behörde einen Ermessensspielraum einräumt, verpflichtet diese auch zur tatsächlichen Ausübung des Ermessens, (§ 40 VwVfG).[61] Das behördliche Ermessen muß im Sinne der gesetzlichen Ermächtigung und fehlerfrei ausgeübt werden, d.h. die rechtlichen Grenzen des Ermessens müssen beachtet werden.[62] Die Ermessensausübung entsprechend dem Zweck der gesetzlichen Ermächtigung fungiert als Korrektiv für sachfremde Erwägungen im Rahmen der Ermessensentscheidung.[63] Der Gesetzgeber kann seine Intention durch Verwendung unbestimmter Rechtsbegriffe im Tatbestand der Norm, die ihrerseits einer Konkretisierung durch die Behörde unterliegen, artikulieren. Möglich ist auch, daß der Gesetzgeber eine Ermessensdirektive gibt, indem er eine Rechtsfolge bereitstellt, von der nur in Ausnahmefällen abgewichen werden darf. In diesen Fällen spricht man vom sog. intendierten Ermessen der Behörde.[64]

ee) Ermessensfehler

Ermessensentscheidungen der Behörde sind von den Gerichten nur in eingeschränktem Maße überprüfbar (§ 114 VwGO), da eine umfassende gerichtliche Kontrolle den verwaltungseigenen Ermessensspielraum ad absurdum führen würde.

Einer gerichtlichen Prüfung zugänglich ist aber die Frage, ob die Behörde bei der Entscheidung die gesetzlichen Grenzen des Ermessens eingehalten hat. Hier ist insbesondere wichtig, daß der Behörde überhaupt von der betreffenden Rechtsnorm ein Ermessensspielraum gewährt wurde und daß sie dieses Ermessen auch ausgeübt hat. Die Pflicht zur Ermessensausübung beinhaltet nicht den Zwang zum Tätigwerden, da die Entscheidung zum Handeln nicht charakteristisch für das behördliche Ermessen (Handlungsermessen) ist.[65]

Zur Ermessensfehlerlehre existiert eine Vielzahl an Publikationen, die Vorschläge und Modelle zur Systematisierung der einzelnen Ermessensfehler bieten.[66] Da

---

[61] *Ossenbühl*, in: Erichsen, Allgemeines Verwaltungsrecht, § 10 Rz. 13.

[62] *Ossenbühl*, in: Erichsen, Allgemeines Verwaltungsrecht, § 10 Rz. 13.

[63] *Ossenbühl*, in: Erichsen, Allgemeines Verwaltungsrecht, § 10 Rz. 13.

[64] *Busch*, in: Knack, VwVfG, § 40 Rz. 7.3; *Sachs*, in: Stelkens/Bonk/Sachs, VwVfG, § 40 Rz. 15.

[65] *Busch*, in: Knack, VwVfG, § 40 Rz. 9.2.1; *Sachs*, in: Stelkens/Bonk/Sachs, VwVfG, § 40 Rz. 26.

[66] Sehr detailliert *Alexy*, Ermessensfehler, JZ 1986, 701; *Hill*, Rechtsstaatliche Bestimmtheit oder situationsgerechte Flexibilität des Verwaltungshandelns, DÖV 1987, 885.

eine ausführliche Darstellung der gesamten Literatur zu diesem Punkt den Rahmen dieser Arbeit sprengen würde, soll hier nur auf die klassische Einteilung der Ermessensfehler in drei Kategorien eingegangen werden. Danach ist zwischen Ermessensnichtgebrauch, Ermessensüberschreitung und Ermessensfehlgebrauch zu differenzieren.[67]

aaa) Ermessensnichtgebrauch

Ein Ermessensnichtgebrauch (Ermessensunterschreitung) liegt vor, wenn die Behörde ihr Ermessen nicht ausübt. Grund für den Ermessensnichtgebrauch kann sein, daß die Behörde aus Gründen der Zeitersparnis auf eine Ermessensausübung verzichtet oder sich irrtümlich für gebunden hält.[68]

bbb) Ermessensüberschreitung

Die Ermessensüberschreitung stellt das Gegenstück zum Ermessensnichtgebrauch dar, da die Behörde sich für eine Rechtsfolge entscheidet, die von der Ermächtigungsgrundlage nicht mehr gedeckt wird. Die Behörde verkennt in diesem Fall, daß die Voraussetzungen für die Anwendung der Ermessensnorm überhaupt nicht vorliegen und ein Ermessensspielraum daher nicht eröffnet ist. Eine Ermessensüberschreitung liegt auch dann vor, wenn ein Ermessensspielraum zwar existiert, die gewählte Rechtsfolge aber den Rahmen der gesetzlich vorgesehenen Rechtsfolge überschreitet.[69]

ccc) Ermessensfehlgebrauch

Ermessensfehlgebrauch liegt vor, wenn die Behörde sachfremde Erwägungen in ihre Ermessensentscheidung miteinfließen läßt oder den Zweck der Ermessensnorm völlig mißachtet.[70] Aus der in § 40 VwVfG verwendeten Formulierung „entsprechend dem Zweck der gesetzlichen Ermächtigung" ergibt sich, daß die Ermessensausübung sachlich und zweckgerichtet sein muß. Problematisch ist, daß es sich in den Fällen des Ermessensmißbrauchs um innere Motive der Behörde

---

[67] *Busch*, in: Knack, VwVfG, § 40 Rz. 9.2.1 ff.; *Sachs*, in: Stelkens/Bonk/Sachs, VwVfG, § 40 Rz. 34 ff.; *Ossenbühl*, in: Erichsen, Allgemeines Verwaltungsrecht, § 10 Rz. 15, 16; *Maurer*, Allgemeines Verwaltungsrecht, § 7 Rz. 19 ff.

[68] Vgl. die Nachweise bei *Sachs*, in: Stelkens/Bonk/Sachs, VwVfG, § 40 Rz. 45.

[69] *Sachs*, in: Stelkens/Bonk/Sachs, VwVfG, § 40 Rz. 44; *Busch*, in: Knack, VwVfG, § 40 Rz. 9.3.

[70] *Maurer*, Allgemeines Verwaltungsrecht, § 7 Rz. 22; *Busch*, in: Knack, VwVfG, § 40 Rz. 9.4.1.

handelt, die oftmals nicht offen zutage liegen werden und daher die Erkennbarkeit einer Verletzung erschweren.[71]

4. Planungsverwaltungsakte

a) Planfeststellungsbeschluß

Hier ist noch kurz auf die Besonderheiten des Planfeststellungsbeschlusses als wichtigster Fall des Planungsverwaltungsaktes einzugehen. Der Planfeststellungsbeschluß nach § 74 I VwVfG setzt den Schlußpunkt unter das vorangegangene Planfeststellungsverfahren. Er bündelt in materieller Hinsicht die Ergebnisse des Planfeststellungsverfahrens, insbesondere die in die planerische Abwägung miteingeflossenen Entscheidungen über die im Anhörungsverfahren nicht erledigten Einwendungen sowie die behördlichen Stellungnahmen, und entscheidet so umfassend über die öffentlich-rechtliche Zulässigkeit des Vorhabens. Der Planfeststellungsbeschluß besitzt Konzentrationswirkung (§ 75 I S. 1 Hs. 1 VwVfG), d.h. neben ihm sind keine anderen behördlichen Genehmigungen mehr erforderlich,[72] er gibt das Vorhaben frei. Bei dem Planfeststellungsbeschluß handelt es sich um einen rechtsgestaltenden Verwaltungsakt mit dinglichen Auswirkungen.[73]

b) Planungsermessen

Nach § 74 I VwVfG stellt die Planfeststellungsbehörde den Plan fest und erläßt den Planfeststellungsbeschluß.

Fraglich ist, ob die Behörde bei Übereinstimmung des Vorhabens mit dem materiellen Recht[74] den Plan feststellen muß (gebundene Entscheidung) oder ob ihr insoweit ein Ermessen zusteht.

Die Formulierung des § 74 I VwVfG „...stellt....fest" deutet auf eine gebundene Entscheidung hin.[75] Jedoch ergibt sich aus dem Abwägungsgebot, daß der Plan-

---

[71] *Busch*, in: Knack, VwVfG, § 40 Rz. 9.4.1.

[72] *Steinberg*, Fachplanung, § 3 Rz. 143; *Kühling*, Fachplanungsrecht, S. 146, Rz. 331.

[73] *Bonk*, in: Stelkens/Bonk/Sachs, VwVfG, § 74 Rz. 13; *Busch*, in: Knack, VwVfG, § 74 Rz. 4; *Kühling*, Fachplanungsrecht, S. 150, Rz. 340. Die eigentumsrechtliche Zuordnung der für die Ausführung des Vorhabens erforderlichen Grundstücke verändert er allerdings nicht.

[74] Zur Verpflichtung der Behörde den Plan auf seine Vereinbarkeit mit sekundärem materiellen Recht zu überprüfen, vgl. *BVerwG*, Urteil v. 9. 3. 1990 - 7 C 21.89 -, BVerwGE 85, 44, 46; *BVerwG*, Beschluß v. 26. 6. 1992 - 4 B 1-11.92 -, DVBl. 1992, 1435; *Ule/Laubinger*, Verwaltungsverfahrensrecht, § 41 Rz. 13; *Steinberg*, Fachplanung, § 4 9 ff.; *Beckmann*, Verwaltungsgerichtlicher Rechtsschutz im raumbedeutsamen Umweltrecht, S. 231 ff.

feststellungsbehörde ein Entschließungsermessen zustehen muß, da gerade die Abwägung der Gründe, die für und wider das geplante Vorhaben sprechen, den Kern der Ermessensentscheidung ausmachen.[76] Nach der h. M. unterscheidet sich das Planungsermessen der Planfeststellungsbehörde qualitativ vom einfachen Verwaltungsermessen i. S. des § 40 VwVfG,[77] da das Planungsermessen final orientiert sei, während das Verwaltungsermessen einer konditionalen Programmierung unterfalle. Vertreter dieser Ansicht verwenden den Begriff der planerischen Gestaltungsfreiheit synonym für das Planungsermessen der Planfeststellungsbehörde.[78] Diese Begriffswahl ist unglücklich, da mit dem Begriff der Gestaltungsfreiheit eine originäre Befugnis zu einer (Alternativ)Planung assoziiert wird.[79] Die Planfeststellungsbehörde ist zwar zu einer umfassenden rechtlichen und tatsächlichen Beurteilung des Vorhabens berechtigt und ihr obliegt auch die Aufgabe, die widerstreitenden Interessen unter Zuhilfenahme der Anordnung von Schutzauflagen in den festgestellten Plan einzufügen. Eine Berechtigung der Planfeststellungsbehörde zur Vornahme einer Alternativplanung besteht aber nicht.[80]

Die sog. planerische Gestaltungsfreiheit reduziert sich bei genauer Betrachtung auf die Befugnis der Planfeststellungsbehörde, bei der Rechtmäßigkeitsprüfung des Planfeststellungsbeschlusses das Vorliegen der formellen und materiellen Voraussetzungen, inklusive der Beachtung der Planungsleitsätze- und Prinzipien und des Abwägungsgebots zu überprüfen.[81] Die Planfeststellungsbehörde wird

---

[75] *Ule/Laubinger*, Verwaltungsverfahrensrecht, § 41 Rz. 16.

[76] *Bonk*, in: Stelkens/Bonk/Sachs, VwVfG, § 74 Rz. 19; *Ule/Laubinger*, Verwaltungsverfahrensrecht, § 41 Rz. 16; *Kühling*, Fachplanungsrecht, S. 5 Rz. 9.

[77] *Badura*, Das Planungsermessen und die rechtsstaatliche Funktion des Allgemeinen Verwaltungsrechts, in: Verfassung und Verfassungsrechtsprechung, FS für den BayVGH, S. 157 ff.; *Hoppe*, Rechtsschutz bei der Planung von Straßen und anderen Verkehrsanlagen, S. 78 ff.; *Ibler*, Die Schranken planerischer Gestaltungsfreiheit im Planungsrecht, S. 216 ff.; *Bonk*, in: Stelkens/Bonk/Sachs, VwVfG, § 74 Rz. 19; *Kügel*, Der Planfeststellungsbeschluß und seine Anfechtbarkeit, S. 124 ff.

[78] *Busch*, in: Knack, VwVfG, § 74 Rz. 6.3.1; *Bonk*, in: Stelkens/Bonk/Sachs, VwVfG, § 74 Rz 19; *Hoppe*, Planung und Pläne in der verwaltungsgerichtlichen Kontrolle, FS für Menger, S. 747, 774.

[79] Diese Unklarheit in der Terminologie hat ihre Ursache auch darin, daß das *BVerwG* Grundsätze des Bauplanungsrechts auf die Planfeststellung übertragen hat. Das Recht der Gemeinde zur Bauleitplanung ergibt sich aus ihrer aus Art. 28 II GG abgeleiteten Planungshoheit. Im Gegensatz dazu plant die Planfeststellungsbehörde nicht selbst, sondern stellt den Plan des Vorhabensträgers fest. Vgl. dazu *BVerwG*, Urteil v. 14. 2. 1975 - IV C 21.74-, BVerwGE 48, 56, 66 f.; *Steinberg*, Fachplanung, § 4 Rz. 75; *Ule/Laubinger*, Verwaltungsverfahrensrecht, § 41 Rz. 11.

[80] *Steinberg*, Fachplanung, § 4 Rz. 75; *Schmidt-Aßmann*, Planung als administrative Handlungsform und Rechtsinstitut, FS für das Bundesverwaltungsgericht, S. 3, 14.

[81] Das *BVerwG* hat für die Tätigkeit der Planfeststellungsbehörde den Begriff des „abwägenden Nachvollziehens der Vorhabensplanung" geprägt. Vgl. *BVerwG*, Urteil v. 17. 1. 1986 - 4 C 6 u. 7/84 -, BVerwGE 72, 365, 367; Kritisch dazu *Sendler*, in: FS für Schlichter, S. 55, 81 f., der von einer „Planung zur gesamten

gemäß § 75 I lit. a VwVfG zu einer zweckrationalen Abwägung ermächtigt; es handelt sich um eine Normbegründung durch Abwägung im und für den konkreten Fall.[82] Gleichermaßen ist aber die einfache Verwaltungsbehörde berechtigt, bei Vorliegen einer Ermessensnorm zur Begründung mehrere einschlägige rechtlich normierte oder zumindest rechtlich zulässige Zwecke, Grundsätze oder Prinzipien heranzuziehen und in die Abwägung miteinzustellen, um ein angemessenes Ergebnis zu erzielen.[83] Daher besitzt die Unterscheidung zwischen dem „normalen" Verwaltungsermessen und dem Planungsermessen nur quantitativen und nicht auch qualitativen Charakter. Im Grunde ist von einer strukturellen Kongruenz zwischen dem regulärem Verwaltungsermessen und dem Planungsermessen auszugehen.[84]

c) Planerische Abwägung

Vor dem Erlaß eines Planfeststellungsbeschlusses muß die Planfeststellungsbehörde die von der Planung betroffenen öffentlichen und privaten Belange einander gegenüberstellen und gegeneinander abwägen.[85] Das Abwägungsgebot[86] ergibt sich aus dem Wesen einer rechtsstaatlichen Planung[87] und gilt unabhängig von einer gesetzlichen Normierung, wie sie z. B. in § 17 I S. 3 FStrG erfolgt ist.[88]

Indirekt wird die Abwägung der betroffenen öffentlichen und privaten Belange jetzt in den Erheblichkeitsvorschriften von Abwägungsmängeln in § 75 I lit. a VwVfG und in den einzelnen Fachgesetzen[89] vorausgesetzt.[90] Die planerische

---

Hand" zwischen Vorhabensträger und Planfeststellungsbehörde spricht. In diesem Zusammenhang darf außerdem die Befugnis der Planfeststellungsbehörde dem Planfeststellungsbeschluß Auflagen hinzuzufügen nicht unerwähnt bleiben.

[82] Sinngemäß *Bartlsperger*, Das Abwägungsgebot in der Verwaltung, in: Abwägung im Recht, S. 79, 103.

[83] *Bartlsperger*, a.a.O., S. 79, 104 f.

[84] Vgl. zur normtheoretischen Gleichheit von allgemeinem Verwaltungsermessen und Planungsermessen *Bartlsperger*, Das Abwägungsgebot in der Verwaltung als objektives und individualrechtliches Erfordernis konkreter Verhältnismäßigkeit, in: Abwägung im Recht, S. 79, 80 ff.; *Rubel*, Planungsermessen, S. 8 ff., 48 ff., 63 ff.; *Schmidt-Aßmann*, Verwaltungsverantwortung und Verwaltungsgerichtsbarkeit, VVdStRL 34, 221, 251; *Ule/Laubinger*, Verwaltungsverfahrensrecht, § 41 Rz. 16.

[85] *Kühling*, Fachplanungsrecht, S. 179 Rz. 410; *Ule/Laubinger*, Verwaltungsverfahrensrecht, § 41 Rz. 8; *Badura*, in: Erichsen, Allgemeines Verwaltungsrecht, § 39 Rz. 25; *Steinberg*, Fachplanung, § 4 Rz. 49.

[86] Zur Abwägung als Methode der Rechtsfindung vgl. *Koch*, Die normtheoretische Basis der Abwägung, in: Abwägung im Recht, S. 9 ff.

[87] Das Abwägungsgebot wird allgemein aus dem Rechtsstaatsprinzip abgeleitet. Vgl. dazu *BVerwG*, Urteil v. 23. 1. 1981 - 4 C 4.78 -, BVerwGE 61, 295, 301; *Busch*, in: Knack, VwVfG, § 74 Rz. 6.3.4.

[88] *Steinberg*, Fachplanung, § 4 Rz. 49.

[89] Vgl. statt aller die Regelung in § 17 VI lit. c FStrG.

Abwägung ist unentbehrlicher Bestandteil jeder Planungsentscheidung und stellt gleichzeitig die bedeutendste Schranke der Ausübung des planerischen Ermessens dar.[91]

Voraussetzungen einer fehlerfreien Abwägung sind, daß eine Abwägung überhaupt stattfindet, alle Belange einbezogen werden, die nach Lage der Dinge berücksichtigt werden müssen, und daß die Bedeutung der betroffenen öffentlichen und privaten Belange weder verkannt noch der Ausgleich zwischen ihnen in einer Weise vorgenommen wird, die außer Verhältnis zu der objektiven Gewichtigkeit der einzelnen Belange steht.[92] Für die einzelnen Typen der Abwägungsfehler hat sich eine eigene Terminologie entwickelt.

So liegt ein Abwägungsausfall vor, wenn eine Abwägung überhaupt nicht stattgefunden hat, ein Abwägungsdefizit, wenn in das Abwägungsmaterial nicht alle relevanten Belange oder nicht mit der ihnen gebührenden Gewichtigkeit eingestellt worden sind.

Eine Abwägungsfehleinschätzung liegt vor, wenn ein für das Vorhaben irrelevanter Belang in die Abwägung miteingestellt oder einem Belang objektiv zu hohe Gewichtigkeit beigemessen wurde.

Wird der Ausgleich zwischen den verschiedenen Belangen in einer Weise vorgenommen, die zur objektiven Gewichtigkeit einzelner Belange außer Verhältnis steht, ist eine Abwägungsdisproportionalität gegeben.[93]

Ein Abwägungsfehler liegt nicht schon darin, daß der Planungsträger innerhalb kollidierender Belange den einen vorzieht und einen anderen dafür zurückstellt, da dies den Kern der Abwägungsentscheidung darstellt.[94]

---

[90] Vgl. zu der Erheblichkeit von Abwägungsmängeln im Planfeststellungsrecht die Ausführungen unten S. 138.

[91] *Ule/Laubinger*, Verwaltungsverfahrensrecht, § 41 Rz. 8; *Steinberg*, Fachplanung, § 4 Rz. 50; *Badura*, in: Erichsen, Allgemeines Verwaltungsrecht, § 39 Rz. 25; *Kühling*, Fachplanungsrecht, S. 77 Rz. 174.

[92] *BVerwG*, Urteil v. 14. 2. 1975 - IV C 21.74 -, BVerwGE 48, 56, 63; *Hoppe*, Das Abwägungsgebot in der Novellierung des Baugesetzbuches, DVBl. 1994, 1033, 1034.

[93] Vgl. zu der Terminologie *Hoppe*, Die Schranken der planerischen Gestaltungsfreiheit (§ 1 IV und V BBauG), Das Urteil des Bundesverwaltungsgerichts vom 12. 12. 1969 zum Abwägungsgebot (§ 1 IV S. 2 BBauG und seine Rechtskontrolle), BauR 1970, 15 ff.; *Ders.*, Zur Struktur von Normen des Planungsrechts, DVBl. 1974, 641, 644.

[94] Dazu auch *Sendler*, (Un)erhebliches zur planerischen Gestaltungsfreiheit, FS für Schlichter, S. 55, 58.

aa) Recht des Betroffenen auf eine fehlerfreie Abwägung

Auf die Anfechtungsklage eines Planbetroffenen hin wird der Planfeststellungsbeschluß auf seine Rechtmäßigkeit, insbesondere hinsichtlich einer ausreichenden Planrechtfertigung und der Durchführung einer ordnungsgemäßen Abwägung, überprüft[95].

Voraussetzung für die Anfechtungsbefugnis i. S. des § 42 II VwGO ist, daß sich der Betroffene auf die mögliche Verletzung eines geschützten Rechtsguts durch den Planfeststellungsbeschluß berufen kann. Eine Klagebefugnis hinsichtlich eines Planfeststellungsbeschlusses kann sich direkt aus einem Grundrecht, wie z. B. dem Schutz des Eigentums gemäß Art. 14 GG oder dem Recht auf körperliche Unversehrtheit gemäß Art. 2 II S. 1 GG ergeben. Auch aus einem - angeblichen - Verstoß des Vorhabens gegen eine drittschützende Norm kann von Dritten eine Klagebefugnis abgeleitet werden.[96]

Das *BVerwG* hat wiederholt auch die Geltendmachung einer Verletzung des Abwägungsgebots als Rüge der Verletzung eigener Rechte anerkannt.[97] Nach h. M. variiert allerdings der Umfang der gerichtlichen Abwägungskontrolle je nachdem, ob der Kläger sich auf Grundeigentümerschutz i. S. des Art. 14 I, 14 III GG berufen kann oder lediglich die Beeinträchtigung eines abwägungserheblichen Belangs geltend macht.[98] Während der Grundeigentümer[99] sämtliche Abwägungsfehler des Planfeststellungsbeschlusses angreifen kann, wird der nicht in seinem Grundeigentum Betroffene nur mit der Rüge eines Abwägungsfehlers gehört, der sich auf einen ihn betreffenden Individualbelang bezieht.[100]

bb) Funktion des Abwägungsgebots als individualrechtliche Kontrollnorm

---

[95] *Kühling*, Fachplanungsrecht, S. 176 ff. Rz. 403, 410.

[96] Vgl. dazu *Kühling*, a.a.O., S.182 ff. Rz. 419 ff.; *Steinberg*, Fachplanung, § 7 Rz. 57; *Ders.*, Rechtsverletzung bei der Planfeststellung, FS für Schlichter, S. 599, 603; *Johlen*, Besonderheiten des Rechtsschutzes gegenüber Planfeststellungen, FS für Redeker, S. 487, 488 f.

[97] *BVerwG*, Urteil v. 14. 5. 1992 -4 C 9.89 -, NVwZ 1993, 477, 479; *BVerwG*, Urteil v. 14. 2. 1975 - IV C 21.74 -, BVerwGE 48, 56.

[98] *Busch*, in: Knack, VwVfG, § 74 Rz. 6.8.

[99] *Hoppe*, Planung und Pläne in der verwaltungsgerichtlichen Kontrolle, FS für Menger, S. 747, 766; *Bartlsperger*, Das Abwägungsgebot in der Verwaltung als objektives und individualrechtliches Erfordernis konkreter Verhältnismäßigkeit, in: Abwägung im Recht, S. 79, 89; *Kügel*, Der Planfeststellungsbeschluß und seine Anfechtbarkeit, S. 233 ff.

[100] *Kühling*, Fachplanungsrecht, S.189 Rz. 440; *Busch*, in: Knack, VwVfG, § 74 Rz. 6.8.1, 6.8.2; *Bartlsperger*, Das Abwägungsgebot in der Verwaltung, in: Abwägung im Recht, S. 79, 88.

Verwaltungsgerichtlicher Rechtsschutz ist auf den Schutz der Individualrechtsgüter des Einzelnen gerichtet. Kennzeichen des Individualrechtsschutzes sind die Verknüpfung der Klagebefugnis, Beschwerdebefugnis und Antragsbefugnis mit dem Erfordernis der möglichen Verletzung eines subjektiven Rechts.[101]

Die Differenzierung des Umfangs der gerichtlichen Kontrolle der Abwägung je nachdem, ob der Kläger als Grundeigentümer oder nur „mittelbar" in eigenen abwägungserheblichen Belangen betroffen ist, ist im Schrifttum auf Kritik gestoßen.[102]

So wird zum einen eingewandt, daß die Privilegierung der Grundeigentümer einseitig auf die Grundstücksbezogenheit der Planfeststellung abziele und die Personenbezogenheit der Planfeststellung vernachlässige.[103] Zum anderen sei bei den bloß mittelbar Betroffenen nicht einzusehen, wie bei der Abwägung eine isolierte Betrachtung einzelner Belange vorgenommen werden könne.[104] Die Bewertung einzelner Belange sei vielmehr nur im Wege einer Gesamtbetrachtung aller abzuwägenden Belange möglich.[105]

Einen völlig anderen Ansatz verfolgt *Bartlsperger*, der kritisiert, daß durch die gedankenlose Übertragung der Grundsätze des bauplanungsrechtlichen Abwägungsgebots als gerichtliche Kontrollnorm zur Nachprüfung der Abwägung auf das fachgesetzliche Abwägungsgebot in der Planfeststellung das individuelle Rechtsschutzprinzip unterlaufen und sozusagen durch die Hintertür die verwaltungsgerichtliche Anfechtungsklage in ein dem Normenkontrollverfahren vergleichbares Beanstandungsverfahren verwandelt wurde.[106] Der dogmatische An-

---

[101] Vgl. statt aller *Hufen*, Verwaltungsprozeßrecht, § 1 Rz. 37. Dies gilt jetzt auch für die Antragsbefugnis im Normenkontrollverfahren, vgl. § 47 II S. 1 VwGO n. F.

[102] *Bartlsperger*, Die Abwägung im Verwaltungsrecht, in: Die Abwägung im Recht, S. 79, 89, 90, 91; *Steinberg*, Rechtsverletzung bei der Planfeststellung, FS für Schlichter, S. 599, 605; *Ladeur*, Die Schutznormtheorie - Hindernis auf dem Weg zu einer modernen Dogmatik der planerischen Abwägung?, UPR 1984, 1 ff., 5 ff.; *Sendler*, Neue Entwicklungen bei Rechtsschutz und gerichtlicher Kontrolldichte im Planfeststellungsrecht, in: Kormann, Aktuelle Fragen der Planfeststellung, S. 9, 13; *Ule/Laubinger*, Verwaltungsverfahrensrecht, § 41, Rz. 43; *Hoppe*, Planung und Pläne in der verwaltungsgerichtlichen Kontrolle, FS für Menger, S. 747, 776.

[103] *Steinberg*, Fachplanung, § 7 Rz. 64.

[104] *Ule/Laubinger*, Verwaltungsverfahrensrecht, § 41 Rz. 43.

[105] *Kühling*, Fachplanungsrecht, S. 191 Rz. 444.

[106] *Bartlsperger*, Die Abwägung in der Verwaltung, in: Abwägung im Recht, S. 79, 85.

satz der Rechtsprechung, die den von einer Verplanung ihrer Individualrechte Betroffenen als Ausgleich ein Recht auf Abwägung zubilligt, sei falsch und leugne die Natur des Abwägungsgebots als objektivrechtliche Funktions- und Handlungsnorm.[107] Der Nachweis eines subjektiven Rechtswidrigkeitszusammenhangs zwischen dem angeblichen Abwägungsfehler und der geltend gemachten Betroffenheit in eigenen Belangen werde nicht erbracht.[108] Auch das umfassende Rügerecht des Grundeigentümers hinsichtlich jedweden Abwägungsmangels hält *Bartlsperger* nicht durch Art. 14 GG gerechtfertigt, sondern plädiert für einen grundrechtlich fundierten Abwehranspruch des Grundeigentümers gegen eine fehlerhafte Planung nur insoweit, als die Fehlerhaftigkeit der Abwägung unmittelbar den Schutzbereich der Eigentumsgarantie berührt.[109]

Der hier nur kurz skizzierte „revolutionäre Angriff"[110] von *Bartlsperger* auf die durch die Rechtsprechung des *BVerwG* festzementierte Bastion des fachplanerischen Drittschutzes zielt auf eine einschneidende Begrenzung der verwaltungsgerichtlichen Klagebefugnis nach § 42 II VwGO, da selbst von der Planung enteignungsrechtlich betroffene Grundeigentümer sich nur noch auf „enteignungsspezifische" Abwägungsmängel berufen könnten. Praktische Konsequenzen hätte dies auch für die verbreitete Taktik von Naturschutzverbänden, Bürgerinitiativen und sonstigen Interessengruppen, sich mittels Grundstückerwerbs eine Klagebefugnis zu erkaufen.[111] Die faktische Macht der grundbesitzenden Verbände und Initiativen, durch die Geltendmachung einer Vielzahl formeller und materieller Mängel des Planfeststellungsbeschlusses die Verwirklichung einer Planung hinauszuzögern, würde ganz erheblich beschnitten. Die erhebliche Einflußnahme der Verbände auf die öffentliche Planung zeigt sich nicht zuletzt darin, daß mittlerweile Planungsträger dazu übergegangen sind, den Eigentümern von Sperrgrundstücken ihre Klagebefugnis gegen hohe Summen „abzukaufen".[112]

---

[107] *Bartlsperger*, a.a.O., S. 79, 86, 87.

[108] *Bartlsperger*, a.a.O., S. 79, 87.

[109] *Bartlsperger*, a.a.O., S. 79, 90, 91.

[110] Vgl. den Diskussionsbeitrag von *Schmidt-Preuß*, in: Abwägung und Recht, S. 111.

[111] Vgl. zu der Problematik der Sperrgrundstücke *Kühling*, Fachplanungsrecht, S. 173, 395.

[112] So hat jüngst der BUND Thüringen auf das gerichtlicheVorgehen gegen das geplante Pumpspeicherwerk Goldisthal gegen die Zahlung von 7 Millionen DM verzichtet. Vgl. den „*Spiegel*"-Bericht Umweltschutz: Ablaßhandel mit der Industrie, in Nr. 14/1997.

Die Ansicht von *Bartlsperger* hat den Vorzug, daß sie den fachgesetzlichen Drittschutz dogmatisch überzeugend von dem Vorliegen eines subjektiven Rechtswidrigkeitszusammenhangs zwischen der betreffenden Ermessensentscheidung und dem berührten individualrechtlichen Status abhängig macht.[113] Einen Schritt in diese Richtung hat in letzter Zeit auch das *BVerwG* getan, indem es von einem betroffenen Grundeigentümer, der die Rechtswidrigkeit der Festsetzung von Ersatzmaßnahmen auf den Grundstücken anderer Eigentümer rügte, den Nachweis der Kausalität des gerügten Rechtsfehlers für die enteignende Überplanung seines eigenen Grundstücks abverlangte.[114] Diese Verknüpfung von Abwägungsfehler und verletztem Individualrecht ist aber nicht das Heilmittel für die von *Bartlsperger* beklagte „Hypertrophie gerichtlicher Planungskontrolle“,[115] sondern bekämpft nur die Symptome eines ausgeuferten, unüberschaubar gewordenen materiellrechtlichen Regelwerks. Für die planende Verwaltung ist es durch dieses Dickicht an Bestimmungen in vielen Fällen fast unmöglich geworden, eine (abwägungs)fehlerfreie Planung eines Großvorhabens durchzuführen. Einen Ausweg aus dieser Spirale der rasant ansteigenden Gesetzesflut, der hohen Zahl der aufgehobenen oder beanstandeten Planungsentscheidungen und der Nichtsanktionierung von Fehlern[116] bietet allein eine Reduktion des materiellen Rechts auf einen für die Verwaltung überschaubaren Regelungskomplex mit klarem Aussagegehalt.[117]

d) Gerichtliche Nachprüfung des Planfeststellungsbeschlusses

Auf die Anfechtungsklage eines Drittbetroffenen hin überprüft das Verwaltungsgericht die Rechtmäßigkeit der Planfeststellung. Es handelt sich um eine reine

---

[113] *Bartlsperger*, in: Abwägung im Recht, S. 115.

[114] *BVerwG*, Beschluß v. 10. 7. 1995 - 4 B 94.95 -, UPR 1995, 458 [LS.]; Vgl. auch *BayVGH*, Uurteil v. 16. 3. 1993 - 8 A 92.40126 u. 8 A 92. 40129 -, BayVBl. 1994, 664, 665.

[115] *Bartlsperger*, Abwägung in der Verwaltung, in: Abwägung im Recht, S. 79, 98.

[116] Symptomatisch für die Tendenz, einer aufgrund überzogener materiellrechtlicher Anforderungen und der unerbittlichen „Fehlerjagd“ der Verwaltungsgerichte hohen Zahl an Aufhebungen planungsrechtlicher Entscheidungen mit gesetzlichen oder richterrechtlichen Restriktionen zu begegnen, ist die Erfindung des Planerhaltungsgrundsatzes. Vgl. dazu die Ausführungen unten S. 66.

[117] So auch *Redeker*, Neue Experimente mit der VwGO?, NVwZ 1996, 521, 524; *Sendler*, Neue Entwicklungen bei Rechtsschutz und gerichtlicher Kontrolldichte im Planfeststellungsrecht, in: Kormann, Aktuelle Fragen der Planfeststellung, S. 9, 38; *Koch*, Vereinfachung des materiellen Umweltrechts, NVwZ 1996, 215 ff.; *Jäde*, Vereinfachungsprobleme des Anlagenzulassungsrechts, WiVerw 1995, 119, 181; *Bonk*, Strukturelle Änderungen des Verwaltungsverfahrens durch das Genehmigungsverfahrensbeschleunigungsgesetz, NVwZ 1997, 320, 330; *Meissner*, Die Novellierung des Verwaltungsprozeßrechts durch das Sechste Gesetz zur Änderung der Verwaltungsgerichtsordnung, VBlBW 1997, 81, 88.

Rechtmäßigkeitskontrolle der Planung, die Frage der Zweckmäßigkeit der Planung wird nicht geprüft.

Nach der Rechtsprechung des *BVerwG* findet zwar grundsätzlich eine Kontrolle von Planfeststellungsbeschlüssen statt, die aber wegen der Besonderheiten der Planungs- und Abwägungsentscheidungen nicht in vollem Umfange nachkontrollierbar sind.[118] Das Gericht kann nachprüfen, ob die Planung gerechtfertigt, d. h., ob das ganze Vorhaben überhaupt erforderlich ist und die wesentlichen Planungsziele eingehalten worden sind.[119] Weiter ist auch nachprüfbar, ob die planende Behörde eine ordnungsgemäße Abwägung der widerstreitenden Belange vorgenommen hat. Das Gericht überprüft die Planungsentscheidung auf das Vorliegen von Abwägungsmängeln, d. h. vor allem daraufhin, ob die wesentlichen Belange richtig gesehen und berücksichtigt worden sind und ob die Gewichtung der Belange entsprechend ihrer objektiven Bedeutung erfolgte.[120]

e) Plangenehmigung

In bestimmten Fällen räumen die Fachgesetze der Behörde die Möglichkeit ein, statt der Durchführung eines Planfeststellungsverfahrens eine einfache Genehmigung zu erteilen.[121] So kann nach § 17 I lit. a FStrG eine Plangenehmigung dann erteilt werden, wenn Rechte anderer nicht wesentlich beeinträchtigt werden oder die Betroffenen mit der Planung einverstanden sind.[122] Zusätzlich muß das Benehmen mit den Trägern öffentlicher Belange, deren Aufgabenbereich berührt wird, hergestellt werden. Die Plangenehmigung[123] besitzt die gleichen umfassenden Rechtswirkungen wie die Planfeststellung.[124] Da es sich um ein nichtförmliches Verwaltungsverfahren handelt, finden die Vorschriften des Verwaltungsverfahrensgesetzes uneingeschränkt Anwendung.

---

[118] Vgl. dazu *Hufen*, Verwaltungsprozeßrecht, § 25 Rz. 37 ff.; *Hoppe*, Planung und Pläne in der verwaltungsgerichtlichen Kontrolle, FS für Menger, S. 747, 776 f.; *Koch*, Das Abwägungsgebot im Planungsrecht, DVBl. 1983, 1125 ff.

[119] *Kügel*, Der Planfeststellungsbeschluß und seine Anfechtbarkeit, S. 127; *Hufen*, Verwaltungsprozeßrecht, § 25 Rz. 40; *Kühling*, Fachplanungsrecht, S. 176 Rz. 403.

[120] *Kühling*, a.a.O., S. 179 Rz. 410; *Kügel*, Der Planfeststellungsbeschluß und seine Anfechtbarkeit, S. 141 ff.; Kritisch dazu *Steinberg*, Fachplanung, § 4 Rz. 41 ff.

[121] Vgl. z.B. §§ 17 I lit. a FStrG, 28 I lit. a PBefG, 8 I LuftVG, 14 I lit. a WaStrG, 18 I, II AEG.

[122] Vgl. zu der „Einverständnisplanung" *Steiner*, Das Planungsvereinfachungsgesetz, NVwZ 1994, 315.

[123] Ausführlich zur Plangenehmigung *Ringel*, Die Plangenehmigung im Fachplanungsrecht, 1996.

[124] Vgl. nur § 17 II S. 1 FStrG.

II. Das Verwaltungsverfahren

1. Grundgedanken des Verwaltungsverfahrens

Jede rechtliche Entscheidung erfolgt nach gewissen Regeln, d.h. sie durchläuft die Phasen eines bestimmten tatsächlichen Verfahrens.[125] Diese Verfahrensabhängigkeit kennzeichnet alle drei Staatsgewalten: Legislative, Iudikative und Exekutive.[126]

Die Legislative befolgt das in den Art. 70 ff. GG vorgegebene Gesetzgebungsverfahren[127], die Iudikative hat bei der Urteilsfindung die betreffende Prozeßordnung zu beachten und die Exekutive ist bei ihren Handlungen an die Vorschriften des (Verwaltungs-)Verfahrensrechts gebunden.[128] Grundlegende Funktion des Verwaltungsverfahrens ist es, die Verwirklichung des materiellen Rechts und damit eine sachlich richtige und zweckmäßige Verwaltungsentscheidung zu gewährleisten.[129] Dazu gehört auch die Beteiligung der künftig von dem Verwaltungsakt Betroffenen an dem Verfahren.[130]

a) Begriff des Verwaltungsverfahrens

Es existiert kein einheitlicher Rechtsbegriff des Verwaltungsverfahrens.[131] Ein Verwaltungsverfahren läßt sich als planvoll geordneter Vorgang der Informationsgewinnung und -verarbeitung durch eine Behörde der öffentlichen Verwaltung

---

[125] *Schmidt-Aßmann*, Die Grundgedanken des Verwaltungsverfahrens und das neue Verwaltungsverfahrensrecht, Jura 1979, 505; *Hill*, Das fehlerhafte Verfahren und seine Folgen im Verwaltungsrecht, S. 1 ff.

[126] *Schmidt-Aßmann*, in: Isensee/Kirchhof, Handbuch des Staatsrechts, Bd. III, S. 624, Rz. 3.

[127] Die Ländergesetzgebung erfolgt nach den jeweiligen Vorschriften in den Länderverfassungen. In Bayern ist die Gesetzgebung in den Art. 70 ff. der Bayerischen Verfassung geregelt.

[128] Eine Kodifizierung der allgemeinen Vorschriften, die die Verwaltung bei ihrer öffentlich-rechtlichen Tätigkeit zu beachten hat, wurde mit der Verkündung des VwVfG des Bundes am 25. 5. 1976 zuerst auf Bundesebene vorgenommen. Die Länder erließen in den folgenden Jahren eigene (z.T. inhaltsgleiche) Regelungen in den Länder-Verwaltungsverfahrensgesetzen.

[129] *Schoch*, Der Verfahrensgedanke im allgemeinen Verwaltungsrecht, Die Verwaltung 1992, 21, 24; *Schmidt-Aßmann*, Die Grundgedanken des Verwaltungsverfahrens und das neue Verwaltungsverfahrensrecht, Jura 1979, 505; *Ronellenfitsch*, Neues Verkehrswegeplanungsrecht, DVBl. 1994, 441, 449.

[130] In der subjektiv-rechtlich orientierten deutschen Rechtsordnung steht die Wahrung der von der Verwaltungsentscheidung tangierten Rechte des Betroffenen im Vordergrund der Verfahrenslehre. Im Gegensatz dazu liegt in einem objektiv-rechtlich orientierten System, wie z.B. dem französischen mehr Gewicht auf den Regelungen über das verwaltungsinterne Zustandekommen der Entscheidung. Siehe dazu *Schmidt-Aßmann*, Das Verwaltungsverfahren und seine Folgen, Revue Europeenne de Droit Public 1993, 99.

[131] *Schmidt-Aßmann*, in: Isensee/Kirchhof, Handbuch des Staatsrechts, § 70 Rz. 8.

darstellen, der auf den Erlaß einer durch das materielle Recht determinierten administrativen Entscheidung abzielt.[132] Die Initiative für die Durchführung eines Verwaltungsverfahrens kann sowohl von der Behörde als auch vom Bürger ausgehen. Es entsteht ein Handlungsgefüge (Interaktionssystem) zwischen Verwaltung und Bürger oder zwischen einzelnen Einheiten der Verwaltung.[133]

b) Legaldefinition

Der allgemeine weite Begriff des Verwaltungsverfahrens wird durch die in § 9 VwVfG enthaltene Legaldefinition eingeschränkt. Nach § 9 VwVfG handelt es sich nur dann um ein Verwaltungsverfahren, wenn eine nach außen wirkende Tätigkeit der Behörde auf die Prüfung der Voraussetzungen, die Vorbereitung und den Erlaß eines Verwaltungsaktes[134] oder auf den Abschluß eines öffentlichrechtlichen Vertrages gerichtet ist.[135] Der abschließende Erlaß des Verwaltungsaktes oder des öffentlich-rechtlichen Vertrages ist Bestandteil des Verwaltungsverfahrens. Bei dem in den §§ 72 bis 78 VwVfG geregelten Planfeststellungsverfahren und dem in den §§ 63 bis 71 VwVfG vorgesehenen förmlichen Verfahren handelt es sich um Sonderformen des in § 9 VwVfG definierten Verwaltungsverfahrens.[136]

c) Gesetzliche Grundlage

Art. 84 I GG weist die Kompetenz zur Regelung des Verwaltungsverfahrens bei der sog. Landeseigenverwaltung[137] grundsätzlich den Ländern zu, beinhaltet aber einen Regelungsvorbehalt zugunsten des Bundesgesetzgebers. Damit hat der Bun-

---

[132] *Schmidt-Aßmann*, a.a.O., § 70 Rz. 1; *Badura*, Verwaltungsverfahren, S. 384 ff.; *Hill*, Das fehlerhafte Verfahren und seine Folgen im Verwaltungsrecht, S. 194 ff.; *Luhmann*, Legitimation durch Verfahren, S. 40; *Hoffmann*, Verfahrensgerechtigkeit, S. 44; *Wolff*, Verfahrensrecht und materielles Recht, Verwaltungsrundschau 1996, 367.

[133] Vgl. *Schmidt-Aßmann*, a.a.O., § 70 Rz. 1.

[134] Vgl. dazu unten S. 61.

[135] Kritisch zu diesem Formendualismus der Verwaltung *Pitschas*, Entwicklung der Handlungsformen im Verwaltungsrecht - Vom Formendualismus des Verwaltungsverfahrens zur Ausdifferenzierung der Handlungsformen, in: Blümel/Pitschas, Reform des Verwaltungsverfahrensrechts, S. 229, 232; *Schoch*, Der Verfahrensgedanke im Allgemeinen Verwaltungsrecht, FS für Bachof, S. 21, 50; *Pietzcker*, Das Verwaltungsverfahren zwischen Verwaltungseffizienz und Rechtsschutzauftrag, VVDStRL 41 (1983), 193, 214 f.

[136] *Clausen*, in: Knack, VwVfG, § 9 Rz. 2; *Schmidt-Aßmann*, Die Grundgedanken des Verwaltungsverfahrens und das neue Verwaltungsverfahrensrecht, Jura 1979, 505, 510.

[137] Nach Art. 83 GG gilt der Grundsatz der Länderexekutive, d.h., die Länder führen die Bundesgesetze als eigene Angelegenheiten aus, soweit im Grundgesetz nichts anderes bestimmt ist.

desgesetzgeber Zugriff auf die Ausgestaltung des Verwaltungshandelns durch die Verwaltungsbehörden der Länder[138]; erforderlich ist allerdings die Zustimmung des Bundesrats. Der Bund hat von seiner Regelungskompetenz durch den Erlaß des Verwaltungsverfahrensgesetzes des Bundes vom 25. 5. 1976 Gebrauch gemacht.

d) Geltungsbereich

Die Frage der Anwendbarkeit des Verwaltungsverfahrensgesetzes ist in § 1 VwVfG geregelt. § 1 I Nr. 1 VwVfG erstreckt die Anwendbarkeit auf die öffentlich-rechtliche Verwaltungstätigkeit der Behörden des Bundes, der bundesunmittelbaren Körperschaften, Anstalten und Stiftungen des öffentlichen Rechts. Nach § 1 I Nr. 2 VwVfG gilt das Verwaltungsverfahrensgesetz auch für die Verwaltungstätigkeit der Landesbehörden, der Gemeinden und Gemeindeverbände sowie der sonstigen, der Aufsicht des Landes unterstehenden juristischen Personen des öffentlichen Rechts im Rahmen der Bundesauftragsverwaltung.

Dieser Geltungsbereich des Verwaltungsverfahrensgesetzes des Bundes wird durch die Subsidiaritätsklausel des § 1 I letzter Hs. VwVfG eingeschränkt, da inhaltsgleiche und entgegenstehende Bestimmungen in Rechtsvorschriften des Bundes den entsprechenden Regelungen der Verwaltungsverfahrensgesetze sowohl des Bundes als auch der Länder vorgehen.

§ 1 II S. 1 VwVfG legt fest, daß auch für die öffentlich-rechtliche Verwaltungstätigkeit der in § 1 I Nr. 2 VwVfG bezeichneten Behörden, die Bundesrecht als eigene Angelegenheit ausführen, das Verwaltungsverfahrensgesetz gilt. Falls Rechtsvorschriften des Bundes inhaltsgleiche oder entgegenstehende Bestimmungen enthalten, treten die Bestimmungen des Verwaltungsverfahrensgesetzes wiederum zurück.

Weitgehend gegenstandslos wird § 1 II VwVfG durch die Bestimmung in § 1 III, wonach das Verwaltungsverfahrensgesetz nicht für die Ausführung von Bundesrecht gilt, soweit die öffentlich-rechtliche Verwaltungstätigkeit durch ein ländereigenes Verwaltungsverfahrensgesetz geregelt wird. Da inzwischen alle Länder ein eigenes, mit dem Bundesverwaltungsverfahrensgesetz im wesentlichen übereinstimmendes Länderverwaltungsverfahrensgesetz erlassen haben, findet das

[138] *Dittmann*, in: Sachs, GG, Art. 84 Rz. 9.

Bundesverwaltungsverfahrensgesetz bei Landesbehörden, unabhängig davon, ob es sich um die Durchführung von Landes- oder Bundesrecht handelt, keine Anwendung mehr.[139]

Damit ist das Verwaltungsverfahrensrecht des Bundes in zweifacher Hinsicht subsidiär: Zum einen tritt es hinter die Bundesspezialgesetze zurück, zum anderen ist es nachrangig gegenüber den Verwaltungsverfahrensgesetzen der Länder. Praktische Relevanz besitzt das Verwaltungsverfahrensrecht daher nur noch, wenn eine Behörde des Bundes oder einer bundesunmittelbaren Körperschaft, Anstalt oder Stiftung des öffentlichen Rechts ein Verwaltungsverfahren nach Bundesrecht durchführt und das für die behördliche Entscheidung maßgebliche Recht keine Verfahrensregelungen enthält, die denen des Verwaltungsverfahrensgesetzes inhaltsgleich sind oder ihnen entgegenstehen. Weiter kommen die Bestimmungen des Verwaltungsverfahrensgesetzes über besondere Verfahrensarten immer dann zur Anwendung, wenn in dem entscheidungserheblichen Sonderrecht die besondere Verfahrensart ausdrücklich angeordnet ist. So gelten beispielsweise bei Anordnung der Durchführung eines Planfeststellungsverfahrens immer die Vorschriften der §§ 73 bis 78 VwVfG und, wenn sich aus ihnen nichts Gegenteiliges ergibt, die restlichen Bestimmungen des Verwaltungsverfahrensgesetzes.
Gleiches gilt für die Anordnung der Durchführung eines förmlichen Verfahrens in einer bundesrechtlichen Spezialvorschrift. Dann gelten die §§ 64 bis 71 VwVfG und, soweit sich aus diesen Vorschriften nichts anderes ergibt, die übrigen Vorschriften des Verwaltungsverfahrensgesetzes des Bundes.
Auch die in den Ländern existierenden Verwaltungsverfahrensgesetze unterliegen dem Grundsatz der Subsidiarität.[140] Bei Vorliegen einer inhaltsgleichen oder entgegenstehenden Vorschrift eines Ländersondergesetzes finden sie keine Anwendung.

2. Bedeutung des Verwaltungsverfahrens

a) Gewährleistung der materiellen Entscheidungsrichtigkeit

[139] Vgl. *Bonk*, in: Stelkens/Bonk/Sachs, VwVfG, § 1 Rz. 36.

[140] *König/Meins*, BayVwVfG, Art. 1 Rz. 11.

Das Verwaltungsverfahren dient primär der Gewährleistung der materiellen Richtigkeit der Verwaltungsentscheidung und damit der individuellen Rechtssicherung.[141] Ferner ermöglicht es der Behörde die einschlägige Informationsbeschaffung,[142] eine bessere Koordination ihrer Aufgaben und fördert die institutionelle Konsensbildung.[143] Die konkrete Ausgestaltung des Verwaltungsverfahrens spiegelt wie kaum ein anderes Institut das Spannungsverhältnis zwischen dem Staat und dem Bürger wider. Während sich früher die exekutive Staatsgewalt in kurzen Befehlen an den Bürger und nur punktueller Kontaktaufnahme manifestierte, hat zwischenzeitlich ein Formenwandel stattgefunden, der das Verhältnis des Einzelnen zum Staat grundlegend änderte.[144] An die Stelle einer aufoktroyierten staatlichen Entscheidung ist die Suche nach einem Konsens zwischen den widerstreitenden staatlichen Interessen und den Interessen des Individuums getreten.[145] Als Schlagworte haben sich die Begriffe der „Legitimation durch Verfahren" und „Grundrechtsschutz durch Verfahren"herauskristallisiert.[146] Die Verwaltungsentscheidung soll, was vor allem bei großen Planfeststellungsverfahren von Bedeutung ist, auch in der Bevölkerung auf Akzeptanz stoßen.[147]

b) Beteiligungsrechte

---

[141] *Schmidt-Aßmann*, in: Isensee/Kirchhof, Handbuch des Staatsrechts, § 70 Rz. 3; *Schoch*, Der Verfahrensgedanke im allgemeinen Verwaltungsrecht, Die Verwaltung 1992, 21; *Schmidt/Aßmann*, Das Verwaltungsverfahren und seine Folgen, Revue Europeenne de Droit Public 1993, 99; *Pietzcker/Wahl*, Das Verwaltungsverfahren zwischen Verwaltungseffizienz und Rechtsschutzauftrag, VVDStRL 41 (1983), 151, 201; *Hill*, Das fehlerhafte Verfahren und seine Folgen im Verwaltungsrecht, S. 199; *Pitschas*, Verwaltungsverantwortung und Verwaltungsverfahren, S. 28; *Ronellenfitsch*, Verfahrensrechtliche Reformfragen im Atom-, Immissionsschutz- und Gentechnikrecht, in: Blümel/Pitschas, Reform des Verwaltungsverfahrensrechts, S. 303, 304; *Seibert*, Beachtlichkeit von Fehlern im Verwaltungsverfahren, FS für Zeidler, S. 469, 471.

[142] Zur Bedeutung des Verwaltungsverfahrens für die Information der Exekutive über entscheidungsrelevante Tatsachen vgl. *Schenke*, Das Verwaltungsverfahren zwischen Verwaltungseffizienz und Rechtsschutzauftrag, VBlBW 1982, 313, 314.

[143] So *Schmidt/Aßmann* in: Isensee/Kirchhof, Handbuch des Staatsrechts, § 70 Rz. 3; *Hill*, Das fehlerhafte Verfahren und seine Folgen im Verwaltungsrecht, S. 211; *Schoch*, Der Verfahrensgedanke im allgemeinen Verwaltungsrecht, Die Verwaltung 1992, 21, 24.

[144] *Pitschas*, Verwaltungsverantwortung und Verwaltungsverfahren, S. 21; *Schmidt/Aßmann*, a.a.O., § 70 Rz. 4; *Ders*, Der Verfahrensgedanke in der Dogmatik des öffentlichen Rechts, in: Lerche/Schmitt Glaeser/Schmidt/Aßmann, Verfahren als staats- und verwaltungsrechtliche Kategorie, S. 8 ff.; *Schenke*, Das Verwaltungsverfahren zwischen Verwaltungseffizienz und Rechtsschutzauftrag, VBlBW 1982, 313, 314.

[145] Vgl. zu dem Begriff des konsensualen Verwaltungshandelns *Hoffmann-Riem*, Reform des Allgemeinen Verwaltungsrechts: Vorüberlegungen, DVBl. 1994, 1381, 1387.

[146] *Martini*, in: Blümel/Pitschas, Reform des Verwaltungsverfahrensrechts, S. 289, 290.

[147] Zur Akzeptanz und Befriedungswirkung der Verwaltungsentscheidung vgl. *Pitschas*, Verwaltungsverantwortung und Verwaltungsverfahren, S. 317; *Hill*, Das fehlerhafte Verfahren und seine Folgen im Verwaltungsrecht, S. 213.

Akzeptanz findet eine Verwaltungsentscheidung dann, wenn der Betroffene in den Entscheidungsprozeß miteingebunden wird und ihm gewisse Partizipationsrechte zustehen.[148] Es handelt sich um eine Befriedungsfunktion des Verfahrens durch Öffentlichkeitsbeteiligung und daraus resultierende Transparenz.[149] Auf die Partizipationsrechte des Bürgers an Verwaltungsentscheidungen wird hier ausführlicher eingegangen, da ihre Verletzung im Verwaltungsverfahren oftmals Gegenstand behördlicher Nachbesserungsversuche während des Prozesses ist.

3. Partizipation des Bürgers im nichtförmlichen Verfahren

Seit Ausgang des 19. Jahrhunderts hat die Stellung der öffentlichen Verwaltung ständig an Bedeutung gewonnen. Zu dem ursprünglichen Charakter der Verwaltung als ordnende Gewalt trat die in zunehmenden Maße eigenschöpferisch tätige und daher enger an Organisation und Verfahren gebundene Leistungsverwaltung.[150] Der Aufgabenkreis der Verwaltung hat stetig zugenommen und mit der Zahl der Aufgaben wuchs der Einfluß der öffentlichen Verwaltung auf das Leben des einzelnen Bürgers. Als Beispiel sei hier nur auf die gestiegene Bedeutung des Arbeitsamts und des Sozialamts verwiesen, deren Entscheidungen für den Bürger gravierende Konsequenzen haben können. Die Verwaltung erfährt zunehmende Bedeutung als Gestaltungsfaktor der sozialen Wirklichkeit.[151] Andere Ursachen, die zur Stärkung der Position der öffentlichen Verwaltung beitragen, sind die geschwächte gesetzgeberische Steuerungsmöglichkeit der Verwaltung, bedingt durch

---

[148] Allgemein zur Partizipation des Bürgers an Verwaltungsentscheidungen *Pitschas*, a.a.O., S. 364, 483, 493; *Hill*, Das fehlerhafte Verfahren und seine Folgen im Verwaltungsrecht, S. 212; *Schmitt Glaeser*, Die Position der Bürger als Beteiligte im Entscheidungsverfahren gestaltender Verwaltung, in: Lerche/Schmitt Glaeser/Schmidt-Aßmann, Verfahren als staats- und verwaltungsrechtliche Kategorie, S. 35; Zur frühzeitigen Bürgerbeteiligung im Planungsrecht, *Blümel*, Frühzeitige Bürgerbeteiligung bei Planungen, 1982; *Fisahn*, Kampf gegen Windmühlen?, NJ 1996, 63, 65; *Baum*, Die Verwaltungsgerichtsbarkeit im Spannungsverhältnis zwischen Gesetzesvollzug und Individualrechtsschutz, DÖV 1980, 425, 427; Kritisch *Ronellenfitsch*, der darauf hinweist, daß ein Versuch der Akzeptanzverbesserung nur dann sinnvoll ist, wenn grundsätzlich eine Konsensmöglichkeit besteht. In manchen Bereichen wie z.B. den Genehmigungsverfahren im Atomrecht seien die Fronten so verhärtet, daß bei einem Teil der Bevölkerung eine Akzeptanz der Verwaltungsentscheidung zu erhalten, Utopie sei. Vgl. *Ronellenfitsch*, Verfahrensrechtliche Reformfragen im Atom-, Immissionsschutz- und Gentechnikrecht, in: Blümel/Pitschas, Reform des Verwaltungsverfahrensrechts, S. 303, 316.

[149] *Ronellenfitsch*, Reformfragen im Atom- Immissionsschutz- und Gentechnikrecht, in: Blümel/Pitschas, Reform des Verwaltungsverfahrensrechts, S. 303, 311; *von Mutius*, Gerichtsverfahren und Verwaltungsverfahren, FS für Menger, S. 575, 588 f.

[150] *Schmitt Glaeser*, Die Position der Bürger als Beteiligte im Entscheidungsverfahren gestaltender Verwaltung, in: Lerche/Schmitt Glaeser/Schmidt-Aßmann, Verfahren als staats- und verwaltungsrechtliche Kategorie, S. 35, 36; *Pitschas*, Verwaltungsverantwortung und Verwaltungsverfahren, S. 604.

[151] *Schmitt Glaeser*, a.a.O., S. 35.

eine veritable Gesetzesflut und eine zunehmende Zahl an unbestimmten Rechtsbegriffen sowie durch die in hohem Maße komplexen und schwerer zu durchdringenden Entscheidungssachverhalte.[152] Trotz dieser Schwierigkeiten obliegt es der Verwaltung, eine sachlich richtige und „gerechte“ Entscheidung herbeiführen. Zur Unterstützung dieser Vorgabe enthalten sowohl das Verwaltungsverfahrensgesetz als auch die meisten Fachgesetze Vorschriften über die Beteiligung des Betroffenen am Verwaltungsverfahren.

a) Anhörung gemäß § 28 VwVfG

Das Verwaltungsverfahrensgesetz unterscheidet zwischen dem allgemeinen Verwaltungsverfahren sowie dem förmlichen und dem Planfeststellungsverfahren als Sonderformen des allgemeinen Verfahrens.[153] Wichtige Verfahrensrechte des Betroffenen im allgemeinen Verfahren sind die Anhörung nach § 28 I VwVfG und die Akteneinsicht gemäß § 29 I VwVfG.

§ 28 VwVfG bestimmt, daß vor dem Erlaß eines Verwaltungsaktes, der in die Rechte eines Beteiligten eingreift, diesem Gelegenheit zur Stellungnahme gegeben werden muß.[154] Diese Regelung der Anhörung ist für die Behörde bindend und unterfällt nicht dem behördlichen Ermessen.[155] Von der Durchführung der Anhörung kann nur unter den Voraussetzungen des § 28 II VwVfG abgesehen werden. Nach § 28 III VwVfG hat die Anhörung zu unterbleiben, wenn ihr ein zwingendes öffentliches Interesse entgegensteht.

aa) Grundlage

§ 28 VwVfG stellt eine Regelung der Gewährung rechtlichen Gehörs für die von einem Verwaltungsakt Betroffenen dar. Dabei ergibt sich der Anspruch auf recht-

---

[152] *Schmitt Glaeser*, a.a.O., S. 35, 38.

[153] Zur Problematik der dogmatisch-kodifikatorischen Funktion der besonderenVerfahrensarten in Abgrenzung zu den allgemeinen Vorschriften der §§ 9 ff. VwVfG und den speziellen Regelungen in den Fachgesetzen vgl. *Wahl*, Rainer, Das Verwaltungsverfahren bei Genehmigungsverfahren. Die nachvollziehende Amtsermittlung im UVP-Gesetz, in: Recht und Verfahren, Kolloquium der Rechtswissenschaftlichen Fakultäten der Universitäten Osaka und Freiburg, 1993, S. 155 ff.

[154] Eine identische Regelung findet sich in § 24 SGBX.

[155] Die §§ 28 VwVfG und 24 SGBX regeln die Fälle, in denen eine Anhörung des Bürgers zwingend vorgeschrieben ist. In den anderen Fällen ist es der Behörde freigestellt, ob sie den Betroffenen anhört oder nicht.

liches Gehör nicht unmittelbar aus Art. 103 GG, da dieser nur den Anspruch auf rechtliches Gehör vor Gericht gewährleistet.[156] Die Pflicht, rechtliches Gehör im Verwaltungsverfahren zu gewähren, ergibt sich nach herrschender Meinung sowohl aus dem Rechtsstaatsprinzip als auch aus der Verpflichtung des Staates zum Schutz der menschlichen Würde, da der Bürger in den Entscheidungsprozeß der Behörde eingebunden und nicht über seinen Kopf hinweg entschieden werden soll.[157]

bb) Funktion der Anhörung

Bei der Anhörung handelt es sich um das wichtigste (rechtsstaatliche) Partizipationsrecht des Bürgers im Verwaltungsverfahren, da sie den Bürger darauf aufmerksam macht, daß eine ihn belastende Verwaltungsentscheidung bevorsteht, und ihm eine Darstellung seiner Interessenlage und eine Vervollständigung (oder unter Umständen sogar eine Richtigstellung) des von der Behörde ermittelten Sachverhalts ermöglicht.[158] Damit wird ausgeschlossen, daß der Bürger „überfallartig" mit einer Behördenentscheidung konfrontiert wird, die ohne seine Kenntnis, Stellungnahme, schlicht seine Mitwirkung also zustandegekommen ist.[159] In vielen Fällen ist eine komplette Sachverhaltsermittlung ohne Angaben des Bürgers nicht möglich und bei Unterlassung der Anhörung eine Fehlentscheidung vorprogrammiert.[160]

cc) Begriff des Beteiligten i.S. des § 28 VwVfG

Die Anhörungspflicht besteht nur gegenüber Beteiligten, in deren Rechte die Behörde durch ihren Verwaltungsakt eingreift.

---

[156] Vgl. *Clausen*, in: Knack, VwVfG, § 28 Rz. 2.1.

[157] Er darf nicht zum bloßen „Objekt" des Verwaltungsverfahrens gemacht werden. Vgl. dazu *Bonk*, in: Stelkens/Bonk/Sachs, VwVfG, 4. Aufl. 1993, § 28 Rz. 1; *Kopp*, VwVfG, § 28 Rz. 2; *Ule/Laubinger*, Verwaltungsverfahrensrecht, § 1 Rz. 7, 8; Differenzierend *Clausen*, in: Knack, VwVfG, § 28 Rz. 2.2; *Krasney*, Zur Anhörungspflicht im Verwaltungsverfahren, NVwZ 1986, 337; *Blümel*, Grundrechtsschutz durch Verfahrensgestaltung, in: Blümel (Hrsg.), Frühzeitige Bürgerbeteiligung bei Planungen, S. 35; Die Bedeutung der Anhörung im Verwaltungsverfahren abschwächend *Bettermann*, der die Verletzung des rechtlichen Gehörs im Prozeß schwerwiegender einstuft als im Verwaltungsverfahren, in: FS für Ipsen, S. 271, 287.

[158] Mit weiteren Literaturhinweisen *Bonk*, in: Stelkens/Bonk/Sachs, VwVfG, § 28 Rz. 3.

[159] Vgl. zu der Anhörung als Recht zur Mitwirkung an der Verwaltungsentscheidung *Schulze-Fielitz*, Kooperatives Recht, DVBl. 1994, 658, 665.

[160] Ähnlich *Schenke*, Das Verwaltungsverfahren zwischen Verwaltungseffizienz und Rechtsschutzauftrag, VBlBW 1982, 313, 320.

Der Begriff des Beteiligten ist in § 13 VwVfG legaldefiniert. Danach sind Beteiligte der Antragsteller und der Antragsgegner, die Adressaten des Verwaltungsaktes, die Partner eines öffentlich-rechtlichen Vertrages und die Personen, die gemäß § 13 II VwVfG aufgrund einer Berührung ihrer Interessenssphäre zu dem Verfahren beigezogen wurden.[161]

Der Katalog des § 13 I VwVfG ist für das Verwaltungsverfahrensgesetz abschließend.[162] § 13 III VwVfG bestimmt, daß die Anhörung einer Person, die nicht zum Kreis der in § 13 I VwVfG genannten Personen gehört, diese nicht zur Beteiligten macht. Diese Regelung stellt keinen Widerspruch zu der Anhörungspflicht der Beteiligten gemäß § 28 I VwVfG dar, da der Begriff der Anhörung in § 13 III VwVfG nicht mit der Anhörung in § 28 VwVfG identisch ist.[163]

dd) Eingriff in Rechte des Beteiligten

Die Anhörung ist dann zwingend vorgeschrieben, wenn mit dem Erlaß des Verwaltungsaktes eine Verletzung von Rechten des Beteiligten verbunden ist. Es muß sich um ein subjektiv-öffentliches Recht des Beteiligten handeln; nach herrschender Ansicht genügt die Beeinträchtigung von wirtschaftlichen, ideellen oder sonstigen Interessen nicht.[164] Der Anspruch des Bürgers auf Anhörung korrespondiert mit seiner Verletzung in einem subjektiv-öffentlichen Recht; daher ist die Behörde bei dem Erlaß eines begünstigenden Verwaltungsaktes nicht zur Anhörung des Beteiligten verpflichtet.[165]

Strittig ist, ob auch bei Ablehnung eines Antrags auf Erlaß eines begünstigenden Verwaltungsaktes dem Betroffenen rechtliches Gehör zu gewähren ist. Die Rechtsprechung verneint in diesem Fall die Erforderlichkeit einer Anhörung des Betei-

---

[161] Vgl. zu den „geborenen" und „gekorenen" Beteiligten *Bonk*, in: Stelkens/Bonk/Sachs, VwVfG, 3 13 Rz. 3.

[162] *Bonk*, in: Stelkens/Bonk/Sachs, VwVfG, § 13 Rz. 5.

[163] *Clausen*, in: Knack, VwVfG, § 13 Rz. 6.

[164] *Clausen*, in: Knack, VWVfG, § 28 Rz. 3.2; *Kopp*, VwVfG, § 28 Rz. 12; a. A. *Krasney*, Zur Anhörungspflicht im Verwaltungsverfahren, NVwZ 1986, 338, der die Anhörungspflicht bei einem Eingriff in rechtlich geschützte Interessen bejaht.

[165] Dies gilt nur für das nichtförmliche Verfahren, da im förmlichen Verfahren allen Beteiligten Gelegenheit zur Stellungnahme gegeben wird, unabhängig davon, ob der zu erlassende Verwaltungsakt belastenden Charakter für den jeweiligen Beteiligten hat oder nicht. Vgl. § 66 I VwVfG, der als lex specialis im förmlichen Verfahren Vorrang vor der allgemeinen Regelung des § 28 VwVfG hat. Zu der ratio dieser Differenzierung vgl. *Ule/Laubinger*, Verwaltungsverfahrensrecht, § 35 Rz. 1.

ligten, da nur ein Eingriff in den vorhandenen Rechtskreis des Betroffenen die Anhörungspflicht auslöse.[166] Dagegen hält das Schrifttum auch die Ablehnung eines den Betroffenen begünstigenden Antrags für anhörungspflichtig i.S. des § 28 I VwVfG.[167]

Nach Auffassung von *Kopp* ist die restriktive Formulierung in § 28 VwVfG „...der in Rechte eines Beteiligten eingreift" dahingehend zu interpretieren, daß die bloße Möglichkeit einer Rechtsverletzung durch den Erlaß des Verwaltungsaktes die Anhörungspflicht der Behörde auslöst. Die Frage, ob es zu dem Erlaß des belastenden Verwaltungsakt komme, sei im Verfahren noch offen und die Anhörung diene schließlich dem Zweck, dem Beteiligten die Abwendung des Erlasses des Verwaltungsaktes zu ermöglichen.[168]

Dieser Ansicht ist zuzustimmen, da es in manchen Fällen für die Behörde schwierig sein kann, eine präzise Feststellung, ob ein Eingriff in subjektiv-öffentliche Rechte des Beteiligten vorliegt, zu treffen. Die Behörde, die die Möglichkeit einer Rechtsverletzung des Beteiligten durch den Erlaß des Verwaltungsaktes erkennt, muß daher zur vollständigen Aufklärung des Sachverhalts eine Anhörung durchführen.

Diese Auffassung findet nicht zuletzt verfassungsrechtlichen Rückhalt in Art. 20 III GG, welcher die Verwaltung zu gesetzmäßigem Handeln verpflichtet.

Die präventive Durchführung einer Anhörung vermindert überdies die Zahl der Rechtsbehelfsverfahren gegen Verwaltungsakte, da der Adressat eines Verwaltungsaktes in der Regel weniger geneigt sein wird, gegen den Verwaltungsakt Widerspruch einzulegen, wenn er Gelegenheit hatte, seinen Standpunkt der Behörde vorzutragen und der Überzeugung ist, daß seine Stellungnahme auch in den behördlichen Entscheidungsprozeß einbezogen worden ist.[169]

---

[166] Vgl. *BVerwG*, Urteil v. 14. 10. 1982 - 3 C 46.81 -, BVerwGE 66, 184,186; *Bonk*, in: Stelkens/Bonk/Sachs, VwVfG, § 28 Rz. 12.

[167] *Ule/Laubinger*, Verwaltungsverfahrensrecht, § 24 Rz. 2; *Ehlers*, Anhörung im Verwaltungsverfahren, Jura 1996, 617, 618; *Schenke*, Das Verwaltungsverfahren zwischen Verwaltungseffizienz und Rechtsschutzauftrag, VBlBW 1982, 313, 320.

[168] *Kopp*, VwVfG, § 28 Rz. 11.

[169] Vgl. zur Befriedungsfunktion der Anhörung *Weyreuther*, Einflußnahme durch Anhörung, FS für Sendler, S. 183, 188; *Bonk*, in: Stelkens/Bonk/Sachs, VwVfG, § 28 Rz. 32.

ee) Umfang der Anhörung

Der Umfang und die Art der Durchführung der Anhörung sind gesetzlich nicht geregelt. Die Gewährung rechtlichen Gehörs setzt ein umfassendes Äußerungsrecht zu allen tatsächlichen und auch rechtlichen Gesichtspunkten, die den Erlaß eines belastenden Verwaltungsaktes rechtfertigen können, voraus.[170] Wichtig ist, daß dem Beteiligten die Möglichkeit gegeben wird, sich vor dem Abschluß des behördlichen Entscheidungsprozesses zu den entscheidungserheblichen Tatsachen zu äußern und dadurch Einfluß auf das Verfahren zu nehmen.[171] Es ist Aufgabe der Behörde, die Einwände und Bedenken des Beteiligten zur Kenntnis zu nehmen und ernsthaft in Erwägung zu ziehen.[172] Voraussetzung dafür ist, daß sich die Entscheidungslage auf seiten der Behörde noch nicht verfestigt hat, d.h. der Prozeß der behördlichen Willensbildung darf noch nicht vollständig abgeschlossen sein. Bei einer bereits vorliegenden unumstößlichen Entscheidung würde die Behörde das Partizipationsrecht der Anhörung völlig ad absurdum führen und zur bloßen (bedeutungslosen) Formalität degradieren. Dem Beteiligten obliegt es, die von der Behörde ermöglichte Anhörung auch zur Verteidigung und Darstellung seiner eigenen Interessen wahrzunehmen. Es ist für eine ordnungsgemäße Anhörung nicht erforderlich, daß der Beteilige tatsächlich angehört worden ist. Hier ist allein darauf abzustellen, daß die Behörde eine konkrete Gelegenheit zur Anhörung angeboten hat,[173] z.B. durch ein Anschreiben mit Gewährung einer Äußerungsfrist.

ff) Form und Frist der Anhörung

Eine bestimmte Anhörungsform ist weder in § 28 I VwVfG noch in § 24 SGBX vorgeschrieben. Die Anhörung des Beteiligten erfolgt regelmäßig, indem Gelegenheit zur schriftlichen Äußerung gewährt wird.[174] Ein Anspruch des Beteiligten auf eine persönliche Anhörung besteht dann, wenn es das Gesetz explizit bestimmt (Bsp.: § 73 VI VwVfG für das Planfeststellungsverfahren). Ansonsten liegt es im Ermessen der Behörde, in welcher Form sie dem Beteiligten rechtliches Ge-

---

[170] *Arnold*, Vereinheitlichung des Verwaltungsverfahrensrechts in der EG, EuR -Beiheft - 1995, 7, 24.

[171] Vgl. zu der Bedeutung des Zeitpunkts für die Anhörung die Ausführungen unten S. 151.

[172] *Arnold*, Vereinheitlichung des Verwaltungsverfahrensrechts in der EG, EuR - Beiheft - 1995, 7, 24; *BVerfG*, Beschluß v. 2. 12. 1969 - 2 BvR 320/69 -, BVerfGE 27, 248, 252.

[173] *Bonk*, in: Stelkens/Bonk/Sachs, VwVfG, § 28 Rz. 21.

[174] *Clausen*, in: Knack, VwVfG, § 28 Rz. 3.7.

hör gewährt.[175] Eine mündliche Anhörung kann dann erforderlich sein, wenn der Beteiligte mit der schriftlichen Darlegung seiner Interessenlage Schwierigkeiten hat oder die Sache außergewöhnlich komplex und problematisch ist.[176]

Eine Frist für die Durchführung der Anhörung ergibt sich aus § 28 I VwVfG nur insoweit, als rechtliches Gehör vor dem Erlaß des Verwaltungsaktes gewährt werden muß. Aus dem Sinn und Zweck der Vorschrift ergibt sich aber, daß dem Beteiligten genügend Zeit für seine Stellungnahme zu gewähren ist. Die Behörde hat bei einer Fristsetzung für die Abgabe der Stellungnahme durch den Beteiligten sicherzustellen, daß diesem ausreichend Zeit zur Zusammenstellung von Unterlagen und eventuell zur Konsultation eines Rechtsbeistandes bleibt.[177] Eine zeitliche Einschränkung für die Durchführung der Anhörung ergibt sich auch daraus, daß der Beteiligte im Rahmen der Anhörung über sämtliche entscheidungsrelevanten Tatsachen aufgeklärt werden muß.[178] Die Anhörung kann daher erst in einem Zeitpunkt stattfinden, in dem der Behörde der gesamte entscheidungserhebliche Sachverhalt vorliegt.

b) Recht des Beteiligten auf Akteneinsicht

§ 29 I VwVfG regelt die Akteneinsicht des Betroffenen innerhalb des laufenden Verwaltungsverfahrens. Für die Akteneinsicht außerhalb eines Verfahrens i. S. des § 9 VwVfG besteht grundsätzlich kein Rechtsanspruch.[179] Sinn und Zweck der Akteneinsicht des Bürgers ist, daß der Bürger über den an ihn gerichteten Bescheid hinaus Kenntnis des von der Behörde der Verwaltungsentscheidung zugrundegelegten Sachverhalts sowie ihrer Motive erlangt. Auch Stellungnahmen der Behörde selbst oder dritter Stellen können für den Bürger von Bedeutung sein. Diese aufgrund der Akteneinsicht erworbenen Informationen sind von eminenter Wichtigkeit für den Betroffenen, da sie nicht unerheblich sind für die Entscheidung, ob sinnvollerweise ein Rechtsbehelf oder Rechtsmittel einzulegen ist oder nicht. Die vorherige Akteneinsicht ist oft Grundlage für eine aufschlußreiche Anhörung des Betroffenen, da dieser in die Lage versetzt wird, sich gezielt zu dem

---

[175] Dazu *Ehlers*, Anhörung im Verwaltungsverfahren, Jura 1996, 617, 620.

[176] *Ehlers*, a.a.O., S. 617, 620.

[177] *Clausen*, in: Knack, VwVfG, § 28 Rz. 3.6.

[178] *Bonk*, in: Stelkens/Bonk/Sachs, VwVfG, § 28 Rz. 20.

[179] *Clausen*, in: Knack, VwVfG, § 29 Rz. 2.

von der Behörde unterstellten Sachverhalt zu äußern. Damit ist die Akteneinsicht auch als eine Form der Gewährung rechtlichen Gehörs zu qualifizieren.[180]

4. Partizipation im Planfeststellungsverfahren

In der Planung befindliche genehmigungspflichtige Großvorhaben, die aufgrund ihrer Risikoträchtigkeit für Mensch und Umwelt geeignet sind, eine Polarisation in der Gesellschaft zu verursachen, konfrontieren ihre Vorhabensträger stets mit dem Problem, die unterschiedlichen Rechte und Interessen des Anlagebetreibers einerseits sowie die Belange der betroffenen Dritten und der Allgemeinheit andererseits zu wahren und einen umfassenden Ausgleich herzustellen. Dieser Interessenausgleich soll durch die Möglichkeit des Bürgers, zu dem geplanten Projekt Einwendungen vorzutragen, sowie die anschließende Erörterung dieser Einwendungen und die Miteinbeziehung in die allgemeine Abwägung vor dem Erlaß des Planfeststellungsbeschlusses hergestellt werden. Das Planfeststellungsverfahren ist allgemein in den §§ 72 ff. VwVfG und in den Fachgesetzen gesondert geregelt. Den allgemeinen Regelungen der §§ 72 ff. VwVfG wird überwiegend Modellcharakter[181] attestiert, da zahlreiche Fachgesetze diese Vorschriften mit geringfügigen Modifikationen übernommen haben.[182] Da die Planfeststellung aufgrund der verschiedenen Verfahrensschritte und des Umfangs und der Komplexität des Sachverhalts sowie der Vielzahl zu berücksichtigender Belange naturgemäß in besonderem Maße „Fehlersensibilität" besitzt,[183] soll zur besseren Verständlichkeit kurz der Ablauf des Planfeststellungsverfahrens skizziert werden. Für die Frage der Zulässigkeit der Nachbesserung von Verfahrensfehlern im Verwaltungsprozeß ist das Planfeststellungsverfahren von besonderem Interesse, da ein Widerspruch

[180] *Clausen*, in: Knack, VwVfG, § 29 Rz. 3.

[181] Den Modellcharakter der §§ 72 ff. VwVfG bejahend *Wahl*, Neues Verfahrensrecht für Planfeststellung und Anlagengenehmigung - Vereinheitlichung des Verwaltungsverfahrens oder bereichsspezifische Sonderordnung?, in: Blümel/Pitschas (Hrsg.), Reform des Verwaltungsverfahrensrechts, S. 91; *Maurer*, Allgemeines Verwaltungsrecht, § 19 Rz. 5 a.E. Durch die Einführung des Planungsvereinfachungsgesetzes v. 17. 12. 1993 hat sich die Lage erstmals umgekehrt, da in diesem Falle zuerst in den Fachgesetzen neue Regelungen, insbesondere die Plangenehmigung, die materielle Präklusion bei verspäteten Einwendungen gegen den Plan und die (Un-)Erheblichkeit von Abwägungsmängeleingeführt wurden. Diese Änderungen wurden erst im Rahmen des Genehmigungsverfahrensbeschleunigungsgesetzes v. 12. 9. 1996 in das Verwaltungsverfahrensgesetz aufgenommen.

[182] Vgl. z.B. § 9b AtG; § 17 WaStrG; § 17 BFStrG; § 10 BImSchG.

[183] *Breuer*, Verfahrens- und Formfehler der Planfeststellung für raum- und umweltrelevante Großvorhaben, FS für Sendler, S. 357 ff.

gegen den Planfeststellungsbeschluß grundsätzlich nicht statthaft[184] ist und eine Heilung des Fehlers daher nur im Prozeß erfolgen kann.[185]

a) Ablauf des Planfeststellungsverfahrens gemäß §§ 72 ff. VwVfG

Unter Planfeststellung versteht man die behördliche Feststellung eines (Bau)Planes, die mit besonderen Rechtswirkungen versehen ist.[186] Gegenstand des Planfeststellungsverfahrens ist eine raumbeanspruchende Anlage, wie z.B. eine Bundesstraße oder ein Atomkraftwerk. In einem einheitlichen Verfahren wird die Zulässigkeit einer solchen Anlage unter Berücksichtigung aller dadurch tangierten öffentlichen und privaten Interessen geprüft.[187] Für die Durchführung von Planfeststellungsverfahren gelten grundsätzlich die §§ 72 bis 78 VwVfG. Diese Vorschriften gelten aber infolge des in § 1 I VwVfG festgelegten Subsidiaritätsprinzips nur, soweit nicht Rechtsvorschriften des Bundes inhaltlich gleichlautende oder entgegenstehende Bestimmungen enthalten.

aa) Das Anhörungsverfahren

Die Anhörungspflicht im Planfeststellungsrecht ist generell in § 73 VI VwVfG geregelt. § 73 VI VwVfG bestimmt nicht nur, daß eine Anhörung der Beteiligten überhaupt stattfinden muß, sondern regelt minutiös den genauen Ablauf des Anhörungsverfahrens. Hintergrund dieser im Gegensatz zu § 28 VwVfG strengeren Fassung ist, daß der Planfeststellungsbeschluß eine komplexe, vielfältige Interessen berührende Entscheidung darstellt und deshalb in besonderem Maße der Berücksichtigung von Individualbelangen verpflichtet ist.

bb) Durchführung

Das Planfeststellungsverfahren gliedert sich in ein Anhörungs- und ein Beschlußverfahren. Zu Beginn des Anhörungsverfahrens leitet der Planungsträger den Plan der Anhörungsbehörde zu, § 73 I VwVfG. Die Anhörungsbehörde beteiligt andere

---

[184] Nach § 70 VwVfG ist der Widerspruch gegen einen in einem förmlichen Verwaltungsverfahren erlassenen Verwaltungsakt nicht statthaft.

[185] In Bayern ist der Widerspruch gegen einen wasserrechtlichen Planfeststellungsbeschluß statthaft, da Art. 83 I S. 1 Nr. 5 BayWG die Nachprüfung in einem Vorverfahren ausdrücklich zuläßt.

[186] *Hoppe/Schlarmann*, Rechtsschutz bei der Planung von Straßen und anderen Verkehrsanlagen, S. 4.

[187] *Steinberg*, Fachplanung, S. 101 ff.

Behörden, deren Aufgabenbereich durch das Vorhaben berührt wird, § 73 II VwVfG, übernimmt die öffentliche Bekanntmachung des Plans, § 73 III VwVfG, und sammelt neben der Gemeinde die Einwendungen, die von Bürgerseite gegen den Plan erhoben werden, § 73 IV VwVfG. Nach dem Ablauf der Einwendungsfrist wird ein Erörterungstermin anberaumt, in dem sich die Anhörungsbehörde mit den vorgebrachten Einwendungen auseinandersetzt, § 73 VI VwVfG.

Die Anhörungsbehörde nimmt zum Ergebnis des Anhörungsverfahrens Stellung und leitet den Plan der Planfeststellungsbehörde zu, § 73 IX VwVfG.[188]

Das Anhörungsverfahren im Planfeststellungsrecht umfaßt im Gegensatz zu der einfachen informellen Anhörung nach § 28 VwVfG verschiedene Stufen, die sämtlich der Beteiligung der Öffentlichkeit an der Planfeststellung dienen. Hier interessiert vorrangig die eigentliche Gewährung rechtlichen Gehörs der Beteiligten im Erörterungstermin.

cc) Der Erörterungtermin

Im Erörterungstermin kommen Vertreter der Anhörungsbehörde mit dem Planungsträger, den Betroffenen, den Einwendungsführern und den beteiligten Behörden zusammen und beraten über die rechtzeitig erhobenen oder von der Behörde trotz Verspätung akzeptierten Einwendungen sowie die Stellungnahmen der Behörden. Ziel des Erörterungstermins sind die genaue Information der (betroffenen) Öffentlichkeit über Art, Ausmaß und Auswirkungen der Planung durch den Vorhabensträger und die Planfeststellungsbehörde und eine möglichst umfassende Berücksichtigung der Einwendungen in der planerischen Abwägung.[189]

Die Erörterung wird als mündliche Aussprache abgehalten, der genaue Ablauf und die Strukturierung des Erörterungstermins obliegt der Anhörungsbehörde. Bei großen Planfeststellungsverfahren ist häufig die Teilnehmerzahl an dem Termin hoch, so daß es im Ermessen der Anhörungsbehörde liegt, ob sie einen Massentermin abhält oder mehrere Termine anberaumt.[190] Ein Erörterungstermin kann in

[188] Die Vorschriften zur Planfeststellung im VwVfG unterscheiden terminologisch und systematisch zwischen Anhörungs- und Planfeststellungsbehörde (§§ 73, 74 VwVfG), während in zahlreichen Ausführungsgesetzen der Länder dieselbe Behörde für Anhörung und Planfeststellung zuständig ist.

[189] *Busch*, in: Knack, VwVfG, § 73 Rz. 8.

[190] *Busch*, in: Knack, VwVfG, § 73 Rz. 8.

Ausnahmefällen entbehrlich sein; § 73 VI S. 6 VwVfG verweist auf § 67 II Nr. 1 und 4 VwVfG, der den Verzicht auf eine mündliche Verhandlung dann zuläßt, wenn alle Beteiligten mit dem Vorhaben einverstanden sind oder auf den Termin ausdrücklich verzichtet haben.

b) Einwendungsbefugnis des Betroffenen

§ 73 IV S. 1 VwVfG erklärt jeden für einwendungsberechtigt, dessen Belange durch das Vorhaben berührt werden. Durch die Verwendung des unkonturierten und weiten Begriffs der „Belange“ sind die Voraussetzungen für das Vorliegen einer Einwendungsberechtigung sehr einfach gestaltet. Einwendungsbefugt ist damit jeder, der eine Berührung eigener Interessen, gleichgültig ob wirtschaftlicher, ideeller, sozialer, kultureller oder ökologischer Natur geltend machen kann.[191] *Laubinger* fordert zur Vermeidung einer Ausuferung des amorphen Begriffs der Belange, daß der Einwender eine konkrete Beziehung zu dem geltend gemachten Belang aufweisen müsse. Die Beziehung des Einwenders zu dem berührten Belang müsse überdies eine gewisse Intensität und zeitliche Dauer aufweisen, dürfe also nicht bloß oberflächlicher und vorübergehender Natur sein.[192] Von anderer Seite wird die Einwendungsbefugnis gemäß § 73 IV S. 1 VwVfG als eine Art „Popularvorbringen“ und als „Jedermann“-Einwendung bezeichnet.[193] Insbesondere wird kritisiert, daß im Planfeststellungsverfahren die Abgrenzung zwischen der Beteiligung hinsichtlich der Wahrung eigener Rechte und einer sonstigen Anhörungsberechtigung nicht eingehalten wird.[194] Wichtig ist, daß der Einwendungsführer eine Verletzung in eigenen materiellen Rechten, insbesondere grundstücksbezogenen, nicht geltend machen muß, da der Begriff der „Berührung eigener Belange“ über den Begriff der subjektiven Rechte hinausgeht.

aa) Form und Frist der Einwendung

Die Einwendungen müssen schriftlich oder zur Niederschrift bei der Anhörungsbehörde oder bei der planauslegenden Gemeinde erhoben werden, § 73 IV S. 1

---

[191] *Busch*, in: Knack, VwVfG, § 73 Rz. 7.1.1; *Ule/Laubinger*, Verwaltungsverfahrensrecht, § 40 Rz. 30; *Steinberg*, Fachplanungsrecht, S. 129, 130.

[192] *Ule/Laubinger*, Verwaltungsverfahrensrecht, § 40 Rz. 30.

[193] *Marschall/Schroeter/Kastner*, BFStrG, § 18 Anm. 5; *Peine*, Allgemeines Verwaltungsrecht, S. 288.

[194] *Kopp*, Beteiligung, Rechts- und Rechtsschutzpositionen im Verwaltungsverfahren, FS für das Bundesverwaltungsgericht, S. 387, 398.

VwVfG. Die Einwendungen müssen innerhalb der Zweiwochenfrist eingehen, wobei die Frist mit dem Ablauf der Auslegungsfrist (§ 73 V S. 1 VwVfG) zu laufen beginnt. Konsequenz der Versäumung der Einwendungsfrist ist die formelle Präklusion der verspätet vorgebrachten Einwendung.[195] Wirkung der formellen Präklusion ist, daß der Einwender mit seinem verspäteten Vorbringen im Erörterungstermin nicht gehört werden muß.[196] Es bleibt der Anhörungsbehörde aber unbenommen, auch verspätet vorgetragene Einwendungen zum Gegenstand der Erörterung zu machen.[197]

bb) Präklusion

Das in § 73 VI S. 1 Hs. 2 VwVfG geregelte (Einlassungs-)Ermessen der Anhörungsbehörde entspricht den Grundsätzen der Prozeßökonomie[198] und der Verwaltungseffizienz, da die formelle Präklusion einer Einwendung (im Gegensatz zur materiellen Präklusion) keinerlei Auswirkungen auf die Klagebefugnis des Einwenders hat. Der im Planfeststellungsverfahren mit seinem Vorbringen präkludierte Einwender kann nach Erlaß des Planfeststellungsbeschlusses gegen diesen im Wege der Anfechtungsklage vorgehen. Dies ist allerdings unter der Voraussetzung möglich, daß er eine die Klagebefugnis gemäß § 42 II VwGO begründende, mögliche Verletzung in subjektiven Rechten durch den Planfeststellungsbeschluß nachweisen kann. Es ist daher für die Anhörungsbehörde aus verfahrensökonomischen Gesichtspunkten wenig sinnvoll, die planrelevante Einwendung eines Bürgers wegen des verspäteten Vorbringens zurückzuweisen. Die bürgerfreundliche Wirkung der formellen Präklusion im Planfeststellungsverfahren nach den §§ 73 ff. VwVfG wird aber zunehmend durch die Einführung einer materiellen Präklusi-

---

[195] *Ule/Laubinger*, Verwaltungsverfahrensrecht, 4. Aufl., § 40 Rz. 34; *Busch*, in: Knack, VwVfG, 5. Aufl., § 73 Rz. 7.4.

[196] *Kügel*, Der Planfeststellungsbeschluß und seine Anfechtbarkeit, S. 158; *Niehues*, Der verwaltungsverfahrensrechtliche Ausschluß von Einwendungen gegen einen Planfeststellungsbeschluß, FS für Menger, S. 619, 620 f.

[197] Näher dazu *Steinberg*, Fachplanung, § 3 Rz. 86 ff.

[198] Für die Planfeststellungsbehörde ist es wenig sinnvoll bei einer verspäteten Einwendung mit abwägungsrelevantem Inhalt diese unter Hinweis auf das verspätete Vorbringen zurückzuweisen. In diesem Fall einer lediglich formellen Präklusion muß sie damit rechnen, daß der Einwendungsführer Anfechtungsklage erhebt und eine Auseinandersetzung mit dieser Einwendung im Verwaltungsprozeß stattfindet. Eine Auseinandersetzung mit einer verspäteten Einwendung dient immer dann auch der Prozeßökonomie, wenn auf diese Weise der Einwendungsführer zufriedengestellt und ein (langwieriges) verwaltungsgerichtliches Verfahren vermieden werden kann.

on in den einzelnen Fachplanungsgesetzen verdrängt.[199] Hier hat die verspätete Einwendung eines Bürgers ebenfalls zur Folge, daß seine Einwendung im Erörterungstermin nicht behandelt und im Planfeststellungsbeschluß nicht verbeschieden wird, darüberhinaus der Betroffene aber auch im gerichtlichen Verfahren mit diesem Vorbringen nicht gehört wird. Bei der materiellen Präklusion besitzt die Behörde auch kein Ermessen hinsichtlich einer nachträglichen Zulassung der verspäteten Einwendung zur Erörterung.[200] Die Behörde bleibt es aber unbenommen den Inhalt auch einer verspätet vorgetragenen Einwendung im Rahmen der Sachverhaltsermittlung von Amts wegen zu berücksichtigen.[201]

c) Planfeststellungsbeschluß

Das Planfeststellungsverfahren endet mit dem Erlaß des Planfeststellungsbeschlusses, § 74 I VwVfG. Im Planfeststellungsbeschluß entscheidet die Behörde über die Einwendungen, die nicht im Laufe des Erörterungstermins beigelegt werden konnten. § 74 VwVfG wird durch die anwendbaren allgemeinen Regelungen der §§ 9 ff. und 35 ff. VwVfG ergänzt.

Festzuhalten ist, daß die Partizipation des Bürgers am Planfeststellungsverfahren durch die Möglichkeit der Erhebung von Einwendungen im Anhörungsverfahren und den Anspruch auf Verbescheidung hinsichtlich dieser Einwendungen gewährleistet wird. Entscheidend für die Wahrnehmung dieser Beteiligungsrechte ist die Publizität des Planungsablaufs; der Bürger muß durch frei zugängliche Informationsquellen von dem geplanten Vorhaben erfahren und sich durch Einsicht des ausgelegten Plans eine Vorstellung von der Dimension des Projekts verschaffen können. Auch hier gewährleistet nur ein ordnungsgemäßer Verfahrensablauf, daß der betroffene Bürger seine Beteiligungsrechte verwirklichen kann.

d) Beteiligungsrechte des Bürgers im förmlichen Verfahren

---

199 Materielle Präklusionsregelungen finden sich u. a. in § 17 IV S. 1 BFStrG; § 29 IV S. 1 PBefG; Vgl. dazu auch *Niehues*, FS für Menger, S. 619, 623.ff.; *von Danwitz*, Umweltrechtliche Präklusionsnormen zwischen Verwaltungseffizienz und Rechtsschutzgarantie, UPR 1996, 323, 324 f.

200 Vgl. *Busch*, in: Knack, VwVfG, § 73 Rz. 7.4.3.

201 Vgl. *von Danwitz*, Umweltrechtliche Präklusionsnormen zwischen Verwaltungseffizienz und Rechtsschutzgarantie, UPR 1996, 323, 325.

Auch bei der Durchführung des förmlichen Verfahrens gemäß §§ 63 ff. VwVfG ist in § 66 I VwVfG eine behördliche Anhörungspflicht der Beteiligten vorgesehen.

Von der allgemeinen Regelung der Anhörung in § 28 I VwVfG unterscheidet sich die Anhörung gemäß § 66 I VwVfG vor allem dadurch, daß die in § 28 II VwVfG vorhandenen Ausnahmen von der Anhörungspflicht wegfallen. Eine Anhörung der Beteiligten ist im förmlichen Verfahren unentbehrlich; sie bezieht sich auch auf rechtliche Fragen.[202]

Ein weiterer Unterschied zu § 28 VwVfG ergibt sich daraus, daß der Anwendungsbereich des § 66 I VwVfG generell alle Beteiligten i.S. des § 13 VwVfG umfaßt und nicht einen Eingriff in die Rechte des Beteiligten voraussetzt.[203] Auf nähere Ausführungen zu den Beteiligungsrechten des Bürgers im förmlichen Verfahren soll wegen der geringen praktischen Bedeutung der §§ 63 ff. VwVfG verzichtet werden.[204]

5. Die Grundrechtsbezüge des Verwaltungsverfahrensrechts

a) Grundrechtliche Garantien des Verwaltungsverfahrens

Das Verwaltungsverfahren, insbesondere sein Ablauf und die konkrete Ausgestaltung, wird von den Grundrechten beeinflußt.[205] Als Verfahrensgarantien fungieren nicht nur die explizit in der Verfassung festgelegten gerichtlichen Rechtsschutzansprüche[206]; auch aus den materiellen Freiheitsrechten lassen sich leitende Verfahrensprinzipien entnehmen.[207] Der unmittelbare Schutz des Eigentums, des Berufs,

---

[202] Etwas anderes gilt dann, wenn der Betroffene vorher auf die Anhörung verzichtet hat. Vgl. zu den Voraussetzungen eines einseitigen Verzichts des Betroffenen auf die Anhörung *Sachs*, in: Stelkens/Bonk/Sachs, VwVfG, § 66 Rz. 2, mit Verweis auf § 28 Rz. 6.

[203] *Busch*, in: Knack, VwVfG, § 66 Rz. 3.1; *Ule/Laubinger*, Verwaltungsverfahrensrecht, § 35 Rz. 1.

[204] Grund dafür ist, daß die Vorschriften der §§ 63 ff. VwVfG ausdrücklich für anwendbar erklärt werden müssen. Vgl. die Nachweise bei *Sachs*, in: Stelkens/Bonk/Sachs, VwVfG, § 63 Rz. 27, 32.

[205] Vgl. zur Grundrechtsrelevanz des Verwaltungsverfahrens *BVerfG*, Beschluß v. 20. 12. 1979 - 1 BvR 385/77 -,BVerfGE 53, 30 ff. („*Mülheim-Kärlich*"-Beschluß); *Grimm*, Verfahrensfehler als Grundrechtsverstöße, NVwZ 1985, 865, 867 ff.; *Ossenbühl*, Kernenergie im Spiegel des Verfassungsrechts, DÖV 1981, 1, 5; *Bethge*, Grundrechtsverwirklichung und Grundrechtssicherung durch Organisation und Verfahren, NJW 1982, 1 ff.; *Lerche*, Vorbereitung grundrechtlichen Ausgleichs durch gesetzgeberisches Verfahren, in: Lerche/Schmitt Glaeser/Schmidt-Aßmann, Verfahren als staats- und verwaltungsrechtliche Kategorie, S. 97 ff., 104 ff.; *Ossenbühl*, Grundrechtsschutz im und durch Verfahrensrecht, FS für Eichenberger, S. 183, 185 ff.; *Dolde*, Grundrechtsschutz durch einfaches Verfahrensrecht, NVwZ 1982, 65 ff.

[206] Vgl. Art. 103 I, 101 S. 2, 19 IV GG.

[207] *Grimm*, Verfahrensfehler als Grundrechtsverstöße, NVwZ 1985, 865.

der Gesundheit etc. erstreckt sich auch auf das staatliche Verfahren, das im Ergebnis eine Verletzung dieser Freiheitsgrundrechte bewirken könnte. Eine strenge Trennung zwischen der Frage des Grundrechtsschutzes im Verwaltungsverfahren und der Frage des Grundrechtsschutzes durch Verwaltungsverfahren ist nicht erforderlich.[208] Bei dem Grundrechtsschutz durch Verwaltungsverfahren handelt es sich um den angemessenen Schutz der Grundrechte des Betroffenen durch konkrete Verfahrensvorschriften innerhalb des Verfahrens, während der Grundrechtsschutz durch Verfahren auf das Vorhandensein bzw. die Schaffung bestimmter Verfahren zur Sicherung von Grundrechten abzielt.[209] Beides ist eng miteinander verflochten, da die Bereitstellung eines bestimmten Verfahrens zum Schutz von Grundrechten nur dann Sinn macht, wenn dieses Verfahren auch geeignet ist, das konkrete Grundrecht zu schützen. Dies wird aber in der Regel nur dann der Fall sein, wenn das konkrete Verfahren mit effektiv grundrechtsschützenden Vorschriften ausgestattet ist.

b) Grundrechtsverwirklichung durch Verfahren

Das *BVerfG* hat in jüngerer Zeit wiederholt festgestellt, daß die Grundrechtsverwirklichung durch Bereitstellung eines angemessenen Verfahrens gewährleistet werden muß.[210] Den Grundstein für diese Auffassung legte das *BVerfG* mit seinem „*Mülheim-Kärlich*"-Beschluß vom 20. 12. 1979, in dem es entschied, daß Verfahrensfehler dann als Grundrechtsverstöße zu qualifizieren sind, wenn sie grundrechtsrelevanten Verfahrensvorschriften widersprechen.[211] Grundrechtsrelevanz besitzt eine Verfahrensvorschrift immer dann, wenn sie vom Gesetzgeber in

---

[208] Anders aber *Ossenbühl*, Grundrechtsschutz im und durch Verfahrensrecht, in: FS für Eichenberger, S. 183 ff.

[209] *Schmidt-Aßmann*, in: Isensee/Kirchhof, Handbuch des Staatsrechts, § 70 Rz. 15.

[210] Vgl. *BVerfG*, Beschluß v. 25. 2. 1981 - 1 BvR 413, 768, 820/80 -, BVerfGE 56, 216, 236; *BVerfG*, Beschluß v. 13. 11. 1979 - 1 BvR 1022/78 -, BVerfGE 52, 380, 389; *BVerfG*, Beschluß v. 20. 4. 1982 - 2 BvL 26/81 -, BVerfGE 60, 253, 295; *BVerfG*, Beschluß v. 20. 12. 1979 - 1 BvR 385/77 -, BVerfGE 53, 30, 59; Besonders deutlich vertritt diese Auffassung *Böhmer*, der in seiner abweichenden Meinung zum Beschluß v. 27. 9. 1978 - 1 BvR 361/78 -, BVerfGE 49, 220 feststellt: ..."Im Grunde ist ein ordnungsgemäßes Verfahren die einzige Möglichkeit, Grundrechte durchzusetzen oder wirksam zu gewährleisten. Dies zwingt die staatlichen Organe zu einer grundrechtskonformen Auslegung und Handhabung des Verfahrensrechts", BVerfGE 49, 228, 235.

[211] *BVerfG*, Beschluß v. 20. 12. 1979 -.1 BvR 385/77 -, BVerfGE 53, 30; Vgl. zum „*Mülheim-Kärlich*"-Beschluß auch *Dolde*, Grundrechtsschutz durch einfaches Verfahrensrecht, NVwZ 1982, 65 ff.

der Absicht geschaffen wurde, das betreffende Grundrecht zu sichern.[212] Der Schutz der Grundrechte der Betroffenen erfolgt durch Verfahrensvorschriften, die eine Teilhabe des Einzelnen am Verfahren vorsehen, den sog. status activus processualis.[213]

c) Folgen grundrechtsrelevanter Verfahrensfehler

Nicht jede Verfahrensvorschrift, die der Gesetzgeber auch zur Sicherung eines konkreten Grundrechts geschaffen hat, stellt bei ihrer Mißachtung einen Grundrechtsverstoß dar. Ein solcher ist vielmehr nur dann anzunehmen, wenn es sich um eine unmittelbar grundrechtsgebotene Rechtsvorschrift handelt.[214] Dies ergibt sich schon daraus, daß dem Gesetzgeber ein Handlungsspielraum bleiben muß, wie er seine Schutzpflichten in Verfahrensrecht umsetzt.[215]

Strittig ist aber, welche Verfahrensgarantien dem grundrechtsgebotenen Minimum angehören.[216] *Grimm* vertritt den Standpunkt, daß eine grundgesetzlich unverzichtbare Verfahrensgarantie das Recht des Betroffenen auf Anhörung zu einem Zeitpunkt, in dem seine Stellungnahme noch Einfluß auf die Verwaltungsentscheidung haben kann, ist.[217] Die Verwirklichung des Rechts auf Anhörung setzt „Komplementärgarantien"[218] voraus, da ohne ausreichende Information des Betroffenen über die rechtlichen und tatsächlichen Grundlagen des zu erlassenden Verwaltungsaktes dessen Stellungnahme sinnlos ist.[219]

Ein grundrechtsrelevanter Verfahrensfehler hat die Rechtswidrigkeit des Verwaltungsaktes zur Folge.

---

[212] *BVerfG*, Beschluß v. 25. 2. 1981 - 1 BvR 413, 768, 820/80 -, DVBl. 1981, 623; *Bonk*, in: Stelkens/Bonk/Sachs, VwVfG, § 1 Rz. 21; Zu Abgrenzungsproblemen vgl. *Ossenbühl*, Kernenergie im Spiegel des Verfassungsrechts, DÖV 1981, 1, 9.

[213] Der Begriff wurde geprägt von *Häberle*, VVDStRL 30 (1972), 43 ff., 80 ff., 121 ff.; Vgl. zum Grundrechtsschutz durch Verfahrensteilhabe auch *Ossenbühl*, Kernenergie im Spiegel des Verfassungsrechts, DÖV 1981, 1, 5.

[214] *Grimm*, Verfahrensfehler als Grundrechtsverstöße, NVwZ 1985, 865, 869.

[215] *Grimm*, a.a.O., S. 865, 869.

[216] *Grimm*, a.a.O., S. 865, 869.

[217] *Grimm*, a.a.O., S. 865, 869; *Schwarze*, Der funktionale Zusammenhang von Verwaltungsverfahrensrecht und verwaltungsgerichtlichem Rechtsschutz, S. 45.; *Bonk*, Strukturelle Änderungen des Verwaltungsverfahrens durch das Genehmigungsverfahrensbeschleunigungsgesetz, NVwZ 1997, 320, 322.

[218] *Grimm*, a.a.O., S. 869.

[219] *Weyreuther*, Einflußnahme durch Anhörung, FS für Sendler, S. 183, 188 f.

Strittig ist, ob das Vorhandensein eines grundrechtsrelevanten Verfahrensfehlers immer zur Verfassungswidrigkeit der Sachentscheidung führt.

Unter dem Eindruck der Feststellungen des *„Mülheim-Kärlich“*-Beschlusses des *BVerfG* wurde dies oft bejaht.[220] Die durch den *„Mülheim-Kärlich“*-Beschluß ausgelöste Verfahrenseuphorie ist jedoch zwischenzeitlich einer differenzierteren Betrachtung gewichen. Nach Ansicht von *Grimm* muß eine Sachentscheidung, die den Betroffenen in einem Grundrecht verletzt, stets aufgehoben werden, während es bei einer mit einem grundrechtsrelevanten Verfahrensverstoß behafteten Entscheidung darauf ankommt, ob das Ergebnis selbst den Grundrechten standhält. Es sei ausreichend, wenn nur solche Verfahrensfehler zur Aufhebung der Entscheidung führten, die das Ergebnis grundrechtswidrig beeinträchtigt haben könnten.[221]

Die Auffassung von *Grimm* verdient Zustimmung, da sie der Tatsache, daß das Verfahrensrecht Mittel zur Gewährleistung materiell rechtmäßiger und damit verfassungskonformer Entscheidungen ist, Rechnung trägt.[222] Die gegenteilige Auffassung würde die Einhaltung der Verfahrensvorschriften als Selbstzweck postulieren.

6. Prägung des Verfahrensrechts durch rechtsstaatliche Grundsätze

Neben den Grundrechten tragen auch Verfassungsprinzipien entscheidend zur Gestaltung des Verwaltungsverfahrens bei. Solche Prinzipien sind im Grundgesetz enthalten und Grundpfeiler einer auf Recht und Demokratie gegründeten freien Gesellschaft. Sie setzen Maßstäbe für die Ausgestaltung des Verwaltungsverfahrens.[223]

a) Rechtsstaatsprinzip

Als Rechtsstaat bezeichnet man ein Staatsgefüge, dessen Verwaltung aufgrund von Gesetzen erfolgt und unter der Kontrolle unabhängiger Gerichte steht.[224] Das

---

[220] *Blümel*, Frühzeitige Bürgerbeteiligung, S. 131.

[221] *Grimm*, a.a.O., S. 871; *Lübbe-Wolf*, Stufen des Grundrechtsschutzes gegen Verfahrensverstöße, FS für Simson, S. 137, 157.

[222] *Grimm*, a.a.O., S. 871; *Pietzcker*, Das Verwaltungsverfahren zwischen Verwaltungseffizienz und Rechtsschutzauftrag, VVDStRL 41, 193, 208 f., 219 f.; Ähnlich *Ule/Laubinger*, Verwaltungsverfahrensrecht, § 1 Rz. 12 ff.; *Badura*, in: Erichsen, Allgemeines Verwaltungsrecht, § 33 Rz. 29.

[223] *Stelkens*, in: Stelkens/Bonk/Sachs, VwVfG, § 9 Rz. 32; *Pitschas*, Verwaltungsverantwortung und Verwaltungsverfahren, S. 441.

[224] Vgl. Bericht, S. 27 Nr. 6 und 7, zu Art. 29 II HChe, zitiert nach *Sachs*, in: Sachs, GG, Art. 20 Rz. 49

Rechtsstaatsprinzip ist in Art. 20 II S. 2, 20 III GG verankert und wird durch zahlreiche Regelungen des Grundgesetzes mitgeprägt.[225]

Für das Verwaltungsverfahren ergeben sich daraus folgende Prämissen: Das Verwaltungsverfahren muß den rechtsstaatlichen Anforderungen genügen, d.h. jegliches willkürliche Verhalten seitens der Behörde muß unterbleiben und das Verwaltungshandeln dem Verhältnismäßigkeitsprinzip entsprechen.[226] Der Zugang des Bürgers zur Verwaltungsbehörde darf nicht in unzumutbarer Weise erschwert oder gar verhindert werden.

Besondere Relevanz besitzt das Rechtsstaatsprinzip in der Frage der konkreten Ausgestaltung des Verwaltungsverfahrens. Das Verfahren muß sachgerecht und zumutbar sein und dem Beteiligten ein Höchstmaß an Verfahrensfairneß und Objektivität bieten.[227]

Es muß dem Betroffenen ein Mindestmaß an rechtlichem Gehör[228], bzw. bei eigener Grundrechtsbetroffenheit Partizipation am Verfahren garantieren.[229] Rechtssicherheit und insbesondere Bestands- und Vertrauensschutz sollen durch die Verfahrensvorschriften ermöglicht werden.[230]

b) Demokratieprinzip

Das Demokratieprinzip wird ebenfalls herangezogen, um einen verfassungsrechtlichen Anspruch des Bürgers auf Verfahrensteilhabe zu begründen.[231] Hauptargu-

---

[225] *Sachs*, in: Sachs, GG, Art. 20 Rz. 52.

[226] *Stelkens*, in: Stelkens/Bonk/Sachs, VwVfG, § 9 Rz. 33.

[227] *Pitschas*, Verwaltungsverantwortung und Verwaltungsverfahren, S. 441, 522; *Tettinger*, Fairneß und Waffengleichheit, S. 4; *Stelkens*, in: Stelkens/Bonk/Sachs, VwVfG, § 1 Rz. 19; *Sachs*, in: Sachs, GG, Art. 20 Rz. 52; Vgl. dazu auch die Ausführungen unten S. 181.

[228] Der Anspruch des Betroffenen auf rechtliches Gehör im Verwaltungsverfahren leitet sich nicht aus Art. 103 I GG ab, da dieser ausdrücklich nur für das gerichtliche Verfahren gilt. Vgl. *Degenhart*, in: Sachs, GG, Art. 103 Rz. 5.

[229] *Stelkens*, in: Stelkens/Bonk/Sachs, VwVfG, § 1 Rz. 19; *Pitschas*, Verwaltungsverantwortung und Verwaltungsverfahren, S. 500 ff.; *Ehlers*, Anhörung im Verwaltungsverfahren, Jura 1996, 617, 619.

[230] Mit dem Argument des Bestandsschutzinteresses des Anlagenbetreibers wird auch die Erforderlichkeit einer materiellen Präklusion verspätet vorgebrachter Einwendungen im Genehmigungsverfahren verteidigt. Vgl. zur materiellen Präklusion gemäß § 9b V Nr. 1 AtG *Redeker*, Grundgesetzliche Rechte auf Verfahrensteilhabe, NJW 1980, 1593, 1597.

[231] Dazu *Ossenbühl*, Verwaltungsverfahren zwischen Verwaltungseffizienz und Rechtsschutzauftrag, NVwZ 1982, 465, 467; *Häberle*, Grundrechte im Leistungsstaat, S. 89; *Kopp*, Beteiligung, Rechts- und Rechtsschutzpositionen im Verwaltungsverfahren, FS für das Bundesverwaltungsgericht, S. 387, 390; *Blümel*, Grundrechtsschutz durch Verfahrensgestaltung, in: Frühzeitige Bürgerbeteiligung bei Planungen, S. 25, 26, der allerdings die These vertritt, daß die Verfahrensbeteiligung des Bürgers allein aus dem Rechtsstaatsprinzip abzuleiten sei.

ment für diese These ist, daß die Verwaltung aufgrund zunehmend komplexer werdender Verfahren einen Verselbständigungsprozeß durchläuft, der sie in eine der Stellung der Legislative und der Iudikative ähnliche Position versetzt.[232] Hierzu ist zu sagen, daß Grundlage exekutiven Handelns, unabhängig von der Vielzahl der verwaltungseigenen Ermessens- und Beurteilungsspielräume, immer noch das von einem demokratisch gewählten Parlament erlassene materielle Recht ist und dem Demokratieprinzip schon durch den Gesetzgebungsakt Genüge getan worden ist. Eine Ableitung von Mitwirkungs- und Partizipationsrechten aus dem Demokratieprinzip ist daher zu verneinen.[233]

7. Abschließende Stellungnahme

Das Verfahrensrecht dient primär dazu, der Verwaltung eine legitime Erfüllung ihrer Aufgaben zu ermöglichen und gleichzeitig den Betroffenen vor ungerechtfertigten Eingriffen in dessen Rechtspositionen zu schützen.[234] Die Bedeutung des Verwaltungsverfahrens stellt jedoch nicht per se eine unverrückbare absolute Größe dar, sondern ist ihrerseits von anderen Determinanten abhängig. Die wichtigste davon ist das Maß der Steuerungskapazität des materiellen Rechts. Bei einer überwiegenden Steuerung des Verwaltungshandelns durch die zugrundeliegende materiellrechtliche Norm mit einem zu vernachlässigenden Entscheidungsspielraum der Verwaltung tritt die prozedurale Gerechtigkeit naturgemäß in den Hintergrund. Die Abnahme der Relevanz des Verfahrensrechts bei streng gesetzesgebundener Verwaltung ist untrennbar mit dem Umfang der richterlichen Kontrolle der Verwaltungstätigkeit verbunden. Bereiche der Verwaltungstätigkeit, die einer verwaltungsgerichtlichen Kontrolle verschlossen bleiben oder nur einer abgeschwächten Kontrolle unterliegen, sind auf die Einhaltung der Verfahrensvorschriften zwingend angewiesen, da hier die Garantiefunktion der Verfahrensrechte für die Rechtmäßigkeit des Verfahrensergebnisses ihre Wirkung entfaltet.[235] Ein Weniger an Rechtsschutz durch eingeschränkte materielle richterliche Kontrolle

---

[232] *Schmitt Glaeser*, Partizipation an Verwaltungsentscheidungen, VVDStRL 31 (1973), S. 179, 212; *Pitschas*, Verwaltungsverantwortung und Verwaltungsverfahren, S. 480 ff.

[233] Ähnlich auch *Blümel*, Grundrechtsschutz durch Verfahrensgestaltung, in: Blümel, Frühzeitige Bürgerbeteiligung bei Planungen, S. 23, 26.

[234] *Schoch*, Der Verfahrensgedanke im Allgemeinen Verwaltungsrecht, FS für Bachof, S. 21, 27; *Schmidt-Aßmann/Krämer*, Das Verwaltungsverfahren und seine Folgen, Revue Europeenne de Droit Public 1993, 99.

[235] *Weyreuther*, Einflußnahme durch Anhörung, FS für Sendler, S. 183, 189.

soll durch exakte Einhaltung des Verfahrensablaufs kompensiert werden.[236] Diese Entwicklung ist in ihrer Grundtendenz zwar richtig, jedoch darf zum einen nicht übersehen werden, daß die Einhaltung der Verfahrensvorschriften allein noch keine Sachrichtigkeit der gefundenen Entscheidung bedeutet[237] und zum anderen, daß auch der weitreichendste Rechtsschutz die Verwaltung nicht gänzlich von der Einhaltung verfassungsrechtlich gebotener Verfahrensrechte des Betroffenen entbinden kann.[238] Es gilt daher auf der Gratwanderung zwischen übertriebener Formalisierung des Verfahrens und dem alleinigen Abstellen auf die materielle Richtigkeit des Verwaltungsaktes einen Mittelweg zu finden, der einen Ausgleich der beiden (widersprüchlichen) Positionen vermittelt. Dabei hilft die Einsicht, daß ein ausdifferenziertes System von Verfahrensrechten des Betroffenen auch zur Rechtmäßigkeit und Sachrichtigkeit der Verwaltungsentscheidung beiträgt. Neben der verfassungsrechtlich abgeleiteten Pflicht zur Gewähr des rechtlichen Gehörs auch im Verwaltungsverfahren[239] unterstützt und ergänzt die Anhörung des Betroffenen die Sachverhaltsermittlung der Behörde.[240] Die Verpflichtung der Behörde zur Begründung des Verwaltungsaktes gemäß § 39 I VwVfG dient neben dem Interesse des Betroffenen an den Beweggründen der Behörde für den Erlaß des ihn belastenden Verwaltungsaktes auch der Selbstkontrolle der Verwaltung im Ausgangs- und im Widerspruchsverfahren.[241]

Diese dualen Funktionen der Verfahrensvorschriften zugunsten von Behörde und Betroffenen können durch den von den Verwaltungsgerichten gewährten Rechtsschutz nicht in selbem Maße erbracht werden.

---

[236] *Schmidt-Aßmann/Krämer*, Das Verwaltungsverfahren und seine Folgen, Revue Europeenne de Droit Public 1993, 99, 101; *Pietzcker*, Das Verwaltungsverfahren zwischen Verwaltungseffizienz und Rechtsschutzauftrag, VVDStRL 41 (1983), 193, 202; *Schoch*, Der Verfahrensgedanke im Allgemeinen Verwaltungsrecht, FS für Bachof, S. 21, 28; *Wolff*, Verfahrensrecht und materielles Recht, Verwaltungsrundschau 1996, 367, 369; *Schenke*, Das Verwaltungsverfahren zwischen Verwaltungseffizienz und Rechtsschutzauftrag, VBlBW 1982, 313, 314.

[237] Zutreffend *Schoch*, Der Verfahrensgedanke im Allgemeinen Verwaltungsrecht, FS für Bachof, S. 21, 28.

[238] *Kopp*, Beteiligung, Rechts- und Rechtsschutzpositionen im Verwaltungsverfahren, FS für das Bundesverwaltungsgericht, S. 387, 390.

[239] Vgl. zur verfassungsrechtlichen Herleitung des Anspruchs des Betroffenen auf rechtliches Gehör im Verwaltungsverfahren *Bonk*, in: Stelkens/Bonk/Sachs, VwVfG, § 28 Rz. 2; *Clausen*, in: Knack, VwVfG, § 28 Rz. 2.1.

[240] *Bonk*, in: Stelkens/Bonk/Sachs, VwVfG, § 28 Rz. 8; *Clausen*, in: Knack, VwVfG, § 28 Rz. 2.2; *Ehlers*, Anhörung im Verwaltungsverfahren, Jura 1996, 617, 619.

[241] Vgl. dazu die Ausführungen unten S. 88; Allgemein dazu *Stelkens*, in: Stelkens/Bonk/Sachs, VwVfG, § 39 Rz. 5; Ausführlich, *Müller-Ibold*, Die Begründungspflicht im europäischen Gemeinschaftsrecht und im deutschen Recht, S. 12 ff.

Eine Abwertung des Verfahrens zugunsten der materiellen gerichtlichen Rechtmäßigkeitskontrolle des Sachergebnisses ist daher abzulehnen. Überdies sind Verfahrensrechte oft zeitgebunden und damit nicht unbegrenzt nachholbar, so daß die Rechtsschutzwirkung einer im Verfahren nicht eingehaltenen Verfahrensvorschrift im Verwaltungsprozeß oft nicht reproduzierbar ist.[242]

Als Ergebnis bleibt festzuhalten, daß auch wenn die auf den Erlaß des *Mülheim-Kärlich*-Beschlusses folgende Verfahrenseuphorie sich inzwischen zu Recht wieder etwas abgekühlt hat, die Verfahrensrechte dennoch weit von einer Disponibilität entfernt sind und ihre Einhaltung von der Verwaltung ernst genommen werden sollte. Die „Dignität des Verfahrensrechts“[243] darf nicht leichtfertig zugunsten eines Vorrangs der Ergebnisrichtigkeit der Entscheidung aufs Spiel gesetzt werden.

III. Rechtsschutz gegen Verwaltungsakte

1. Widerspruchsverfahren

a) Funktion

Gegen einen Verwaltungsakt ist die sofortige Klageerhebung vor dem Verwaltungsgericht nicht stattthaft, da nach § 68 I VwGO grundsätzlich erst ein Vorverfahren (Widerspruchsverfahren) durchgeführt werden muß. Sinn des Vorverfahrens ist es, die Rechtmäßigkeit und die Zweckmäßigkeit der Verwaltungsentscheidung nochmals in einem förmlichen Verfahren zu überprüfen.[244] Zusätzlich dient die Durchführung des Vorverfahrens der Entlastung der Gerichte.[245]Ausnahmsweise ist die Durchführung eines Vorverfahrens entbehrlich, wenn es im Gesetz ausdrücklich so bestimmt ist, § 68 I S. 2 VwGO. So bestimmt § 70 VwVfG, daß vor der Anfechtung eines in einem förmlichen Verfahrens erlassenen Verwaltungsaktes ein Vorverfahren nicht durchgeführt wird.[246] Der Grund für

---

[242] Vgl. den Diskussionsbeitrag von *von Mutius* zu dem Referat von Schmidt-Aßmann, Verwaltungsverantwortung und Verwaltungsgerichtsbarkeit, VVdStRL 34, 326.

[243] *Schoch*, Der Verfahrensgedanke im Allgemeinen Verwaltungsrecht, FS für Bachof, S. 21, 51.

[244] *Redeker/von Oertzen*, VwGO, § 68 Rz. 2.

[245] *Redeker/von Oertzen*, VwGO, § 68 Rz. 2.

[246] Vor der Anfechtung eines Planfeststellungsbeschlusses wird kein Vorverfahren durchgeführt. Dies gilt aber nicht ausnahmslos, da es den Ländern unbenommen bleibt, die Durchführung eines Vorverfahrens vor der Anfechtung eines Planfeststellungsbeschlusses anzuordnen. So ist nach Art. 83 I Nr. 5 BayWG die Rechtmäßigkeit des Planfeststellungsbeschlusses in einem Vorverfahren nachzuprüfen.

diese Entbehrlichkeit des Vorverfahrens liegt in der besonderen Ausgestaltung des förmlichen Verfahrens, das sicherstellt, daß der Betroffene seinen Interessen bereits während des Verfahrens Gehör verschaffen kann und eine zusätzliche Instanz für den Betroffenen daher verzichtbar ist. Aufgrund seiner Ausgestaltung bietet das förmliche Verfahren außerdem eine erhöhte Gewähr für die Rechtmäßigkeit der Entscheidung.[247]

b) Ablauf

Das Vorverfahren beginnt gemäß § 69 VwGO mit der Einlegung des Widerspruchs durch den Betroffenen, der durch den angefochtenen Verwaltungsakt beschwert sein muß.[248] Für den Adressaten ergibt sich die Beschwer schon aus der belastenden Qualität des Verwaltungsaktes.[249] Ein Betroffener, der nicht Adressat des Verwaltungsaktes ist, muß analog § 42 II VwGO darlegen, daß er durch den Verwaltungsakt möglicherweise in eigenen Rechten verletzt ist. Diese Verpflichtung ergibt sich daraus, daß die Geltendmachung einer möglichen Verletzung in eigenen Rechten gemäß § 42 II VwGO als Sachurteilsvoraussetzung der späteren Anfechtungsklage zu sehen ist.[250]

Nach Einlegung des Widerspruchs entscheidet die Ausgangsbehörde, ob sie dem Widerspruch abhelfen will (§ 72 VwGO). Hält die Ausgangsbehörde den Widerspruch für unbegründet, leitet sie den Widerspruch an die Widerspruchsbehörde weiter, die dann den Widerspruchsbescheid erläßt (§ 73 VwGO). Nach der Zustellung des ablehnenden Widerspruchsbescheids muß der Widerspruchsführer innerhalb eines Monats Klage erheben (§ 74 VwGO).

c) Bedeutung

Neben seiner Funktion als Instrument der Selbstkontrolle der Verwaltung liegt die Bedeutung des Widerspruchsverfahrens darin, daß es zur Nachbesserung von formellen und materiellen Mängeln des Verwaltungsaktes genützt wird und damit den Verwaltungsakt für einen etwaigen Anfechtungsprozeß „gerichtsfest" machen

---

[247] *Busch*, in Knack, VwVfG, § 70 Rz. 2.

[248] *Redeker/von Oertzen*, VwGO, § 70 Rz. 11.

[249] *Redeker/von Oertzen*, VwGO, § 70 Rz. 11.

[250] *Redeker/von Oertzen*, VwGO, § 42 Rz. 14.

soll. In letzter Zeit wurde vermehrt eine Abschaffung bzw. eine eingeschränkte Durchführung des Widerspruchsverfahrens propagiert. Als Argument für die Abschaffung wurde neben der - angeblichen - Einsparung von Verwaltungsressourcen vor allem angeführt, daß es sich oft um eine überflüssige Doppelprüfung handele.[251] Mit der (teilweisen) Abschaffung des Widerspruchsverfahrens würde aber auch seine Funktion als Reparaturinstanz entfallen mit der Folge, daß Mängel des Verwaltungsaktes -der Anwendungsbereich des § 46 VwVfG ausgenommen - im Prozeß zur Aufhebung führen müßten. Hier hat der Gesetzgeber jedoch Vorsorge getroffen, indem er seit kurzem die Nachbesserung von Fehlern des Verwaltungsaktes noch im gerichtlichem Verfahren ermöglicht hat.[252]

2. Klageverfahren

a) Klageart

Die Klageart richtet sich nach dem Klageziel des Klägers. Je nachdem, ob der Kläger die Aufhebung eines ihn belastenden Verwaltungsaktes anstrebt oder die Verurteilung der Behörde zum Erlaß eines abgelehnten oder unterlassenen Verwaltungsaktes begehrt, ist die Anfechtungs,- bzw. Verpflichtungsklage die statthafte Klageart, § 42 I VwGO.

b) Gerichtlicher Prüfungsumfang

Nach § 113 I S.1 VwGO hebt das Gericht den Verwaltungsakt auf, soweit dieser rechtswidrig und der Kläger dadurch in seinen Rechten verletzt ist. Interessant ist insofern der Umfang der Kontrolle (Kontrolldichte) durch das Gericht, die von der rechtlichen Bindung der kontrollierten Behörde durch heteronom gesetzte Normen abhängt.[253] Der Begriff der Kontrolldichte kann dabei als das Maß der rechtlich zulässigen Kontrolle der Verwaltungsentscheidung definiert werden.[254] Eine ge-

---

[251] *Jäde*, Vereinfachungsprobleme des Anlagenzulassungsrechts, WiVerw 1995, 119, 174.

[252] Vgl. dazu unten S. 84.

[253] *Hoppe*, Gerichtliche Kontrolldichte bei komplexen Verwaltungsentscheidungen, FS für das Bundesverwaltungsgericht, S. 295, 296.

[254] Definition nach *Hoppe*, in: Planung und Pläne in der verfassungsgerichtlichen Kontrolle, FS für das Bundesverfassungsgericht, S. 707; Möglich ist aber auch die Wertung der Kontrolldichte als Problem der Abgrenzung der Kompetenzen von Verwaltung und Verwaltungsgerichtsbarkeit bei der Anwendung von Verwaltungsrecht, vgl. die Nachweise bei *Hoppe*, Gerichtliche Kontrolldichte bei komplexen Verwaltungsentscheidungen, FS für das Bundesverwaltungsgericht, S. 295, 296. In diesem Falle wird auf den Umfang der rechtlich zulässigen Kontrolle abgestellt.

richtliche Kontrolle von autonomen Gestaltungsfreiräumen der Exekutive verbietet sich, da ansonsten die Stellung der Verwaltung als unabhängige Gewalt im Rechtsstaat unterminiert würde.[255] Diese Freiräume der Verwaltung sind vielgestaltig und tragen zahlreiche Namen: So spricht man von Einschätzungsprärogative der Verwaltung, von Subsumtionsfreiheit, Beurteilungsspielraum, autonomem Gestaltungsraum, Letztverantwortung der Verwaltung, Gestaltungs- und/oder Tatbestandsermessen.[256] All diesen Begriffen gemeinsam ist die Tatsache, daß immer ein Entscheidungsfreiraum der Behörde existiert, dessen (zweckmäßige) Verwirklichung für das Gericht nicht verifizierbar sein kann oder soll. Als Gründe für die Einräumung eines „gerichtsfesten" Verwaltungsfreiraums werden überwiegend Argumente der größeren Fachkunde der Verwaltung hinsichtlich des zu entscheidenden Sachverhalts und der Zwang der Verwaltung zu Berücksichtigung nicht nur rechtlicher, sondern auch ökonomischer, ökologischer, politischer, sozialer, naturwissenschaftlicher und kultureller Aspekte bei der Entscheidungsfindung angeführt.

Im Gesetz wird die Frage der Kontrollintensität des Verwaltungsgerichts nur peripher geregelt. Eine gesetzliche Regelung über die gerichtliche Kontrolldichte bei der Prüfung der Rechtmäßigkeit des Verwaltungsaktes existiert mit § 114 VwGO nur für die Ermessensverwaltungsakte.[257]

aa) Kontrolldichte bei gebundenen Verwaltungsakten

Wegen der fehlenden gesetzlichen Regelung sind die Verwaltungsgerichte früher überwiegend von einer unbeschränkten Kontrolle gebundener Verwaltungsakte ausgegangen.[258] Im Laufe der Zeit hat sich, angeregt durch die Diskussion über die Nachprüfbarkeit der Konkretisierung und Anwendung unbestimmter Rechtsbegriffe im Prozeß, die Auffassung durchgesetzt, daß bei einer Vielzahl von Fällen die exakte Wiederholung des behördlichen Erkenntnisprozesses durch das Gericht nicht möglich ist. Anerkannt wurde dies zuerst im Bereich der Prüfungsentschei-

---

[255] *Hoppe* warnt vor einer drohenden Lähmung der Verwaltung durch eine vor der gerichtlichen Überkontrolle resignierenden, zunehmend verantwortungsscheuer werdenden Verwaltung, in: Verwaltungsverantwortung und Verwaltungsgerichtsbarkeit, DVBl. 1975, 684, 685, m.w.N.

[256] Vgl. die Aufzählung bei *Hoppe*, Kontrolldichte bei komplexen Verwaltungsentscheidungen, FS für das Bundesverwaltungsgericht, S. 295, 296.

[257] *Redeker/von Oertzen*, VwGO, § 114 Rz. 14.

[258] *Redeker/von Oertzen*, VwGO, § 114 Rz. 14.

dungen,[259] der beamtenrechtlichen Beurteilungen und der Wertentscheidungen durch unabhängige Sachverständige und Ausschüsse, da die tatsächliche Entscheidungssituation in diesen Fällen in der Regel für das Gericht nicht mehr nachzuvollziehen ist. Es folgte die Anerkennung von Beurteilungsspielräumen[260] der Verwaltung im Rahmen von Planungsentscheidungen und bei der Genehmigung technischer Großprojekte.[261] Beurteilungsspielräume der Verwaltung existieren auch bei komplexen Prognoseentscheidungen[262] und Risikoentscheidungen[263]. Der Bereich der Entscheidung, der dem Beurteilungsspielraum der Behörde unterliegt, ist der richterlichen Kontrolle entzogen. Als Konsequenz dieser Einschränkung wird von einigen Seiten gefordert, der akribischen Einhaltung des Verfahrensrechts in solchen Fällen besondere Bedeutung beizumessen. Die eingeschränkte materielle Kontrollintensität soll durch die verfahrensrechtliche Garantie kompensiert werden.[264] Die Frage der richterlichen Kontrolldichte hinsichtlich der behördlichen Auslegung unbestimmter Rechtsbegriffe ist in der öffentlichen Diskussion immer noch heftig umstritten und von jeder Klärung weit entfernt.[265] In jüngster Zeit tendiert das *BVerfG* dazu, mit der Zubilligung von Beurteilungsspielräumen der Verwaltung restriktiv zu verfahren.[266] Eine gegenläufige Entwicklung zeigt sich bei manchem (Landes)Gesetzgeber, da im Zuge der anhaltenden Bemühungen um die Attraktivität des Wirtschaftsstandorts Deutschland auch die über-

---

259 Dazu *Seebass*, Die Prüfung ein rechtsschutzloser Freiraum des Prüfers?, NVwZ 1985, 521, 525.

260 Die Terminologie zur Kennzeichnung eines entscheidungsfreien Raumes der Verwaltung (ohne gesetzliche Zuweisung eines Ermessensspielraumes) ist uneinheitlich und verwirrend. Die Rechtsprechung verwendet überwiegend den Begriff des Beurteilungsspielraums, vgl. *BVerwG*, Urteil v. 7. 11. 1985 - 5 C 29.82 -, BVerwGE 72, 199.

261 *Redeker/von Oertzen*, VwGO, § 114 Rz. 15.

262 *Hoppe*, Gerichtliche Kontrolldichte bei komplexen Verwaltungsentscheidungen, FS für das Bundesverwaltungsgericht, S. 295, 306; *Ossenbühl*, Die richterliche Kontrolle von Prognoseentscheidungen der Verwaltung, FS für Redeker, S. 731 ff.

263 Unter Risikoentscheidungen fallen z.B. die Genehmigungen aus dem Bereich des Atomrechts, der Gentechnik, des Arzneimittelrechts und des Chemikalienrechts. azu *Di Fabio*, Risikoentscheidungen im Rechtsstaat, S. 4 ff.

264 Für einen höheren Stellenwert des Verfahrensrechts bei dem Erlaß von Entscheidungen mit behördlicher Beurteilungsermächtigung *Schmidt-Aßmann*, Das Verwaltungsverfahren und seine Folgen, Revue europeenne de droit public 1993, 99, 103; *Krebs*, Kompensation von Verwaltungsverfahrensfehlern durch gerichtlichen Rechtsschutz?, DVBl. 1984, 109, 116.

265 *Wilke*, Die gerichtliche Kontrolle unbestimmter Rechtsbegriffe im Umweltrecht, insbes. im Atomrecht, Jura 1992, 186 ff.; *Sendler*, Die neue Rechtsprechung des Bundesverfassungsgerichts zu den Anforderungen an die verwaltungsgerichtliche Kontrolle, DVBl. 1994, 1089, 1098.

266 Vgl. nur *BVerfG*, Beschluß v. 16. 12. 1992 - 1 BvR 167/87 -, BVerfGE 88, 56; *BVerfG*, Beschluß v. 11. 1. 1994 - 1 BvR 434/87 -, NJW 1994, 1781; Beschluß v. 13. 4. 1994 - 1 BvR 23/94 -, NJW 1994, 1779; *Burke*, Abbau oder Zunahme der verwaltungsgerichtlichen Kontrolle?, DVBl. 1994, 994, 995; *Bertrams*, Verwaltungsverantwortung und Verwaltungsgerichtsbarkeit, NWVBl. 1997, 3, 5.

mäßig lange Dauer der verwaltungsgerichtlichen Verfahren und insbesondere die hohe Zahl der Aufhebung von Verwaltungsentscheidungen in das Kreuzfeuer der Kritik gerückt ist. Besonders bemängelt wird in diesem Zusammenhang die geringe Zahl behördlicher Entscheidungsbereiche, die der Kontrolle der Gerichte entzogen sind und die, unabhängig von einem konkreten Rechtsschutzbegehren, (zu) weitreichende Fehlerkontrolle der Richter[267] Einen (gewaltsamen) Vorstoß, diesen Entscheidungsfreiraum der Behörde normativ zu sichern, hat das Land Mecklenburg-Vorpommern mit seinem Entwurf eines „Gesetzes zur Rechtsvereinfachung und Beschleunigung des Aufbaus in den neuen Bundesländern" unternommen.[268] Darin war u. a.. eine Änderung der Verwaltungsgerichtsordnung durch die Einfügung eines § 114 a folgenden Wortlauts enthalten[269]:

„(1) Erfordert die Anwendung eines unbestimmten Rechtsbegriffs Abwägungen, Prognosen oder Wertungen, so steht der Verwaltungsbehörde dabei ein Beurteilungsspielraum zu.

(2) Das Gericht prüft, ob der Verwaltungsbehörde ein Beurteilungsspielraum zusteht sowie, ob die gesetzlichen Grenzen der Beurteilungsermächtigungen überschritten sind oder von ihr in einer dem Zweck der Ermächtigung nicht entsprechenden Weise Gebrauch gemacht wurde."

Die Einführung einer derartigen Regelung in die Verwaltungsgerichtsordnung hätte zur Folge, daß faktisch der gesamte Gesetzesvollzug durch die Exekutive mit einem ermessensgleichen Beurteilungsspielraum versehen wäre. Dieser Vorschlag ist nicht neu[270]; er wirft aber ein deutliches Licht auf die momentan in Deutschland herrschende Unsicherheit, deren Folge es ist, daß leichtfertig in jahrelanger Verwaltungsrechtsprechung erarbeitete Grundsätze zugunsten von übereilten Än-

---

[267] *Riotte*, Verwaltungsverantwortung und Verwaltungsgerichtsbarkeit - Notwendigkeit des Abbaus richterlicher Kontrolldichte?, NWVBl. 1997, 1, 2; Kritisch zu der Beschleunigungswirkung eines Abbaus der richterlichen Kontrolldichte und mit Hinweis auf die wichtige Rolle der Iudikative bei der Konkretisierung unbestimmter Rechtsbegriffe, *Kutscheidt*, NWVBl. 1995, 121, 124.

[268] Zitiert nach *Burke*, Abbau oder Zunahme der verwaltungsgerichtlichen Kontrolle?, DVBl. 1994, 994, 996; *Ewer*, Beschränkung der verwaltungsgerichtlichen Kontrolldichte bei der Anwendung unbestimmter Rechtsbegriffe - Zulässiges und geeignetes Mittel zur Beschleunigung behördlicher und gerichtlicher Verfahren?, NVwZ 1994, 140.

[269] Um die Verfassungsmäßigkeit einer derartigen Regelung zu klären, hat die Bayerische Staatsregierung ein staats- und verfassungsrechtliches Gutachten in Auftrag gegeben. Vgl. *Buchner*, Deregulierung, Verwaltungsvereinfachung und Verfahrensbeschleunigung, FS für Schlichter, S. 183, 195.

[270] *Götz/Klein/Starck*, Die öffentliche Verwaltung zwischen Gesetzgebung und verwaltungsgerichtlicher Kontrolle, S. 227.

derungsvorschlägen über Bord geworfen werden sollen.[271] Der Entwurf des Landes Mecklenburg-Vorpommern wurde allerdings im Bundesrat abgelehnt und nicht in die 6. VwGO-Novelle aufgenommen.[272]

bb) Gerichtliche Ermessenskontrolle

Für die gerichtliche Kontrolle von Ermessensentscheidungen der Verwaltung ist in § 114 VwGO geregelt, daß das behördliche Rechtsfolgenermessen nur daraufhin überprüft werden kann, ob es von der Behörde fehlerfrei ausgeübt worden ist.[273] Die Einteilung der Ermessensfehler in drei Hauptkategorien (Ermessensüberschreitung, Ermessensunterschreitung und Ermessensfehlgebrauch) ist oben schon dargestellt worden.[274] Das Gericht prüft zuerst, ob eine Ermessensermächtigung vorliegt und die auf der Tatbestandsseite enthaltenen Voraussetzungen für die Ausübung des Wahlrechts zwischen den Rechtsfolgen für die Behörde erfüllt sind. Wenn die Behörde zu einer Ermessensentscheidung berechtigt war, tritt das Gericht in die eigentliche Prüfung der Rechtmäßigkeit der Ermessensausübung ein.[275] Die Prüfung des Gerichts, ob die Behörde den ihren Ermessenserwägungen zugrundegelegten Sachverhalt zutreffend ermittelt hat, ist ebenso zulässig wie die Frage, ob die Behörde bei der Entscheidungsfindung alle ihr bekannten und vorgetragenen wesentlichen Tatsachen berücksichtigt hat. Diese Verpflichtung der Behörde zur umfassenden Würdigung aller entscheidungsrelevanten Umstände korrespondiert mit dem Anspruch des Bürgers auf eine ermessensfehlerfreie Entscheidung bei Normen, die nicht nur im allgemeinen Interesse, sondern auch im Individualinteresse erlassenen worden sind.[276] Ermessensent-

---

271 *Sendler* plädiert dafür, anstelle der „radikalen Rasenmähermethode" eines § 114 a VwGO differenzierte (Gesetzgebungs)Lösungen in Teilgebieten zu suchen. Vgl. *Sendler*, Die neue Rechtsprechung des Bundesverfassungsgerichts zu den Anforderungen an die verwaltungsgerichtliche Kontrolle, DVBl. 1994, 1089, 1098; Dagegen auch die *Unabhängige Expertenkommission zur Vereinfachung und Beschleunigung von Planungs- und Genehmigungsverfahren*, in: Bullinger (Hrsg.), Investitionsförderung durch flexible Genehmigungsverfahren, S. 194.

272 BR-Drucks. 327/94 v. 8. 7. 1994; *Burke*, Abbau oder Zunahme der verwaltungsgerichtlichen Kontrolle?, DVBl. 1994, 994, 997.

273 *Redeker/von Oertzen*, VwGO, § 114 Rz. 3, 7.

274 Eine differenziertere (komplizierte) Kategorisierung der Ermessensfehler unternimmt *Alexy*, Ermessensfehler, JZ 1986, 701, 702 ff.

275 *Redeker/von Oertzen*, VwGO, § 114 Rz. 10.

276 *Redeker/von Oertzen*, VwGO, § 114 Rz. 11; *Ossenbühl*, in: Erichsen, Allgemeines Verwaltungsrecht, § 10 Rz. 22.

scheidungen sind nach § 39 I VwVfG stets zu begründen, das Fehlen der Begründung führt zur Fehlerhaftigkeit der Entscheidung.

3. Maßgeblicher Zeitpunkt für die verwaltungsgerichtliche Entscheidung

Nach § 108 I VwGO entscheidet das Gericht nach seiner freien, aus dem Gesamtergebnis des Verfahrens gewonnenen Überzeugung. Bevor das Gericht ein Urteil fällen kann, muß feststehen, welcher Zeitpunkt für die Beurteilung der Sach- und Rechtslage maßgebend sein soll. Früher beurteilte die Rechtsprechung den Klageantrag bei Anfechtungsklagen schematisch nach dem Zeitpunkt des Erlasses der letzten Behördenentscheidung, in der Regel also dem Erlaß des Widerspruchsbescheids.[277] Bei der Verpflichtungsklage hingegen wurde auf den Zeitpunkt der letzten mündlichen Gerichtsverhandlung abgestellt.[278] Diese starre, die Besonderheiten des Einzelfalls zu wenig berücksichtigende Regelung ist mittlerweile von einer elastischeren Handhabung des maßgeblichen Beurteilungszeitpunktes abgelöst worden.[279] Inzwischen ist anerkannt, daß bei der Bestimmung des maßgeblichen Zeitpunkts sowohl das der Entscheidung zugrundeliegende materielle Recht als auch die Interessenlage des Klägers[280] (Feststellung ex nunc oder ex tunc) zu berücksichtigen ist.[281]

a) Anfechtungsklage

Diese Entscheidung entspricht auch der Prozeßökonomie, da es nicht erstrebenswert ist, einen belastenden Bescheid, der im Zeitpunkt der letzten behördlichen Handlung zwar rechtswidrig war, aber zur Zeit der mündlichen Verhandlung rechtmäßig ist, auf die Anfechtungsklage des Klägers hin aufzuheben, obwohl die Behörde zum Erlaß eines neuen inhaltlich identischen Bescheids berechtigt ist. Hierbei handelt es sich aber um Ausnahmefälle, da grundsätzlich von einer

---

[277] *Redeker/von Oertzen*, VwGO, § 108 Rz. 16.

[278] *Redeker/von Oertzen*, VwGO, § 108 Rz. 16.

[279] *Redeker/von Oertzen*, VwGO, § 108 Rz. 16.

[280] *Horn*, Das Nachschieben von Gründen und die Rechtmäßigkeit von Verwaltungsakten, Die Verwaltung 1992, 203, 211.

[281] *BVerwG*, Urteil v. 27. 4. 1990 - 8 C 87.88 -, BayVBl. 1990, 666, 667; *Redeker/von Oertzen*, VwGO, § 108 Rz. 16.

Rechtswidrigkeit des Verwaltungsaktes von Anfang an auszugehen ist, so daß auf den Zeitpunkt der letzten behördlichen Handlung abgestellt werden kann.[282]

b) Verpflichtungsklage

Nach der alten Rechtsprechung war auch bei der Verpflichtungsklage stets auf den Zeitpunkt der letzten mündlichen Verhandlung abzustellen.[283] Nach der Rechtsprechung des BVerwG ist aber auch bei der Verpflichtungsklage in Einzelfällen auf einen anderen Zeitpunkt abzustellen, wenn das materielle Recht es erforderlich macht. So ist ein früherer Zeitpunkt anzusetzen, wenn der Kläger nach einem mittlerweile aufgehobenen oder abgeänderten Gesetz einen Anspruch auf Erlaß des begehrten Verwaltungsaktes hatte.

---

[282] *Redeker/von Oertzen*, VwGO, § 108 Rz. 17.

[283] *Redeker/von Oertzen*, VwGO, § 108 Rz. 16.

C. Folgen der Fehlerhaftigkeit von Verwaltungsakten

I. Voraussetzungen der Rechtmäßigkeit eines Verwaltungsaktes

1. Formelle und materielle Rechtmäßigkeit

Der Verwaltungsakt unterliegt bestimmten formellen und materiellen Rechtmäßigkeitsvoraussetzungen, d.h. er ist nur rechtmäßig, wenn er in der erforderlichen Form in einem ordnungsgemäßen Verfahren von der zuständigen Behörde erlassen worden und für seinen Erlaß eine materielle Rechtsgrundlage vorhanden ist.[284]

a) Formelle Rechtmäßigkeit

aa) Zuständigkeit der Behörde

Die Behörde muß sachlich, instanziell und örtlich zuständig für den Erlaß des Verwaltungsaktes sein. Sachlich zuständig ist die Behörde, wenn der Verwaltungsträger, dem sie angehört, Zuständigkeit (Verbandskompetenz) besitzt.[285]

Grundsätzlich ist die in der Behördenhierarchie jeweils unterste Behörde mit der Wahrnehmung der Sachaufgaben betraut. Nur in einzelnen, gesetzlich geregelten Fällen kann eine übergeordnete Behörde die Sache übernehmen und an Stelle der untergeordneten Behörde tätig werden.[286] Die örtliche Zuständigkeit der Behörde ergibt sich aus den jeweiligen speziellen Rechtsvorschriften.[287]

bb) Einhaltung von Verfahrensvorschriften

Der Verwaltungsakt ist dann formell rechtmäßig, wenn die zuständige Behörde die für das jeweilige Verfahren erforderlichen Verfahrensvorschriften eingehalten hat.[288]

---

[284] *Erichsen*, in: Erichsen, Allgemeines Verwaltungsrecht, § 15 Rz. 3.

[285] *Bonk*, in: Stelkens/Bonk/Sachs, VwVfG, § 3 Rz. 3b.

[286] Gesetzlich geregelt ist das Selbsteintrittsrecht der höheren Behörde z.B. in Art. 3a BayVwVfG. Vgl. dazu *Bonk*, in: Stelkens/Bonk/Sachs, VwVfG, § 3 Rz. 5.

[287] Subsidiäre Geltung besitzt § 3 VwVfG, der in den Länderverwaltungsverfahrensgesetzen im wesentlichen übernommen wurde. Vgl. *Bonk*, in: Stelkens/Bonk/Sachs, VwVfG, § 3 Rz. 1.

[288] *Erichsen*, in: Erichsen, Allgemeines Verwaltungsrecht, § 15 Rz. 10.

Für das einfache (nichtförmliche) Verfahren gelten die §§ 9 ff. VwVfG. Zu den wichtigsten Bestimmungen zählen hierbei die Anhörung des Betroffenen gemäß § 28 I VwVfG, das Verbot der Mitwirkung befangener Amtswalter nach §§ 20, 21 VwVfG, die Begründung des Verwaltungsaktes gemäß § 39 I VwVfG, die Akteneinsicht nach § 29 VwVfG und die gesetzlich angeordnete Beteiligung anderer Behörden.

b) Materielle Rechtmäßigkeit

Art. 20 III GG stellt die Bindung der Exekutive an Recht und Gesetz fest (Grundsatz der Gesetzmäßigkeit der Verwaltung). Daraus ergeben sich der Vorrang des Gesetzes und der Gesetzesvorbehalt.[289]

aa) Vorrang des Gesetzes

Der Vorrang des Gesetzes besagt, daß Verwaltungshandeln nicht den gültigen Gesetzen widersprechen darf.[290] So ist z. B. in § 37 I VwVfG festgelegt, daß der Verwaltungsakt, unabhängig von seiner konkreten Form hinreichend bestimmt sein muß. Ein Verwaltungsakt, dessen Verfügungssatz nicht klar erkennbar ist, verstößt gegen § 37 I VwVfG und damit gegen den Vorrang des Gesetzes.

Der Gesetzesvorbehalt bedeutet, daß jedes behördliche Handeln, das in Rechte des Adressaten eingreift, einer gesetzlichen Ermächtigungsgrundlage bedarf.[291]

bb) Gesetzesvorbehalt

Der Gesetzesvorbehalt existiert nicht nur für die Eingriffsverwaltung, sondern wird partiell auch für den Bereich der Leistungsverwaltung anerkannt. So muß ein begünstigender Verwaltungsakt eine Rechtsgrundlage besitzen, wenn die Beteiligung Einzelner an staatlichen Leistungen eine notwendige Voraussetzung für die Verwirklichung von Grundrechten bildet.[292] Eine Ermächtigungsgrundlage ist

---

[289] *Sachs*, in: Sachs, GG, Art. 20 Rz. 69, 70.

[290] *Sachs*, in: Sachs, GG, Art. 20 Rz. 69.

[291] *Sachs*, in: Sachs, GG, Art. 20 Rz. 70.

[292] *BVerfG*, Urteil v. 18. 7. 1972 - 1 BvL 32/70 u. 25/71 -, BVerfGE 33, 336; Beschluß v. 8. 8. 1978 - 2 BvL 8/77 -, BVerfGE 49, 89, 127.

auch erforderlich, wenn ein begünstigender Verwaltungsakt in Rechte eines Dritten eingreift.[293]

In der Literatur wird zum Teil noch zwischen der Rechtmäßigkeit und der Richtigkeit einer Verwaltungsentscheidung zumindest dann differenziert, wenn Abwägungs- und Gestaltungsfreiräume der Verwaltung bestehen.[294] Richtig sei eine Verwaltungsentscheidung dann, wenn sie sich nicht nur im Bereich des rechtlich Zulässigen bewegt (= Rechtmäßigkeit), sondern darüber hinaus innerhalb ihres Gestaltungsrahmens einen optimalen Ausgleich der widerstreitenden Einzelinteressen erreicht.[295]

II. Folgen der Fehlerhaftigkeit eines Verwaltungsaktes

Es ist eine selten erreichte Idealvorstellung, daß der Verwaltung bei dem Erlaß eines Verwaltungsaktes in formeller und materieller Hinsicht keine Fehler unterlaufen. Aufgrund einer Fülle von Vorschriften wird das Verfahren zum Erlaß eines Verwaltungsaktes auf vielen Arbeitsfeldern der Verwaltung extrem fehleranfällig gemacht. Dies gilt insbesondere für das Planfeststellungsverfahren, das aufgrund seines Umfangs und seiner Komplexität die Entstehung von Fehlern geradezu herausfordert.[296] Die entscheidende Frage ist, welche Folgen ein Verstoß gegen die formellen oder materiellen Anforderungen eines rechtmäßigen Verwaltungsaktes nach sich zieht.

1. Nichtigkeit als Fehlerfolge

Die gravierendste Folge eines Verstosses gegen formelle oder materielle Vorschriften für den Erlaß eines Verwaltungsaktes ist die Nichtigkeit.

Nichtigkeit bedeutet, daß der Verwaltungsakt innerlich und äußerlich unwirksam ist und daher keinerlei Rechtswirkungen entfaltet,[297] § 43 III VwVfG. Dennoch

---

[293] *Henneke*, in: Knack, VwVfG, vor § 35 Rz. 7.2.2.

[294] *Bettermann*, Anfechtbare und nichtanfechtbare Verfahrensmängel, FS für Menger, S. 709, 724 [Fn. 71].

[295] *Hoffmann-Riem*, Reform des Allgemeinen Verwaltungsrechts: Vorüberlegungen, DVBl. 1994, 1381, 1382; *Dagtoglou*, Diskussionsbeitrag, in: VVDStRL 41, 248.

[296] Vgl. zur besonderen Fehleranfälligkeit des Planfeststellungsverfahrens *Breuer*, Verfahrens- und Formfehler der Planfeststellung für raum- und umweltrelevante Großvorhaben, FS für Sendler, S. 357 ff.

[297] *Ule/Laubinger*, Verwaltungsverfahrensrecht, § 56 Rz. 9; *Klappstein*, in: Knack, VwVfG, § 43 Rz. 6; *Sachs*, in: Stelkens/Bonk/Sachs, VwVfG, § 43 Rz. 151.

handelt es sich bei dem nichtigen Verwaltungsakt um einen existenten Verwaltungsakt, ein Nichtverwaltungsakt[298] - eine eigene Kategorie - ist nicht gegeben.[299]

Die Nichtigkeit des Verwaltungsaktes kann von der erlassenden Behörde von Amts wegen oder auf Antrag des Bürgers bei Vorliegen eines berechtigten Interesses nach § 44 V VwVfG festgestellt werden.

§ 44 VwVfG differenziert zwischen absoluten und relativen Nichtigkeitsgründen.[300] Die in § 44 II VwVfG enumerativ aufgeführten absoluten Nichtigkeitsgründe bewirken bei ihrem Vorliegen stets die Nichtigkeit des Verwaltungsaktes.[301] So ist gemäß § 44 II Nr. 1 VwVfG ein Verwaltungsakt, der zwar schriftlich erlassen ist, aber die ausstellende Behörde nicht erkennen läßt, immer nichtig.

Bei den relativen Nichtigkeitsgründen hängt die Nichtigkeit des Verwaltungsaktes nach der Generalklausel des § 44 I VwVfG davon ab, ob ein besonders schwerwiegender Fehler vorliegt und das Vorliegen des Fehlers bei verständiger Würdigung aller in Betracht kommenden Umstände offenkundig ist.[302] Der betreffende Fehler muß erstens derart schwerwiegend sein, daß seine Rechtswirksamkeit von der Rechtsordnung schlechthin nicht hingenommen werden kann. Der Fehler muß zweitens für den Adressaten offenkundig, d.h. wohl auch für den juristischen Laien sofort erkennbar sein. Das Erfordernis der Offenkundigkeit ergibt sich aus dem Gebot der Rechtssicherheit und des Vertrauensschutzes des Adressaten. Nur im Falle der Offenkundigkeit eines besonders schwerwiegenden Fehlers ist es gerechtfertigt, die Nichtigkeit eines den Adressaten begünstigenden Verwaltungsaktes anzunehmen und damit das Vertrauen des Begünstigten zu mißachten. Dieser hätte wegen der Offenkundigkeit des besonders schwerwiegenden Fehlers schon bei der Bekanntgabe des Verwaltungsaktes keine Hoffnungen auf dessen Bestandskraft setzen dürfen.[303]

---

[298] Vgl. zu den Nichtverwaltungsakten *Sachs*, in: Stelkens/Bonk/Sachs, VwVfG, § 44 Rz. 3.

[299] *Sachs*, in: Stelkens/Bonk/Sachs, VwVfG, § 43 Rz. 151.

[300] *Sachs*, in: Stelkens/Bonk/Sachs, VwVfG, § 44 Rz. 4.

[301] Kritisch zur Generalklausel des § 44 I VwVfG und zu § 44 II VwVfG, *Meyer*, Die Kodifikation des Verwaltungsverfahrens und die Sanktion für Verfahrensfehler, NVwZ 1986, 513, 517.

[302] *Klappstein*, in: Knack, VwVfG, § 44 Rz. 3.1, 4.

[303] *Ule/Laubinger*, Verwaltungsverfahrensrecht, § 57 Rz. 9.

§ 44 III VwVfG enthält eine abschließende Aufzählung der Fälle, in denen Verfahrensfehler, die die Voraussetzungen des § 44 I VwVfG erfüllen, dennoch nicht zur Nichtigkeit des Verwaltungsaktes führen.

a) Nichtigkeit als Fehlerfolge bei untergesetzlichen Rechtsnormen

Verwaltungsakte und untergesetzliche Rechtsnormen sind hinsichtlich der Konsequenzen ihrer Fehlerhaftigkeit getrennt diskutiert worden. Eine untergesetzliche Rechtsnorm, wie z.B. eine Satzung oder eine Rechtsverordnung, ist bei fehlerhaftem Zustandekommen nichtig und hat keinen Bestand.[304] Das Nichtigkeitsdogma galt früher in Rechtsprechung und Lehre für fehlerhafte untergesetzliche Rechtsnormen uneingeschränkt.[305]

Durch die Einführung der §§ 155a, 155b BauGB wurde das Nichtigkeitsdogma erstmals mit weitreichenden Folgen modifiziert. Dem Gesetzgeber schien die als Folge der strikten Durchsetzung der Nichtigkeitsannahme hohe Zahl der gerichtlichen Aufhebung kommunaler Bebauungspläne[306] unerträglich und er strebte an,die Bestandskraft der Bauleitpläne durch die Einführung der §§ 155a, 155b BBauG (§§ 214, 215 BauGB)[307] zu erweitern. Bestrebungen, die Bestandskraft von Satzungen zu erweitern, sind auch in den Ländergesetzen zu erkennen, die den Bestand auch fehlerhafter Satzungen ermöglichen.

So bestimmt z.B. die Bayerische Bauordnung in Art. 98 III S. 4 BayBO, daß bei dem Erlaß von Bauvorschriften durch kommunale Satzung Verstöße gegen landesrechtliche Verfahrensvorschriften nur dann beachtlich sind, wenn die Satzung auf diesem Verstoß beruhen kann. Damit wurde in einem Einzelbereich das Nichtigkeitsdogma durch einen „Kausalitätsvorbehalt" relativiert.

---

[304] Allgemein dazu *Schneider*, Der verfahrensfehlerhafte Ratsbeschluß, NWVBl. 1996, 89, 91; *Finkelnburg*, Rückwirkende Heilung von Bebauungsplänen, FS für Schlichter, S. 301, 305; *Maurer*, Bestandskraft für Satzungen, FS für Bachof, S. 215 ff.

[305] *Böckenförde*, Die sogenannte Nichtigkeit verfassungswidriger Gesetze, S. 14 ff.; *Ossenbühl*, Eine Fehlerlehre für untergesetzliche Normen, NJW 1986, 2805, 2806 f.

[306] Drastisch das Beispiel von *Pagenkopf* anhand einer rheinischen Großstadt, von deren 870 Bebauungsplänen nur 2 bis 3% den Anforderungen der Rechtsprechung entsprachen und somit Gültigkeit besaßen, vgl. *Pagenkopf*, Grenzen behördlicher und gerichtlicher Plankontrolle, BauR 1979, 1.

[307] Vgl. dazu *Finkelnburg*, Rückwirkende Heilung von Bebauungsplänen, FS für Schlichter, S. 301; *Gaentzsch*, Rechtsfolgen von Fehlern bei der Aufstellung von Bauleitplänen, FS für Weyreuther, S. 249, 265; *Maurer*, Bestandskraft für Satzungen?, FS für Bachof, S. 215, 217.

Der Gedanke, Fehler bei dem Erlaß einer Satzung oder eines Verwaltungsaktes nur dann zu „ahnden“, wenn der Nachweis, daß sich der betreffende Fehler konkret auf die getroffene Entscheidung ausgewirkt hat, erbracht werden kann, zieht sich seit einiger Zeit, unterstützt durch die neue „Beschleunigungsgesetzgebung“, als roter Faden durch das gesamte Öffentliche Recht.[308] Der Wille des Gesetzgebers, der materiellen Sachrichtigkeit der Entscheidung einen deutlichen Vorrang vor der exakten Einhaltung des Verfahrens einzuräumen, ist offensichtlich.[309]

Die hohe Fehlerträchtigkeit von Satzungen und Rechtsverordnungen, bedingt durch komplizierte gesetzliche Anforderungen an ihr Zustandekommen und eine überzogene richterliche Kontrolle[310], haben schon früher das Bedürfnis nach einer Fehlerlehre für untergesetzliche Rechtsnormen hervorgerufen.[311]

b) Exkurs: Grundsatz der Planerhaltung

In letzter Zeit beherrscht der Gedanke von der Existenz eines ungeschriebenen Grundsatzes der Planerhaltung die verwaltungsrechtliche Diskussion.[312] *Hoppe,*[313] der neben *Sendler* der bedeutendste Fürsprecher des Grundsatzes der Planerhaltung ist, hat sich nicht darauf beschränkt, diesen Grundsatz mit dem Hinweis auf praktische Zwänge zur Schaffung einer erhöhten Bestandskraft untergesetzlicher Rechtsnormen zu rechtfertigen.[314] Vielmehr hat er den Versuch unternommen, den

---

[308] Vgl. hierzu nur die Neufassung des § 46 VwVfG, Genehmigungsverfahrensbeschleunigungsgesetz v. 12. 9. 1996, BGBl. I 1354.

[309] *Berkemann*, Horizonte rechtsstaatlicher Planung, FS für Schlichter, S. 27, 28.

[310] Vgl. dazu *Fechtrup/Wiedemeier*, Vergerichtlichung der Verwaltung aus kommunaler Sicht, FS für Menger, S. 797, 799 ff.

[311] Aufschlußreich dazu *Ossenbühl*, Eine Fehlerlehre für untergesetzliche Normen, NJW 1986, 2805; *Fechtrup/Wiedemeier*, Vergerichtlichung der Verwaltung aus kommunaler Sicht, FS für Menger, S. 797, 808.

[312] *Sendler*, Neue Entwicklungen bei Rechtsschutz und gerichtlicher Kontrolldichte im Planfeststellungsrecht, in: Kormann, Aktuelle Fragen der Planfeststellung, S. 9, 24 ff.; *Hoppe*, Erste Überlegungen zu einem „Grundsatz der Planerhaltung“, FS für Schlichter, S. 87; *Ders.*, Der Rechtsgrundsatz der Planerhaltung als Struktur- und Abwägungsprinzip, DVBl. 1996, 12; Ablehnend *Bartlsperger*, Das Abwägungsgebot in der Verwaltung als objektives und individualrechtliches Erfordernis konkreter Verhältnismäßigkeit, FS für Schlichter, S. 1, 6; *Ders.*, Planungsrechtliche Optimierungsgebote, DVBl. 1996, 1 ff.

[313] Während seiner 13jährigen Tätigkeit als Rechtsanwalt oft als Planzerfaserer- und -vernichter geschmäht, hat *Hoppe* nach eigenen Angaben eine bemerkenswerte Metamorphose vom Totengräber der Pläne zum (Plan)Lebensretter durchgemacht. Vgl. *Hoppe*, Der Rechtsgrundsatz der Planerhaltung als Struktur- und Abwägungsprinzip, in: Symposium zur Emeritierung von Werner Hoppe, S. 133, 134.

[314] *Hoppe*, Der Rechtsgrundsatz der Planerhaltung als Struktur- und Abwägungsprinzip, DVBl. 1996, 12, 13.

Grundsatz der Planerhaltung als ein der deutschen Rechtsordnung immanentes Prinzip der Erhaltung eines fehlerhaften Rechtsaktes zu konstituieren.[315]

Rückgriff nimmt *Hoppe* hierbei auf rechtserhaltende Regelungen im Zivilrecht, wie z.B. die geltungserhaltende Reduktion, die Abweichungen vom Grundsatz der Gesamtnichtigkeit des § 139 BGB und die zeitlose Formel des römischen Rechts: „Utile per inutile non vitiatur".[316]

Dieser leitende Gedanke der Rechtserhaltung läßt sich nach *Hoppe* im Öffentlichen Recht in einen Grundsatz der Planerhaltung transformieren.[317] Fraglich ist allerdings, auf welche Art und Weise ein solcher Grundsatz konstitiuiert werden kann und welchen Rechtscharakter er besitzen würde. *Hoppe* zeigt dafür zwei Wege auf: Zum einen obliege es der Verwaltungsgerichtsbarkeit, im Wege richterlicher Rechtsfortbildung ihrer Rechtsprechung ein Prinzip der Planerhaltung zugrundezulegen, was das *BVerwG* in einigen Entscheidungen ohnehin schon getan hätte,[318] zum anderen sei der Gesetzgeber aufgerufen, durch entsprechende materiellrechtliche Regelungen die Beachtung des Vorrangs der Planerhaltung vor der Planaufhebung sicherzustellen.[319]

---

[315] *Hoppe*, Erste Überlegungen zu einem „Grundsatz der Planerhaltung", FS für Schlichter, S. 87; *Ders.*, Der Rechtsgrundsatz der Planerhaltung als Struktur- und Abwägungsprinzip, DVBl. 1996, 12, 13, 14; *Ders.*, Der Rechtsgrundsatz der Planerhaltung als Struktur- und Abwägungsprinzip, in: Symposium zur Emeritierung von Werner Hoppe, S. 133.

[316] *Hoppe*, Erste Überlegungen zu einem „Grundsatz der Planerhaltung", FS für Schlichter, S. 87, 99.

[317] *Hoppe*, Der Rechtsgrundsatz der Planerhaltung als Struktur- und Abwägungsprinzip, DVBl. 1996, 12, 18.

[318] *Hoppe* benennt als Beispiel für eine i.S. der Planerhaltung judizierende Verwaltungsgerichtsbarkeit die *„Floatglas"*-Entscheidung des *BVerwG*, bei der ein Abwägungsdefizit infolge einer vertraglichen Vorabbindung für unerheblich erachtet wurde, und weiter die Annahme einer Teilnichtigkeit von Plänen zur Erhaltung des restlichen Planungsteils. Ausführlich zur *„Floatglas"*-Entscheidung des *BVerwG Schulze-Fielitz*, Das Flachglas-Urteil des Bundesverwaltungsgerichts, Jura 1992, 201.

[319] Eine Kommission unter dem Vorsitz von Professor *Schlichter* hat Vorarbeiten zu der Novellierung des Baugesetzbuches geleistet, das in überarbeiteter Form zum 1.1. 1998 in Kraft treten wird. Im Rahmen dieser Novellierung wurde von der Kommission auch geprüft, ob eine Normierung des Grundsatzes der Planerhaltung in das Baugesetzbuch Aufnahme finden sollte. Dies wurde von der Kommission jedoch abgelehnt, da die Fehlerfolgen nicht der Abwägung des Rechtsanwenders überantwortet werden sollten. Die Kommission befürwortet, die Ersetzung des Wortes „Wirksamkeitsvoraussetzungen" in den Überschriften vor § 200 BauGB und vor § 214 BauGB durch den Begriff der „Planerhaltung" zu ersetzen. Als Ausprägung des Gedankens der Planerhaltung schlägt die Kommission die Schaffung eines § 215a BauGB vor. Dessen Absatz 1 soll durch die Übernahme des § 215 III BauGB gebildet werden. Der § 215a II BauGB soll wie folgt lauten:

§ 215a (2) Sonstige Mängel eines Bauleitplans, die nicht nach §§ 214, 215 BauGB unbeachtlich sind und die durch ein ergänzendes Verfahren behoben werden können, führen nicht zur Nichtigkeit des Bauleitplans. Bis zur Behebung des Mangels durch ein ergänzendes Verfahren entfaltet der Bauleitplan keine Rechtswirkungen.

Stellungnahme:

Die Kreation des Prinzips der Planerhaltung trifft den Nerv einer Zeit, die der unüberschaubar und zum Teil auch (fehlerfrei) unanwendbar gewordenen Vielzahl gesetzlicher Regelungen mit dem Mittel der Relativierung und Abwertung von Verfahrensvorschriften begegnen will. Das Anliegen der Befürworter eines Planerhaltungsgrundsatzes ist klar umrissen: Aus überwiegend ökonomischen Gründen soll die Zahl der gerichtlichen Kassationen von Plänen verringert und dadurch die Rechtssicherheit erhöht werden. Diese praktisch erwünschte hohe Bestandskraft von Plänen soll durch die Begrenzung der Folgen formeller und materieller Mängel bei der Erstellung des Plans erreicht werden. Damit einher geht das (konkludente) Eingeständnis, daß die Verwaltung mit dem ihr von der Legislative zur Verfügung gestellten Normenapparat - in Verbindung mit der Auslegung durch die Rechtsprechung - überfordert ist und ihre Arbeit daher naturgemäß eine hohe Fehlerquote aufweist. Wenn eine Verwaltungstätigkeit mit geringer Fehlerträchtigkeit nicht möglich ist, gibt es zwei Reaktionsmöglichkeiten: zum einen die konsequente Deregulierung des geltenden Rechts, die eine vernünftige Handhabung der öffentlich-rechtlichen Normen ermöglicht, zum anderen eine Herabsetzung der Rechtmäßigkeitsanforderungen, d. h. die fehlende Sanktionierung von Fehlern formeller oder materieller Art.

Es bleibt die Wahl zwischen Ursachenbekämpfung und Behandlung der Symptome. Der Gesetzgeber scheint sich für letzteres entschieden zu haben. Erstaunlich ist, daß zur Herleitung eines das Öffentliche Recht durchdringenden Prinzips der Planerhaltung sogar Rückgriff auf römische zivilrechtliche Rechtsgrundsätze genommen werden muß (und damit auf eine Rechtsordnung, die weder Verfassung noch Öffentliches Recht kannte), während der Grundsatz der Planerhaltung sich heute allein an dem geltenden Grundgesetz messen lassen muß.

Aus der Verfassung entnimmt *Hoppe* auch das einzig überzeugende Argument für die Bejahung eines Planerhaltungsgrundsatzes: das rechtsstaatliche Prinzip der Rechtssicherheit. Bei der gerichtlichen Aufhebung von Plänen wegen eines formellen oder materiellen Fehlers wird häufig übersehen, daß, sozusagen als Kehr-

---

Vgl. dazu *Wagner*, Entwurf der Novelle des BauGB, DVBl. 1996, 708; *Dolde*, Novellierung des Baugesetzbuchs, NVwZ 1996, 209, 211; *Hoppe*, Der Rechtsgrundsatz der Planerhaltung als Struktur- und Abwägungsprinzip, DVBl. 1996, 12, 18 ff.

seite der Medaille, die den Antragsteller begünstigende Aufhebung des Planes die Benachteiligung vieler anderer Planbetroffener, die ein schutzwürdiges Vertrauen in den Bestand des Planes gesetzt haben, zur Folge hat.

Es gilt daher im Wege praktischer Konkordanz einen Ausgleich zwischen der Rechtmäßigkeit von Plänen und dem Erfordernis der Rechtssicherheit im Planbereich zu finden.[320] Fraglich ist allerdings, ob es für diesen Schluß der Existenz eines Planerhaltungsgrundsatzes als „offenes“ Struktur- und Abwägungsprinzip[321] bedarf, da die Wahrung der praktischen Konkordanz zwischen den Rechtsgütern ohnehin als verfassungsimmanentes Prinzip anerkannt ist.[322] Es fragt sich daher, ob die Begründung des Prinzips der Planerhaltung als konkrete Ausformung des das Öffentliche Recht durchdringenden Gedankens der Rechtserhaltung nicht nur zur dogmatischen Bemäntelung einer aus praktischen Gründen erwünschten Verwaltungsökonomie dient.

c) Nichtigkeit als Fehlerfolge bei Verwaltungsakten

Im Gegensatz zum Grundsatz der Nichtigkeit bei Fehlerhaftigkeit einer untergesetzlichen Rechtsnorm existiert für den Verwaltungsakt ein differenziertes System der Fehlerfolgen. Die Nichtigkeit eines Verwaltungsaktes wegen des Vorliegens eines Verfahrens- oder Formfehlers ist nur im Ausnahmefall gegeben.[323]

2. Rechtswidrigkeit[324] des fehlerhaften Verwaltungsaktes

Ein Verwaltungsakt, der gegen das materielle Recht verstößt, ist fehlerhaft und damit rechtswidrig.[325] Der materiell rechtswidrige[326] Verwaltungsakt ist wirksam,

---

[320] *Hoppe*, Erste Überlegungen zu einem „Grundsatz der Planerhaltung“, FS für Schlichter, S. 87, 111; *Ders.*, Der Rechtsgrundsatz der Planerhaltung als Struktur- und Abwägungsprinzip, DVBl. 1996, 12, 18.

[321] *Hoppe*, Der Rechtsgrundsatz der Planerhaltung als Struktur- und Abwägungsprinzip, DVBl. 1996, 12.

[322] *Sachs*, in: Sachs, GG, Einf. Rz. 50.

[323] *Erichsen*, in Erichsen, Allgemeines Verwaltungsrecht, § 15 Rz. 27.

[324] Ausführlich zum Begriff der Rechtswidrigkeit *Bettermann*, Über die Rechtswidrigkeit von Staatsakten, FS für Huber, S. 25.

[325] Vgl. statt aller, *Klappstein*, in: Knack, VwVfG, vor § 43 Rz. 5.2, 5.2.4; *Sachs*, in: Stelkens/Bonk/Sachs, VwVfG, § 44 Rz. 5.

[326] Entschieden gegen eine Verwendung der Begriffe formelle und materielle Rechtswidrigkeit des Verwaltungsaktes, *Bettermann*, Über die Rechtswidrigkeit von Staatsakten, FS für Huber, S. 25 mit dem Argument, daß die materielle und formelle Rechtswidrigkeit nicht deckungsgleich mit der Unterscheidung von materiellem Recht und Prozeßrecht seien und außerdem eine Abwertung bzw. eine Geringschätzung des Verfahrensrechts beinhalten.

wird aber nach Anfechtung durch eine klagebefugte Person von dem Verwaltungsgericht gemäß § 113 I S. 1 VwGO aufgehoben, wenn eine konkrete Rechtsverletzung vorliegt.[327]

Ein Verwaltungsakt, der unter Verletzung von Verfahrens - oder Formvorschriften zustande gekommen ist, ist ebenfalls fehlerhaft und formell rechtswidrig.[328]

Für die Folge der Rechtswidrigkeit des Verwaltungsaktes ist es ohne Bedeutung, ob ein formeller oder ein materieller Fehler vorliegt.[329] Eine (scheinbare) Ausnahme bilden die offenbaren Unrichtigkeiten im Verwaltungsakt gemäß § 42 VwVfG, deren Vorliegen keine Rechtswidrigkeit herbeiführt.[330] Die Unterscheidung zwischen formeller oder materieller Rechtswidrigkeit des Verwaltungsaktes ist aber hinsichtlich des Umfangs der Sanktionierung des Fehlers von Bedeutung. Anders als bei dem materiell rechtswidrigen Verwaltungsakt wird bei formeller Rechtswidrigkeit der Verwaltungsakt nicht in jedem Falle aufgrund der Anfechtung gerichtlich aufgehoben.[331]

a) Rechtswidrigkeitsfolgen

Bei der Feststellung der Folgen eines fehlerhaften und damit rechtswidrigen Verwaltungsaktes ist zwischen formellen und materiellen Mängeln zu differenzieren. Diese Differenzierung ergibt sich aus der herkömmlichen Aufteilung des Verwaltungsaktes in eine formelle und eine materielle Komponente und stößt dort an ihre Grenzen, wo ein formeller Fehler zugleich als materieller Fehler gewertet werden kann oder einen solchen zumindest indiziert.

aa) Materielle Rechtswidrigkeit

---

327 Voraussetzung für die Aufhebung des Verwaltungsaktes gemäß § 113 I S. 1 VwGO ist, daß der Kläger durch den rechtswidrigen Verwaltungsakt in seinen Rechten verletzt ist. Die Rechtswidrigkeit des Verwaltungsaktes ohne korrelierende Rechtsverletzung führt nicht zur Kassation.

328 Dies war früher strittig, wird jetzt aber allgemein anerkannt. Vgl. statt vieler *Hill*, Das fehlerhafte Verfahren und seine Folgen im Verwaltungsrecht, S. 394 ff.; *Hufen*, Fehler im Verwaltungsverfahren, Rz. 499.

329 *Hufen*, Fehler im Verwaltungsverfahren, S. 323, Rz. 500, 556; *Meyer*, Die Kodifikation des Verwaltungsverfahrens und die Sanktion für Verfahrensfehler, NVwZ 1986, 513, 516.

330 *Henneke*, in: Knack, VwVfG, § 42 Rz. 3; *Erichsen*, in: Erichsen, Allgemeines Verwaltungsrecht, § 15 Rz. 21.

331 *Klappstein*, in: Knack, VwVfG, vor § 43 Rz. 5.2.5; *Erichsen*, in: Erichsen, Allgemeines Verwaltungsrecht, § 15 Rz. 28.

Der materiell rechtswidrige Verwaltungsakt ist, wenn er nicht nichtig ist, wirksam, solange er bekanntgegeben und nicht widerrufen, anderweitig aufgehoben oder durch Zeitablauf oder auf andere Weise erledigt ist (§ 43 II VwVfG). Folge der Rechtswidrigkeit ist grundsätzlich die Anfechtbarkeit des betreffenden Verwaltungsaktes durch den Betroffenen. Dem Betroffenen wird zugemutet, innerhalb einer bestimmten Frist Rechtsschutz gegen den rechtswidrigen Verwaltungsakt zu erwirken.[332]

Nach § 113 I S. 1 VwGO ist ein Verwaltungsakt aufzuheben, wenn er rechtswidrig ist und den Betroffenen in eigenen Rechten verletzt. Eine materielle Rechtsgrundlage des Aufhebungsanspruchs findet sich weder im Verwaltungsverfahrensgesetz noch in der Verwaltungsgerichtsordnung. § 113 I S. 1 VwGO betrifft nur die prozessuale Durchsetzung des Aufhebungsanspruchs.[333]

Die Grundlage für die Aufhebung des rechtswidrigen Verwaltungsaktes ergibt sich direkt aus dem Verfassungsrecht, d. h. aus der Verpflichtung des Staates zu gesetzmäßigem Handeln gemäß Art. 20 III GG,[334] insbesondere aus dem Gesetzesvorbehalt und dem Prinzip des Vorrangs des Gesetzes. Die erlassende Behörde kann die Aufhebung des materiell fehlerhaften Verwaltungsaktes verhindern, wenn es ihr gelingt, den Mangel (nach Maßgabe des geltenden Rechts) noch im gerichtlichen Verfahren mit heilender Wirkung nachzubessern.[335]

bb) Formelle Rechtswidrigkeit

Auch der bei dem Erlaß eines Verwaltungsaktes unterlaufene Verfahrensfehler verstößt gegen geltendes Recht und damit gegen das Prinzip der Gesetzmäßigkeit der Verwaltung, Art. 20 III GG.[336] Im Gegensatz zu dem materiell rechtswidrigen Verwaltungsakt ist der mit einem formellen Fehler behaftete Verwaltungsakt zwar auch rechtswidrig und angreifbar, aber nicht regelmäßig allein wegen des Verfah-

[332] *Klappstein*, in: Knack, VwVfG, vor § 43 Rz. 5.2.5; *Hufen*, Fehler im Verwaltungsverfahren, S. 324 f., Rz. 504, 505.

[333] *Redeker/von Oertzen*, VwGO, § 113 Rz. 1; *Hufen*, Zur Systematik der Folgen von Verfahrensfehlern - eine Bestandsaufnahme nach zehn Jahren VwVfG, DVBl. 1988, 69, 73.

[334] *Redeker/von Oertzen*, VwGO, § 113 Rz. 1; *Hufen*, Zur Systematik der Folgen von Verfahrensfehlern, DVBl. 1988, 69, 71.

[335] Vgl. zur Nachbesserung materieller Fehler des Verwaltungsaktes die Ausführungen unten S. 102.

[336] *Hufen*, Zur Systematik der Folgen von Verfahrensfehlern - eine Bestandsaufnahme nach zehn Jahren VwVfG, DVBl. 1988, 69, 70.

rensfehlers von dem Verwaltungsgericht aufzuheben.[337] Dies war auch schon vor dem Inkrafttreten des Verwaltungsverfahrensgesetzes allgemein anerkannt.[338]

Es ist umstritten, in welchen Fällen der verfahrensfehlerhaft zustandegekommene Verwaltungsakt mit der gerichtlichen Aufhebung sanktioniert werden soll. Zu dieser Frage hat sich in Rechtsprechung und Lehre ein buntes Konvolut von Differenzierungen zwischen den einzelnen Verfahrensfehlern mit höchst uneinheitlicher Terminologie entwickelt. Auf diesem weiten Feld finden sich absolute und relative Verfahrensfehler, wesentliche und unwesentliche Verfahrensrechte sowie absolute und relative Anfechtungsgründe.[339]

Gemeinsamer Nenner dieser unterschiedlichen Ansätze ist, daß der Grundsatz der Sanktionierung des Verfahrensfehlers durch gerichtliche Kassation des Verwaltungsaktes relativiert wird. Der Zwang zur Relativierung der Aufhebung des verfahrensfehlerhaften Verwaltungsaktes hat auch im Verwaltungsverfahrensgesetz Spuren hinterlassen. Gesetzlich geregelte Einschränkungen der Aufhebbarkeit von Verwaltungsakten wegen des Vorliegens von Verfahrensfehlern stellen die Vorschriften der §§ 45 und 46 VwVfG dar.[340]

Nach den gesetzlichen Regelungen der §§ 45, 46 VwVfG kann ein verfahrensfehlerhafter Verwaltungsakt dann nicht gemäß § 113 I S. 1 VwGO aufgehoben werden, wenn der Verfahrensfehler durch Nachholung der versäumten Verfahrenshandlung geheilt worden, § 45 VwVfG, oder gemäß § 46 VwVfG unbeachtlich ist.

§ 46 VwVfG ist zwar keine Nachbesserungsnorm, da der fehlerhafte Verwaltungsakt im gerichtlichen Verfahren gerade nicht mehr verändert wird. Jedoch sollen Inhalt, Anwendungsbereich und Voraussetzungen kurz dargestellt werden,

---

[337] *Klappstein*, in: Knack, VwVfG, vor § 43 Rz. 5.2.5; *Badura*, in: Erichsen, Allgemeines Verwaltungsrecht, § 38 Rz. 31; *Schmidt-Aßmann*, Das Verwaltungsverfahren und seine Folgen, Revue europeenne de droit public 1993, 99, 113; a. A. *Hufen*, Zur Systematik der Folgen von Verfahrensfehlern, DVBl. 1988, 69, 73, mit dem Hinweis, daß der Gesetzgeber Kausalitätsvorstellungen im Bereich der Fehlerfolgen ausdrücklich ablehnt.

[338] Die eingeschränkte Sanktionierung von Verfahrensfehlern wird überwiegend mit der dienenden Funktion des Verfahrensrechts begründet. Vgl. die Nachweise bei *Sachs*, in: Stelkens/Bonk/Sachs, VwVfG, § 45 Rz. 3.

[339] *Bettermann*, Die Anfechtung von Verwaltungsakten wegen Verfahrensfehlern, FS für Ipsen, S. 271, 283; *Ders.*, Anfechtbare und nichtanfechtbare Verfahrensmängel, FS für Menger, S. 709, 716; gegen eine graduelle Einteilung der Verfahrensfehler, *Hufen*, Zur Systematik von Verfahrensfehlern - eine Bestandsaufnahme nach zehn Jahren VwVfG, DVBl. 1988, 69, 70.

[340] *Sachs*, in: Stelkens/Bonk/Sachs, VwVfG, § 45 Rz. 5.

da § 46 VwVfG ebenso wie § 45 VwVfG die Funktion hat, die Aufhebung eines verfahrensfehlerhaften Verwaltungsaktes zu verhindern.

3. Einschränkung des Aufhebungsanspruchs durch § 46 VwVfG

a) Inhalt

§ 46 VwVfG in der aktuellen Fassung[341] besagt, daß die Aufhebung eines nicht nichtigen Verwaltungsaktes, der unter Verletzung von Vorschriften über das Verfahren, die Form oder die örtliche Zuständigkeit zustande gekommen ist, jedenfalls dann nicht beansprucht werden kann, wenn offensichtlich ist, daß die Verletzung die Entscheidung in der Hauptsache nicht beeinflußt hat. Der letzte Halbsatz der Vorschrift wurde im Rahmen des Genehmigungsverfahrensbeschleunigungsgesetzes [GenBeschlG] eingefügt.[342]

Ziel des Gesetzes ist die Verkürzung der Dauer der Genehmigungsverfahren und damit die Förderung der Attraktivität des Wirtschaftsstandorts Deutschland.[343] In § 46 VwVfG a. F. war der Anspruch auf Aufhebung des Verwaltungsaktes lediglich dann gegeben, wenn die Verwaltung eine andere Entscheidung in der Sache hätte treffen können.[344]

b) Anwendungsbereich

§ 46 VwVfG ist auf alle wesentlichen Verfahrens- und Formfehler anwendbar, die nicht zur Nichtigkeit des Verwaltungsaktes gemäß § 44 VwVfG führen.[345] Eine Anwendung des § 46 VwVfG auf nach der Vorschrift des § 45 VwVfG geheilte Verwaltungsakte entfällt.[346]

Aus der in § 46 VwVfG a. F. verwandten Formulierung „*wenn keine andere Entscheidung hätte getroffen werden können*" wurde gefolgert, daß der Anwendungsbereich des § 46 VwVfG a. F. auf den Fall der (rechtlichen) Alternativlosigkeit

---

[341] Neu gefaßt durch das Genehmigungsverfahrensbeschleunigungsgesetz v. 12. 9. 1996, BGBl. I 1354.

[342] BGBl. I 1354

[343] Vgl. die Zielsetzung des Gesetzesentwurfs, BT-Drucks. 13/3995.

[344] Vgl. auch § 42 S. 2 SGBX; danach kann die Aufhebung eines Verwaltungsaktes allein deshalb beansprucht werden, weil die erforderliche Anhörung unterblieben oder nicht wirksam nachgeholt worden ist, auch wenn keine andere Entscheidung in der Sache hätte getroffen werden können. Dazu *Nehls*, Die Rechtsprechung des BSG zur Anhörung, NVwZ 1982, 494, 495.

[345] *Sachs*, in: Stelkens/Bonk/Sachs, VwVfG, § 46 Rz. 15.

[346] *Sachs*, in: Stelkens/Bonk/Sachs, VwVfG, § 46 Rz. 15.

der Entscheidung und damit auf Verwaltungsakte der (streng) gebundenen Verwaltung beschränkt war.[347] Bei einer Ermessensreduzierung auf Null wurde die Anwendung des § 46 VwVfG a. F. zum Teil für zulässig gehalten.[348]

Andere verneinten die Zulässigkeit mit der Begründung, daß bei der Entscheidung, ob sich das Ermessen der Behörde auf Null reduziert hat, auch Ermessenerwägungen der Behörde erfolgen.[349] Auch eine Anwendung des § 46 VwVfG a. F. auf Entscheidungen, bei denen der Verwaltung ein Beurteilungsspielraum zusteht, wurde nach h. M. wegen der strukturellen Ähnlichkeit zu einer Ermessensentscheidung abgelehnt.[350] Auf Verwaltungsentscheidungen, denen Normen mit unbestimmten Rechtsbegriffen zugrundeliegen, war nach überwiegender Meinung § 46 VwVfG a. F. allerdings voll anwendbar, obwohl derartige Entscheidungen ebenfalls eine deutliche Nähe zu den Ermessensentscheidungen aufweisen.[351]

Strittig war, ob die Anwendung des § 46 VwVfG a. F. auch die Kausalität des Verfahrensfehlers für die konkrete Entscheidung voraussetzte. Von der h. M. im Schrifttum wurde ein Kausalitätserfordernis abgelehnt[352], während das *BVerwG* für den Bereich des Planungsrechts in ständiger Rechtsprechung die Beachtlich-

---

347 So im wesentlichen die h. M.: *Klappstein*, in: Knack, VwVfG, § 46 Rz. 4; *Sachs*, in: Stelkens/Bonk/Sachs, VwVfG, § 46 Rz. 29; *Schoch*, Der Verfahrensgedanke im Allgemeinen Verwaltungsrecht, FS für Bachof, S. 21, 46; *Bettermann*, Die Anfechtung von Verwaltungsakten wegen Verfahrensfehlern, FS für Ipsen, S. 271, 276; *Ders.*, Anfechtbare und nichtanfechtbare Verfahrensmängel, FS für Menger, S. 709, 722; *Messerschmidt*, Zur Heilung und Folgenlosigkeit von Verfahrens- und Formfehlern, NVwZ 1985, 877, 879; *Roßnagel*, Verfahrensfehler ohne Sanktion, JuS 1994, 927, 931; *Schmitz/Wessendorf*, Das Genehmigungsverfahrensbeschleunigungsgesetz - Neue Regelungen im Verwaltungsverfahrensgesetz und der Wirtschaftsstandort Deutschland, NVwZ 1996, 955, 958; a. A. *Krebs*, Kompensation von Verwaltungsverfahrensfehlern durch gerichtlichen Rechtsschutz?, DVBl. 1984, 109, 112, der auf die rechtliche Bindung pflichtmäßigen Ermessens hinweist und keinen grundsätzlichen Unterschied zwischen gebundenen und Ermessensentscheidungen der Verwaltung sieht.

348 *Sachs*, in: Stelkens/Bonk/Sachs, VwVfG, § 46 Rz. 31.

349 *Klappstein*, in: Knack, VwVfG, § 46 Rz. 4.4; *Hufen*, Fehler im Verwaltungsverfahren, S. 394 Rz. 621.

350 *Sachs*, in: Stelkens/Bonk/Sachs, VwVfG, § 46 Rz. 32; *Hufen*, Fehler im Verwaltungsverfahren, S. 395 f., Rz. 622, 623; *Badura*, in: Erichsen, Allgemeines Verwaltungrecht, § 38 Rz. 35; *Klappstein*, in: Knack, VwVfG, § 46 Rz. 4.3.

351 *Sachs*, in: Stelkens/Bonk/Sachs, VwVfG, § 46 Rz. 33; a.A. *Klappstein*, in: Knack, VwVfG, § 46 Rz. 4.3; Vgl. auch die Ausführungen oben S. 36.

352 *Klappstein*, in: Knack, VwVfG, § 46 Rz. 4.1; *Bettermann*, Die Anfechtung von Verwaltungsakten wegen Verfahrensfehlern, FS für Ipsen, S. 271, 278; *Hufen*, Zur Systematik der Folgen von Verfahrensfehlern, DVBl. 1988, 69, 75; a. A. *Jäde*, Vereinfachungsprobleme des Anlagenzulassungsrechts, WiVerw 1995, 119, 155, 172.

keit des Verfahrensfehlers von dem Nachweis der Kausalität für die konkrete Entscheidung abhängig machte.[353]

c) § 46 VwVfG n. F.

Auf dieser Auffassung beruht jetzt auch die Neufassung des § 46 VwVfG: Die Formulierung „*wenn offensichtlich ist, daß die Verletzung die Entscheidung in der Sache nicht beeinflußt hat*" weist darauf hin, daß der Behörde die Wahl zwischen mehreren Entscheidungen offensteht und eine Entscheidungsalternativlosigkeit nicht vorliegt.[354]

Von einer Ausdehnung des Anwendungsbereichs des § 46 VwVfG n. F. auf Ermessensentscheidungen und Entscheidungen mit Beurteilungsermächtigung der Behörde ist nach dem Wortlaut des § 46 VwVfG n. F. daher auszugehen.[355]

Dies bestätigt auch die Amtliche Begründung zu der Neufassung des § 46 VwVfG. Dort heißt es: „*Durch die Neuformulierung des letzten Halbsatzes in § 46 VwVfG wird nicht mehr nur auf die Alternativlosigkeit des Entscheidungsinhalts, sondern auch auf die Kausalität des Verfahrens- oder Formfehlers für die Entscheidung abgestellt. Damit werden auch solche Ermessensentscheidungen erfaßt, in denen zwar keine Ermessensreduzierung auf Null vorliegt, in denen die Behörde aber bei Vermeidung des Verfahrens- oder Formfehlers dieselbe - materiell rechtmäßige - Entscheidung getroffen hätte.*"[356]

Der Verwaltungsakt wird von dem Gericht nicht aufgehoben, wenn der Verfahrens- oder Formfehler bzw. die fehlende örtliche Zuständigkeit das Sachergebnis offensichtlich in der Sache nicht beeinflußt hat. Das Merkmal der Offensichtlichkeit des Fehlers bezieht sich dabei auf die fehlende Kausalität des Fehlers für die konkrete Sachentscheidung.[357]

---

[353] Vgl. nur *BVerwG*, Urteile v. 21. 3. 1996 - 4 1.95 -, DVBl. 1996, 915, v. 21. 3. 1996 - 4 C 26.94 -, DVBl. 1996, 914, v. 21. 3. 1996 - 4 C 19.94 -, DVBl. 1996, 907, v. 8. 6. 1995 - 4 C 4.94 -, DVBl. 1995, 1012. Vgl. auch *Gerhardt*, in: Schoch/Schmidt-Aßmann/Pietzcker, VwGO, § 113 Rz. 29.

[354] *Stüer*, Die Beschleunigungsnovellen 1996, DVBl. 1997, 326, 330.

[355] *Redeker*, Neue Experimente mit der VwGO?, NVwZ 1996, 521, 522; *Stüer*, Die Beschleunigungsnovellen 1996, DVBl. 1997, 326, 330; *Schmitz/Wessendorf*, Das Genehmigungsverfahrensbeschleunigungsgesetz, NVwZ 1996, 955, 958.

[356] BT-Drucks. 13/3995, S. 8

[357] *Bonk*, Strukturelle Änderungen des Verwaltungsverfahrens durch das Genehmigungsverfahrensbeschleunigungsgesetz, NVwZ 1997, 320, 326.

aa) Kausalität des Fehlers

Im Gegensatz zu der früher vorausgesetzten Alternativlosigkeit der Entscheidung[358] muß für die Aufhebung des fehlerhaften Verwaltungsaktes gemäß § 46 VwVfG n. F. die tatsächliche Kausalität des Fehlers für die Sachentscheidung nachgewiesen werden.

Hier eröffnen sich Beweislastprobleme. Es ist anerkannt, daß trotz der Vorherrschaft der Untersuchungsmaxime im Verwaltungsprozeß eine materielle Beweislast existiert.[359] So gilt auch hier der Grundsatz des Zivilprozeßrechts, daß derjenige die Beweislast für eine Tatsache trägt, der aus ihr eine ihm günstige Rechtsfolge herleiten kann.[360]

Die Behörde muß also nachweisen, daß der ihr im Verfahren unterlaufene Fehler nicht ursächlich für die Sachentscheidung war. Dies wird ihr im Einzelfall bei Ermessensentscheidungen nicht schwerfallen, da sie sich darauf berufen wird, daß sie ihr Ermessen in jedem Fall genauso, d.h. mit gleichem Ergebnis, ausgeübt hätte.

Dem Betroffenen wird eine Widerlegung dieser Einlassung der Behörde fast unmöglich sein, da er keinen Einblick in den inneren Entscheidungsfindungsprozeß der Behörde hat. Die pauschale Behauptung der Behörde, auch bei ordnungsgemäßem Verfahren nicht anders entschieden zu haben, darf daher nicht als ausreichender Nachweis angesehen werden.[361]

Als Korrektiv für diesen erdrückenden Beweislastvorteil der Verwaltung kommt das Kriterium der Offensichtlichkeit in Betracht.

bb) Offensichtlichkeit

Offensichtlichkeit liegt vor, wenn der Einfluß des Verfahrensfehlers auf das Ergebnis für jeden erkennbar ist und „gleichsam ins Auge springt."[362] Die Offen-

---

[358] *Bettermann*, Anfechtbare und nichtanfechtbare Verfahrensmängel, FS für Menger, S. 709, 723; *Stüer*, Die Beschleunigungsnovellen 1996, DVBl. 1997, 326, 330.

[359] *Redeker/von Oertzen*, VwGO, § 108 Rz. 11; *Baur*, Einige Bemerkungen zur Bweislastverteilung im Verwaltungsprozeß, FS für Bachof, S. 285.

[360] *Thomas-Putzo*, ZPO, vor § 284 Rz. 23; *Redeker/von Oertzen*, VwGO; § 108 Rz. 12.

[361] So auch *Schmitz/Wessendorf*, Das Genehmigungsverfahrensbeschleunigungsgesetz, NVwZ 1996, 955, 958.

[362] *Schmitz/Wessendorf*, a.a.O., S. 955, 958.

sichtlichkeitsprüfung im Rahmen des § 46 VwVfG bezieht sich nicht auf die Existenz eines Fehlers bei dem Entscheidungsfindungsprozeß der Behörde, sondern auf die Kausalität des Fehlers für die Sachentscheidung.[363] Fraglich ist, ob der Begriff der Offensichtlichkeit weit oder restriktiv auszulegen ist.

cc) weite Auslegung

Eine weite Auslegung von „Offensichtlichkeit" führt dazu, daß die durch einen fehlerhaften Verwaltungsakt belasteten Personen in den seltensten Fällen eine Aufhebung des Verwaltungsaktes durch das Gericht erreichen können, da geringere Anforderungen an die Erkennbarkeit der Kausalität des Form - oder Verfahrensfehlers für die ergangene Entscheidung gestellt werden. Wenn ein Nichtberuhen der Verwaltungsentscheidung auf dem Form- oder Verfahrensfehler jeder einsichtigen Person sofort erkennbar ist, kommt eine Aufhebung des fehlerhaften Verwaltungsaktes nicht in Betracht.

Die Erfolgschancen des einen fehlerhaften Verwaltungsakt anfechtenden Bürgers hängen somit davon ab, ob das Gericht die Offensichtlichkeit der Kausalität bejaht oder verneint und dabei den Begriff der „Offensichtlichkeit" weit oder restriktiv auslegt.

Leitlinien zur Auslegung des Begriffs der „Offensichtlichkeit" in § 46 VwVfG n.F. existieren noch nicht. Man wird aber bei der Auslegung des Begriffs der „Offensichtlichkeit" i. S. des § 46 VwVfG n. F. an die zu dem Begriff der „Offensichtlichkeit" i. S. des § 75 I lit. a VwVfG entwickelten Kriterien anknüpfen können.

Nach § 75 I lit. a VwVfG sind Abwägungsfehler im Planfeststellungsverfahren nur dann erheblich, wenn sie offensichtlich und auf das Abwägungsergebnis von Einfluß gewesen sind. Das *BVerwG* hat einen offensichtlichen Mangel im Abwägungsvorgang dann bejaht, wenn „konkrete Umstände positiv und klar auf einen solchen Mangel hindeuten."[364] Nach seiner Auffassung reicht dagegen nicht aus,

---

[363] *Schmitz/Wessendorf*, a.a.O., S., 955, 958.

[364] *BVerwG*, Beschluß v. 29. 1. 1992 - 4 NB 22.90 -, UPR 1992, 193, 194.

daß lediglich das Vorliegen eines solchen Fehlers im Abwägungsvorgang nicht ausgeschlossen werden kann.[365]

Das *BVerwG* tendiert daher zu einer restriktiven Auslegung des Begriffs der „Offensichtlichkeit". Der Übertragung der Kriterien des *BVerwG* zur Offensichtlichkeit von Abwägungsmängeln auf den Begriff der „Offensichtlichkeit" i. S. des § 46 VwVfG steht auch nicht entgegen, daß sich die Offensichtlichkeit in § 75 I lit. a VwVfG auf Mängel des Abwägungsvorgangs und in § 46 VwVfG auf die Kausalität des Fehlers für die Sachentscheidung bezieht. Hinsichtlich der Anforderungen an die Erkennbarkeit des Abwägungsmangels i. S. des § 75 I lit. a VwVfG und die Erkennbarkeit der Kausalität des Verfahrensfehlers für die Entscheidung kann nichts anderes gelten, da auch § 75 I lit. a VwVfG neben der Offensichtlichkeit des Mangels im Abwägungsvorgang auf seine Kausalität für das Abwägungsergebnis abstellt.

dd) restriktive Auslegung

Bei strengen Anforderungen der Gerichte an die Voraussetzungen einer offensichtlichen fehlenden Kausalität des Form - oder Verfahrensfehlers für die Verwaltungsentscheidung sind die Chancen des betroffenen Bürgers, eine gerichtliche Aufhebung des Verwaltungsaktes zu erreichen, ungleich höher. In diesem Fall ist es dem Gericht oft unmöglich, die fehlende Kausalität des Fehlers für die erlassene Entscheidung eindeutig festzustellen, und es muß den angefochtenen Verwaltungsakt aufgrund des Mangels aufheben.

Die Verknüpfung der Unbeachtlichkeit des Verfahrensfehlers mit der Frage, ob sich der Mangel auf das konkrete Sachergebnis ausgewirkt hat, ist nicht neu. So vertritt unter anderem *Bettermann* die Auffassung, daß ein Verfahrensfehler dann nicht zur Aufhebung des Verwaltungsaktes führen könne, wenn er die Sachentscheidung nicht beeinflußt hat. *Bettermann* begründet dies mit der Überlegung, daß bei einer uneingeschränkten Beachtung des § 113 I S. 1 VwGO im Zusammenhang mit § 46 VwVfG a. F. ein nicht für die konkrete Entscheidung kausaler Verfahrensfehler auch keine subjektive Rechtsverletzung des Betroffenen bewirken könne. Kausalität soll nach der Auffassung von *Bettermann* immer dann vor-

---

[365] *BVerwG*, Beschluß v. 29. 1. 1992 - 4 NB 22.90 -, UPR 1992, 193, 194.

liegen, wenn der Verfahrensmangel potentiell geeignet war, die konkrete Entscheidung zu formen. Auf den Nachweis eines tatsächlichen ursächlichen Zusammenhangs zwischen dem Ermessensverwaltungsakt und dem Verfahrensmangel komme es nicht an.[366] Auf die Neufassung des § 46 VwVfG übertragen bedeutet dies, daß der Fehler immer dann die Sachentscheidung beeinflußt hat, wenn die konkrete Möglichkeit bestand, daß ohne ihn die Entscheidung anders ausgefallen wäre.

Hier werden sich in der Praxis Beweisprobleme ergeben, da es in vielen Fällen schwierig festzustellen ist, ob eine Kausalität vorliegt oder nicht. Bei der Entscheidung, ob ein Verfahrensverstoß unbeachtlich i. S. des § 46 VwVfG ist, ist die Grundrechtsbezogenheit des Verfahrensrechts zu berücksichtigen und nicht allein auf die Vertretbarkeit des Ergebnisses abzustellen.

---

[366] *Bettermann*, Die Anfechtung von Verwaltungsakten wegen Verfahrensfehlern, FS für Ipsen, S. 271, 287 ff.; Vgl. auch *Lerche*, Kernkraft und rechtlicher Wandel, S. 26 [Fn. 59].

D. Nachbesserungsmöglichkeiten der Behörde im Prozeß

Mit dem Erlaß des Verwaltungsaktes ist das Verwaltungsverfahren zwar abgeschlossen, die Behörde hat aber bei Vorliegen bestimmter Voraussetzungen die Möglichkeit, ein fehlerhaftes Verfahren nachzubessern und dadurch den Fehler zu heilen. Unter Nachbesserung des Verwaltungsaktes ist dabei jede (nachträgliche) Handlung der Behörde zu verstehen, die den Verwaltungsakt formell oder materiell rechtmäßig macht und gleichzeitig den Verfügungssatz nicht abändert.

I. § 45 VwVfG als zentrale Nachbesserungsnorm

In § 45 I VwVfG ist die Unbeachtlichkeit bestimmter Verfahrensfehler angeordnet, vorausgesetzt die unterbliebene Verfahrenshandlung wird von der Behörde nachgeholt.

Im Gegensatz zu § 46 VwVfG, der lediglich die Aufhebung des Verwaltungsaktes wegen des Verfahrensfehlers verhindert, erfordert die Heilung gemäß § 45 VwVfG also ein aktives Tätigwerden der Behörde.

1. Anwendungsbereich des § 45 VwVfG

§ 45 VwVfG regelt die Nachholbarkeit bestimmter formeller Verfahrenshandlungen. Materielle Fehler des Verwaltungsaktes können nicht gemäß § 45 VwVfG geheilt werden.[367] Hier ist allerdings zu beachten, daß bei Ermessensverwaltungsakten Verfahrensfehler oft (materielle) Ermessensfehler nach sich ziehen und eine klare Differenzierung wegen der fließenden Übergänge erschwert oder gar unmöglich ist.[368]

Auf diese Problematik der eindeutigen Abgrenzung von formellen und materiellen Fehlern bei Ermessensentscheidungen wird später bei der Erörterung der Grenzen der Nachbesserung noch einzugehen sein. Durch Nachholung der versäumten Ver-

---

[367] Vgl. statt aller *Sachs*, in: Stelkens/Bonk/Sachs, VwVfG, § 45 Rz. 1.

[368] *Hufen*, Zur Systematik der Folgen von Verfahrensfehlern, DVBl. 1988, 69, 71.

fahrenshandlung geheilt werden können nur Verwaltungsakte, die nicht nichtig i.S. des § 44 VwVfG sind.

a) Katalog der Verfahrens-und Formfehler

Nach § 45 I VwVfG ist eine Verletzung von Verfahrens- oder Formvorschriften unbeachtlich, wenn

1. der für den Erlaß des Verwaltungsaktes erforderliche Antrag nachträglich gestellt wird;

2. die erforderliche Begründung nachträglich gegeben wird;

3. die erforderliche Anhörung eines Beteiligten nachgeholt wird;

4. der Beschluß eines Ausschusses, dessen Mitwirkung für den Erlaß des Verwaltungsaktes erforderlich ist, nachträglich gefaßt wird;

5. die erforderliche Mitwirkung einer anderen Behörde nachgeholt wird.

Ein Teil der Literatur vertritt die Auffassung, daß § 45 I VwVfG einen abschließenden Katalog der heilbaren Verfahrens-und Formfehler aufstellt, der eine Ausdehnung der Heilungsmöglichkeit auf andere Verfahrensmängel nicht zuläßt[369], während von anderer Seite die Anwendbarkeit des § 45 VwVfG auch auf andere als die in § 45 VwVfG genannten Fehler ausgedehnt wird.[370]

Eine Beschränkung der nachholbaren Verfahrenshandlungen auf die in § 45 I VwVfG genannten Verfahrens- und Formfehler ist nicht nachvollziehbar, da die Zulässigkeit der Nachholung nicht von der Aufnahme der Handlung in den Katalog des § 45 VwVfG abhängen kann, sondern es vielmehr darauf ankommt, ob durch die nachträgliche Vornahme der Handlung die Verfahrensrechte des Betroffenen in gleichem Maße gewahrt werden können wie bei der ursprünglichen Beachtung der Verfahrensvorschriften.

§ 45 I VwVfG enthält schließlich keine generelle Aussage dahingehend, daß ausschließlich im Katalog des § 45 I VwVfG enthaltene Verfahrens- und Formfehler

---

369 *Klappstein*, in: Knack, VwVfG, § 45 Rz. 2.8, 3; *Ule/Laubinger*, Verwaltungsverfahrensrecht, § 58 Rz. 14; *Bettermann*, Die Anfechtung von Verwaltungsakten wegen Verfahrensfehlern, FS für Ipsen, S. 271, 275.

370 Vgl. *BVerwG*, Urteil v. 18. 10. 1983 - 1 C 13/81 -, NVwZ 1984, 578, 579; *Sachs*, in: Stelkens/Bonk/Sachs, VwVfG, § 45 Rz. 72.

einer Heilung durch Nachholung der Verfahrenshandlung zugänglich sind. Vielmehr ist § 45 I VwVfG so zu verstehen, daß er die grundsätzliche Heilungsmöglichkeit von Verfahrens- und Formfehlern nicht einschränkt, sondern nur für die in § 45 I VwVfG genannten Fehler des Verwaltungsaktes eine zeitliche Grenze, innerhalb derer eine Heilung zulässig ist, aufstellt.[371]

Mit der Erweiterung der zeitlichen Begrenzung des § 45 II VwVfG n. F. auf den Abschluß des verwaltungsgerichtlichen Verfahrens verliert diese Unterscheidung aber ihre Bedeutung, da in jedem Fall die Nachbesserung von Verfahrens- und Formfehlern des Verwaltungsaktes zwingend vor dem Prozeßende erfolgen muß.

b) Wirkung der Nachholung der versäumten Verfahrenshandlung

Mit der Nachholung der erforderlichen Verfahrenshandlung tritt die Heilung des rechtswidrigen Verwaltungsaktes ein.

Rechtsfolge der Heilung ist, daß der wegen des Verfahrensfehlers rechtswidrige Verwaltungsakt rechtmäßig wird.[372] oder als rechtmäßig anzusehen ist.

Strittig ist allerdings, in welchem Zeitpunkt die Rechtmäßigkeit des Verwaltungsaktes eintritt, d.h., ob der geheilte Verwaltungsakt als von Anfang an rechtmäßig anzusehen ist oder ob die Heilungswirkung erst im Zeitpunkt der Vornahme der Verfahrenshandlung eintritt.

Die Wirkung der Heilung ex tunc wird damit begründet, daß der Wortlaut des § 45 I S. 1 VwVfG „eine Verletzung von Verfahrens- oder Formvorschriften ist unbeachtlich....“auf eine Rückwirkung der Heilung hindeutet, da ansonsten die Formulierung „...wird unbeachtlich...“ verwendet worden wäre.[373] Die Vertreter der Gegenansicht verweisen darauf, daß weder der Wortlaut noch die Entste-

---

[371] So auch die Praxis des *BVerwG*, das schon vor der zeitlichen Erweiterung des § 45 II VwVfG n. F. die nachträgliche Anhörung (gemäß § 29 I Nr. 4 BNatSchG) eines Verfahrensbeteiligten während des gerichtlichen Verfahrens für zulässig erachtet hat. Vgl. dazu *BVerwG*, Urteil v. 31. 10. 1990 - 4 C 7.88 -, BVerwGE 87, 62, 76, Urteil v. 14. 12. 1990 - 7 C 5.90 -, BVerwGE 87, 241; Vgl. auch *Sachs*, in: Stelkens/Bonk/Sachs, VwVfG, § 45 Rz. 72; *Klappstein*, in: Knack, VwVfG, § 45 Rz. 3; a. A. *Meyer*, Die Kodifikation des Verwaltungsverfahrens und die Sanktion für Verfahrensfehler, NVwZ 1986, 513, 519.

[372] Vgl. statt aller *Ule/Laubinger*, Verwaltungsverfahrensrecht, § 58 Rz. 16; *Klappstein*, in: Knack, VwVfG, § 45 Rz. 2.5; *Sachs*, in: Stelkens/Bonk/Sachs, VwVfG, § 45 Rz. 11; *Hill*, Das fehlerhafte Verfahren und seine Folgen im Verwaltungsrecht, S. 98.

[373] *Ule/Laubinger*, Verwaltungsverfahrensrecht, § 58 Rz. 16.

hungsgeschichte der Vorschrift den Schluß auf eine Rückwirkung der Heilung zulassen.[374]

Es ist von einer Heilung ex tunc auszugehen, da es Sinn und Zweck der Regelung ist, den Verwaltungsakt situativ so zu stellen, als ob der Verwaltungsakt von Anfang an rechtmäßig gewesen sei.[375] Allgemein wird die Rechtmäßigkeit eines Verwaltungsaktes aber im Zeitpunkt seiner Erlasses bzw. im Zeitpunkt des Ergehens des Widerspruchsbescheids beurteilt.[376] Die Annahme einer Heilungswirkung ex nunc könnte zumindest bei der Heilung eines Verfahrensfehlers im Anfechtungsprozeß gemäß § 45 I, II VwVfG im Widerspruch zu dem maßgeblichen Zeitpunkt für die Beurteilung der Sach- und Rechtslage stehen. Auf diese Problematik wird unten noch näher einzugehen sein.[377]

c) Zeitliche Begrenzung der Heilung

Nach § 45 II VwVfG a. F. war die Heilung des Verwaltungsaktes durch Nachholung der versäumten Verfahrenshandlung nur in dem Zeitraum bis zum Abschluß des Vorverfahrens oder, falls die Durchführung eines solchen entbehrlich war, bis zur Erhebung der verwaltungsgerichtlichen Klage zulässig.

Diese zeitliche Beschränkung des § 45 II VwVfG a. F. wurde von dem Gesetzgeber wie folgt begründet: ..... "*Während der für den Erlaß eines Verwaltungsaktes erforderliche Antrag auch noch bis zum Abschluß eines verwaltungsgerichtlichen Verfahrens nachgeholt werden kann, sollen die in Absatz 1 Nr. 2 bis 5 genannten Verfahrensmängel - teilweise abweichend von der bisherigen herrschenden Verwaltungsrechtslehre, aber aus Gründen einer vertieften Auffassung vom Wesen des Rechtsstaatsprinzips - künftig nur bis zur Erhebung der verwaltungsgerichtlichen Klage bzw. nur bis zum Abschluß eines durchzuführenden Vorverfahrens geheilt werden können. Für die erforderliche Begründung folgt dies aus der Erwägung, daß der Betroffene vor Erhebung einer Klage anhand der ihm gegebenen*

---

[374] *Meyer/Borgs*, VwVfG, § 45 Rz. 12; *Kopp*, VwVfG, § 45 Rz. 12; *König/Meins*, BayVwVfG, Art. 45 Rz. 4; *Hill*, Das fehlerhafte Verfahren und seine Folgen im Verwaltungsrecht, S. 98.

[375] Allerdings schließt die Annahme einer Heilung mit Wirkung ex tunc nicht aus, daß in einem anderen Verfahren, denselben Verwaltungsakt betreffend, auf den (rechtswidrigen) Zustand des Verwaltungsaktes vor der Heilung abgestellt werden kann. Relevant wird dies vor allem bei der Geltendmachung von Amtshaftungsansprüchen. Vgl. dazu *Sachs*, in: Stelkens/Bonk/Sachs, VwVfG, § 45 Rz. 12.

[376] *Klappstein*, in: Knack, VwVfG, § 45 Rz. 2.5.

[377] Vgl. dazu die Ausführungen unten S. 125.

Begründung prüfen können muß, ob er ein gerichtliches Verfahren überhaupt einleiten soll. Die Rechtmäßigkeit eines Verwaltungsaktes kann in der Regel, zumal bei Ermessensentscheidungen, erst nach Kenntnis der den Verwaltungsakt tragenden Gründe nachgeprüft werden. Den Betroffenen auf die Möglichkeit zu verweisen, die Gründe erst nach Einleitung eines verwaltungsgerichtlichen Verfahrens zu erfahren, geht heute nicht mehr an..... "[378]

Der Gesetzgeber stützte seine Begründung der zeitlichen Begrenzung des § 45 II VwVfG a. F. überwiegend auf das Rechtsstaatsprinzip und Aspekte des Rechtsschutzes des Betroffenen.

In der Begründung des Gesetzesentwurfs zu § 45 II VwVfG n. F. finden diese Gesichtspunkte keine Beachtung mehr. In der Amtlichen Begründung zu § 45 II VwVfG wird nur noch lapidar festgestellt: „*Schon bisher konnte die Verwaltung Verfahrens- und Formfehler bis zum Abschluß eines Vorverfahrens oder, falls ein Vorverfahren nicht stattfindet, bis zur Erhebung der verwaltungsgerichtlichen Klage heilen. Die neue Regelung erweitert diese Möglichkeiten dadurch, daß sie eine Heilung bis zum Abschluß des Verwaltungsprozesses erlaubt. Den berechtigten Belangen des Klägers wird dadurch Rechnung getragen, daß das Gericht die erst im verwaltungsgerichtlichen Verfahren erfolgte Heilung bei der Kostenentscheidung berücksichtigt.* "[379]

d) Erweiterung des zeitlichen Heilungsrahmens

§ 45 II n. F. VwVfG erweitert den zeitlichen Heilungsrahmen und läßt die Nachholung der erforderlichen Verfahrenshandlung bis zum Abschluß eines verwaltungsgerichtlichen Verfahrens zu.[380] Nach dem Willen des Gesetzgebers soll eine Verfahrenshandlung künftig auch noch in der Revisionsinstanz nachgeholt werden können; eine Beschränkung der Nachholungsmöglichkeit auf die Tatsacheninstanzen wurde nicht vorgesehen.[381] Die in § 45 II VwVfG getroffene Regelung würde

---

[378] Vgl. BT-Drucks. 7/910, S. 65 f.

[379] Vgl. BT-Drucks. 13/3995, S. 8

[380] Art. 1 Nr. 3 des Gesetzes zur Beschleunigung von Genehmigungsverfahren v. 12. 9. 1996, BGBl I S. 1354.

[381] In seiner Stellungnahme zum Entwurf des GenBeschlG hat der Bundesrat eine Beschränkung der Nachholmöglichkeit auf den Zeitraum bis zur letzten Tatsacheninstanz gefordert, vgl. BR-Drucks. 13/3995, S. 11. Hauptargument für diese Beschränkung war, daß im Zeitpunkt der Nachholung das Verwaltungshandeln vom Gericht bei seiner Entscheidung noch tatsächlich berücksichtigt werden kann. In der Revisionsinstanz sei dies nicht mehr der Fall, da hier aufgrund eines feststehenden Sachverhalts nur noch

dann eine Ausnahme von § 137 II VwGO, der die Bindung des Revisionsgerichts an die in den Tatsacheninstanzen getroffenen Feststellungen normiert, darstellen.[382] Eine Nachholung der Anhörung in der Revisionsinstanz ist jedoch ausgeschlossen, da nach § 1 II VwVfG inhaltlich abweichende Vorschriften der Verwaltungsgerichtsordnung Vorrang vor den Bestimmungen des Verwaltungsverfahrensgesetzes besitzen.[383] Diese Konsequenz entspricht dem Normbefehl des § 137 II VwGO und wird der Funktion der Anhörung gerecht, die dem Betroffenen vor allem auch die Möglichkeit der Einflußnahme auf die behördliche Entscheidung gewähren soll. Unter die Möglichkeit der Einflußnahme fällt daher auch die Darstellung des Sachverhalts aus der Sicht des Betroffenen, die die behördliche Sachverhaltsermittlung unterstützt.[384] In nicht wenigen Fällen trägt der Betroffene durch seine Informationen dazu bei, den von der Behörde festgestellten Sachverhalt zu komplettieren oder zu modifizieren. Diese Möglichkeit bliebe dem Betroffenen bei einer Nachholung der Anhörung erst in der Revisionsinstanz aber verwehrt, da das Revisionsgericht seine Entscheidung auf den in den Tatsacheninstanzen ermittelten Sachverhalt gründet.[385] Dem Revisionsgericht steht zwar die Möglichkeit der Zurückverweisung der Sache an die Tatsacheninstanz zur Berücksichtigung des Anhörungsergebnisses im Rahmen der Sachverhaltsermittlung offen;[386] dieses zeitintensive Vorgehen kann aber nicht Sinn und Zweck einer Regelung der „Beschleunigungsgesetzgebung"[387] sein.

Rechtsfragen geprüft würden. Für eine Beschränkung der Heilungsmöglichkeiten auf die letzte Tatsacheninstanz auch der Bundestagsausschuß für Umwelt, Naturschutz und Reaktorsicherheit, Ausschußdrucksachen 13/271, Teile I bis VI und 13/272.

[382] So *Schmitz/Wessendorf*, Das Genehmigungsverfahrensbeschleunigungsgesetz - Neue Regelungen im Verwaltungsverfahrensgesetz und der Wirtschaftsstandort Deutschland, NVwZ 1996, 955, 957, m. w. N.; kritisch *Lotz*, Sechstes Gesetz zur Änderung der Verwaltungsgerichtsordnung, BayVBl. 1997, 257, 264; *Oberrath/Hahn*, Ende des effektiven Rechtsschutzes? Die Änderungen der VwGO und des VwVfG, VBlBW 1997, 241.

[383] Vgl. dazu *Bonk*, in: Stelkens/Bonk/Sachs, VwVfG, § 1 Rz. 116; *Bracher*, Nachholung der Anhörung bis zum Abschluß des verwaltungsgerichtlichen Verfahrens?, DVBl. 1997, 534, 536; *Lotz*, Sechstes Gesetz zur Änderung der Verwaltungsgerichtsordnung, BayVBl. 1997, 257, 264.

[384] Vgl. dazu auch *Bonk*, in: Stelkens/Bonk/Sachs, VwVfG, § 28 Rz. 3; *Clausen*, in: Knack, VwVfG, § 28 Rz. 2.2.

[385] *Redeker/von Oertzen*, VwGO, § 137 Rz. 15, 17.

[386] *Redeker/von Oertzen*, VwGO, § 144 Rz. 6.; So auch *Bonk*, Strukturelle Änderungen des Verwaltungsverfahrens durch das Genehmigungsverfahrensbeschleunigungsgesetz, NVwZ 1997, 320, 324 [Fn. 37].

[387] § 45 II VwVfG ist Bestandteil des Genehmigungsverfahrensbeschleunigungsgesetzes, das sich die Förderung der Attraktivität des Standorts Deutschland durch die Beschleunigung der Genehmigungsverfahren als Ziel gesetzt hat. Der beschleunigten Durchführung des Genehmigungsverfahrens korrespondiert die Straffung des sich in vielen Fällen anschließenden gerichtlichen Anfechtungsverfahrens. Vgl. die Amtliche Begründung zu dem GenBeschlG, BT-Drucks. 13/3995, S. 7.

Durch die Ausdehnung des zeitlichen Rahmens der Heilungsmöglichkeit des § 45 VwVfG existiert erstmalig eine gesetzliche Grundlage, die der Behörde eine Nachbesserung des Verwaltungsaktes während des laufenden Prozesses ermöglicht.[388] Es ist angebracht, von einer behördlichen Nachbesserungsmöglichkeit zu sprechen, da es sich bei den in § 45 I VwVfG aufgeführten Tatbeständen mit Ausnahme der Nachholung der Antragstellung ausschließlich um von der Behörde zu beachtende Verfahrensvorschriften handelt.

Die nachträgliche Stellung eines für den Erlaß des Verwaltungsaktes erforderlichen Antrags war schon bei § 45 VwVfG a. F. von der zeitlichen Sperre des § 45 II VwVfG a. F. befreit und durfte daher auch noch während des laufenden gerichtlichen Verfahrens nachgeholt werden.[389]

Für den betroffenen Bürger stellt die Neufassung des § 45 VwVfG keine Verbesserung seiner Rechtsschutzmöglichkeiten dar.

Bei § 45 VwVfG handelt es sich daher um die zentrale Nachbesserungsnorm für Verfahrens- und Formfehler von Behördenentscheidungen. Im Zuge der 6. VwGO-Novelle vom 1. 11. 1996[390] wurde die Verwaltungsgerichtsordnung um zwei Vorschriften (§§ 87 I S. 2 Nr. 7 und 94 S. 2) zur prozessualen Durchsetzung der behördlichen Nachbesserung gemäß § 45 VwVfG ergänzt. Damit sind erstmals auch die Verwaltungsgerichte in die (behördliche) Fehlerheilung miteinbezogen. Das Gericht kann das Verfahren auf Antrag einer der Parteien oder eines Beigeladenen aussetzen, wenn es die Nachbesserung des fehlerhaften Verwaltungsaktes im Interesses der Verfahrenskonzentration für sachdienlich erachtet.[391]

2. Nachholung der Anhörung im Verwaltungsprozeß nach bisherigem Recht

---

[388] Vgl. *Arnold*, Vereinheitlichung des Verwaltungsverfahrensrechts in der EG, EuR - Beiheft - 1995, 7, 32, der für das europäische Verwaltungsverfahrensrecht eine Heilungsmöglichkeit des Verfahrensfehlers im Prozeß verneint. Anders der *EuGH* in Rs. 85/76 (Hoffmann-La Roche ./. Kommission), Slg. 1979, S. 461 ff., 512, zitiert nach *Schwarze*, Europäisches Verwaltungsrecht, S. 1370 Fn. 12.

[389] Kritisch dazu *Bettermann*, der es für unzulässig hält, daß bei einer Anfechtung des Verwaltungsaktes durch beschwerte Dritte der begünstigte Antragsteller durch nachträgliche Stellung des Antrags den Anfechtenden die zunächst begründete Anfechtungsklage aus der Hand schlagen kann. Vgl. *Bettermann*, Die Anfechtung von Verwaltungsakten wegen Verfahrensfehlern, FS für Ipsen, S. 271, 275.

[390] BGBl I 1626.

[391] BT-Drucks. 13/5098.

§ 45 II VwVfG a. F. begrenzte die Nachholung der Anhörung ausdrücklich auf das Widerspruchsverfahren bzw. den Zeitraum bis zur Erhebung der verwaltungsgerichtlichen Klage.

a) Neuerlaß des Verwaltungsaktes

Der einzige Weg für die Behörde, eine drohende Aufhebung des wegen eines Anhörungsfehlers rechtswidrigen Verwaltungsaktes zu vermeiden, war die Nachholung der Anhörung und der Erlaß eines Zweitbescheids, dessen Begründung den Verfügungssatz des ursprünglichen Verwaltungsaktes unter Einbeziehung der durch die Anhörung erzielten Erkenntnisse bestätigte.[392] Durch den Erlaß des Zweitbescheids wurde der ursprüngliche Verwaltungsakt in der Regel gegenstandslos. Dem Anfechtungskläger verbleiben zwei Möglichkeiten: Er konnte im Wege der Klageänderung gegen den neuen Bescheid vorgehen[393] oder aber die Klage gegen den ursprünglichen Verwaltungsakt für erledigt erklären. Ein derartiges Wahlrecht des Klägers existiert nach der neuen Fassung des § 45 II VwVfG nicht mehr.[394] Der Behörde, die nunmehr die Anhörung im Prozeß nachholen kann, bleibt der Erlaß eines Zweitbescheids erspart.

b) Beschleunigungswirkung des § 45 II VwVfG n. F.

Fraglich ist allerdings, ob dies eine reelle Einsparung von Zeit und Ressourcen der Verwaltung bedeutet, da die Behörde auch bei der Nachholung der Anhörung im Verwaltungsprozeß dem Betroffenen erläutern muß, warum sie auch unter Berücksichtigung der in der Anhörung gewonnenen Erkenntnisse an ihrer Entscheidung festhält.[395] Es kann aber dahingestellt bleiben, ob die Neuregelung des § 45 II VwVfG geeignet ist, das angestrebte Ziel der Verfahrensbeschleunigung zu erreichen, da die Beantwortung dieser Frage keine direkte Aussage über die Verein-

[392] § 45 II VwVfG hindert die Behörde nicht daran, während des Prozesses den fehlerhaften Verwaltungsakt aufzuheben und durch einen fehlerfreien, inhaltsgleichen neuen Verwaltungsakt zu ersetzen. Vgl. *BVerwG*, Urteil v. 18. 5. 1990 - 8 C 48.88 -, BVerwGE 85, 163, 166, *BVerwG*, Urteil v. 14. 12. 1990 - 7 C 5.90 -, BVerwGE 87, 241, 244.

[393] Dazu *Schenke*, „Reform ohne Ende"-Das Sechste Gesetz zur Änderung der VwGO und anderer Gesetze, NJW 1997, 81, 90.

[394] So auch *Bracher*, Nachholung der Anhörung bis zum Abschluß des verwaltungsgerichtlichen Verfahrens?, DVBl. 1997, 534, 536.

[395] Kritisch zu dem Beschleunigungseffekt des § 45 II VwVfG n. F. auch *Eckert*, Beschleunigung von Planungs- und Genehmigungsverfahren, S. 58 ff.; *Bracher*, Nachholung der Anhörung bis zum Abschluß des verwaltungsgerichtlichen Verfahrens?, DVBl. 1997, 534, 537.

barkeit der Vorschrift mit dem grundrechtlich verbürgten Rechtsschutzanspruch des Bürgers zu geben vermag. Etwas anderes gilt nur dann, wenn sich die Neuregelung als von vornherein untauglich zur Erreichung des Beschleunigungseffekts erweist; in diesem Fall ist ihre verfassungsrechtliche Zulässigkeit in Frage gestellt.[396] Hier stehen aber die Fragen der verfassungsrechtlichen Zulässigkeit der Nachbesserungsvorschriften unter dem Aspekt der Rechtsschutzgarantie des Art. 19 IV GG im Mittelpunkt.[397]

3. Spezifische Funktion der Verfahrensrechte bei Ermessensverwaltungsakten

a) Anwendbarkeit des § 45 VwVfG auf Verfahrensfehler bei gebundenen und Ermessensentscheidungen

§ 45 VwVfG ermächtigt zur Nachholung einer im Katalog des § 45 I VwVfG genannten, von der Behörde versäumten Verfahrenshandlung, unabhängig davon, ob es sich bei der verfahrensfehlerhaften Entscheidung um eine gebundene oder eine Ermessensentscheidung handelte.

Jedoch ist insbesondere bei der Nachholung der Begründung gemäß § 45 I Nr. 2 VwVfG und der Nachholung der Anhörung nach § 45 I Nr. 3 VwVfG für die Zulässigkeit der Heilung die besondere Funktion dieser beiden Verfahrensrechte bei dem Erlaß des Ermessensverwaltungsaktes zu berücksichtigen. Die Untersuchung konzentriert sich daher auf die Darstellung der Problematik der Nachholung der Begründung und der Anhörung des Betroffenen während des laufenden verwaltungsgerichtlichen Verfahrens.

b) Begründung

aa) Allgemeine Funktion

Die Begründung des Verwaltungsaktes soll dem Betroffenen die wesentlichen Gründe für die Entscheidung übermitteln und ihn von der Rechtmäßigkeit der Entscheidung überzeugen (Befriedungsfunktion).[398] Erst anhand der Begründung kann der Betroffene seine Chancen, gegen den Verwaltungsakt mit Erfolg Wider-

---

[396] *Bullinger*, Beschleunigte Genehmigungs- und Planungsverfahren für eilbedürftige Vorhaben, in: Blümel/Pitschas, Reform des Verwaltungsverfahrensrechts, S. 127, 134.

[397] Vgl. dazu die Ausführungen unten S. 144.

[398] *Henneke*, in: Knack, VwVfG, § 39 Rz. 2.2.

spruch oder Anfechtungsklage zu erheben, richtig einschätzen (Rechtsschutzfunktion).[399] Die Begründung definiert den Regelungsgegenstand des Verwaltungsaktes und damit den gerichtlichen Streitgegenstand (Klarstellungs- und Beweisfunktion).[400] Zuletzt ermöglicht die Begründung auch der Behörde selbst oder der Widerspruchsbehörde, ihre Entscheidung kritisch zu überprüfen (Kontrollfunktion).[401]

bb) Spezifische Funktion der Begründung

Nach § 39 I S. 3 VwVfG sind bei der Begründung des Ermessensverwaltungsaktes auch die Gesichtspunkte anzugeben, von denen die Behörde bei der Ausübung ihres Ermessens ausgegangen ist.[402]

Die Bedeutung der oben genannten Funktionen der Begründung des Verwaltungsaktes wächst bei dem Vorliegen eines Ermessensverwaltungsaktes oder einer sonstigen Entscheidung mit behördlichem Entscheidungs- oder Gestaltungsfreiraum.

Das Charakteristikum der Ermessensentscheidung, die Tatsache, daß der Behörde Entschließungs- und/oder Auswahlermessen zukommt, hat zur Folge, daß der Betroffene, um die Entscheidung der Behörde zu verstehen und für sich akzeptieren zu können, verstärkt auf das Vorhandensein einer adäquaten Begründung des Verwaltungsaktes angewiesen ist.[403] Im Gegensatz dazu ist das Interesse des Betroffenen an der Begründung eines streng gebundenen Verwaltungsaktes eher geringer, da hier der Behörde kein Handlungsspielraum zustand und der Verwaltungsakt bei Vorliegen der Tatbestandsvoraussetzungen von der Behörde zwingend erlassen werden mußte.[404] Ein derartiger Handlungszwang der Behörde ist für den Betroffenen leichter zu akzeptieren, da der Behörde keine Handlungsalternative offenstand.

---

[399] *Henneke*, in: Knack, VwVfG, § 39 Rz. 2.2.

[400] *Henneke*, in: Knack, VwVfG, § 39 Rz. 2.2.

[401] *Henneke*, in: Knack, VwVfG, § 39 Rz. 2.2; *Kopp*, Verfassungsrecht und Verwaltungsverfahrensrecht, S. 90 f.

[402] Dazu *Ule/Laubinger*, Verwaltungsverfahrensrecht, § 52 Rz. 4.

[403] *Bettermann*, Über die Rechtswidrigkeit von Staatsakten, FS für Huber, S. 25, 47; *Rupp*, Nachschieben von Gründen im verwaltungsgerichtlichen Verfahren, S. 37.

[404] Ähnlich *Mandelartz*, DVBl. 1983, 112, 115 zu dem Interesse des Betroffenen an der Begründung eines Absehens der Behörde von der Anhörung gemäß § 28 II VwVfG.

Auch die Rechtsschutzfunktion der Begründung tritt bei dem Erlaß von Ermessensverwaltungsakten weitaus stärker in den Vordergrund, da die Rechtmäßigkeit der Ermessensentscheidung nicht völlig unabhängig von der Begründung beurteilt werden kann, während es bei einem streng gebundenen Verwaltungsakt allein auf seine Übereinstimmung mit der objektiven Rechtslage ankommt.[405] Zudem kann die fehlende oder unvollständige Begründung eines Ermessensverwaltungsaktes ein Indiz dafür sein, daß die erlassende Behörde ihr Ermessen nicht oder nur mangelhaft ausgeübt hat und daher neben der formell fehlerhaften Begründung auch ein materieller Ermessensfehler der Behörde vorliegt, der nicht gemäß § 45 I Nr. 2 VwVfG geheilt werden kann.[406]

c) Anhörung

aa) Allgemeine Funktion

Nach § 28 I VwVfG ist vor Erlaß eines belastenden Verwaltungsaktes dem Betroffenen Gelegenheit zu geben, sich zu den entscheidungserheblichen Tatsachen zu äußern.[407] Neben der Warnfunktion für den Betroffenen, daß der Erlaß eines in seine Rechte eingreifenden Verwaltungsaktes bevorsteht, bezweckt die Anhörung weiterhin, daß der Betroffene seine Sicht des entscheidungserheblichen Sachverhalts darstellen und dadurch etwaige bestehende Unklarheiten oder Aufklärungsdefizite beseitigen kann.[408]

bb) Spezifische Funktion

Die Verpflichtung der Behörde, das Vorbringen des Betroffenen zur Kenntnis zu nehmen und ernsthaft in Erwägung zu ziehen,[409] beinhaltet die Einbeziehung des Vorgebrachten in den (Ermessens)Entscheidungsprozeß der Behörde. Diese Tatsache setzt konsequenterweise voraus, daß die Anhörung grundsätzlich zeitlich

---

[405] *Sachs*, in: Stelkens/Bonk/Sachs, VwVfG, § 45 Rz. 30; *Schoch*, Nachholen der Begründung und Nachschieben von Gründen, DÖV 1984, 401, 403.

[406] *Schoch*, Nachholen der Begründung und Nachschieben von Gründen, DÖV 1984, 401, 405.

[407] Vgl. zu dem Grundsatz des rechtlichen Gehörs im Verwaltungsverfahren *Badura*, in: Erichsen, Allgemeines Verwaltungsrecht, § 37 Rz. 10 ff.

[408] *Bonk*, in: Stelkens/Bonk/Sachs, VwVfG, § 28 Rz. 8; *Clausen*, in: Knack, VwVfG, § 28 Rz. 2.2; *Mandelartz*, Anhörung, Absehen von der Anhörung, Nachholung der unterbliebenen Anhörung - Zur Relativierung eines Verfahrensrechts, DVBl. 1983, 112, 113; *Knippel*, Rechtsfolgen fehlerhafter Anhörung, S. 83.

[409] *Bonk*, in: Stelkens/Bonk/Sachs, VwVfG, § 28 Rz. 7.

vor dem Erlaß des Verwaltungsaktes erfolgt[410] und anderenfalls eine Nachholung der Anhörung nur zulässig ist, wenn eine Heilung das Verfahrensergebnis noch beeinflussen kann, d. h. der Fehlerbetroffene so gestellt werden kann, wie er bei korrektem Verfahrensablauf gestanden hätte.[411]

4. Nachholung der Anhörung im Widerspruchsverfahren

Strittig war hinsichtlich der Anwendung des § 45 I Nr. 3 VwVfG schon, ob die erforderliche Ergebnisoffenheit dann gegeben ist, wenn die Anhörung im Widerspruchsverfahren nachgeholt wird. Nach der ständigen Rechtsprechung des *BVerwG* ist mit der Durchführung des Widerspruchsverfahrens auch die fehlende Anhörung geheilt.[412] Diese Praxis wird durch das *BVerwG* aber selbst eingeschränkt, indem es Ermessensverwaltungsakte ausklammert und hier nur von einer Heilung ausgeht, wenn die Ausgangsbehörde selbst die Anhörung nachholt.[413]

Dies gilt auch für den Fall, daß der Widerspruchsbehörde die gleiche Entscheidungskompetenz zusteht wie der Ausgangsbehörde, da ansonsten der Betroffene auf eine verfahrensrechtliche Instanz verzichten müßte.[414]

Auch reicht nach h. M. für die Nachholung der Anhörung nicht aus, daß es dem Betroffenen grundsätzlich möglich war, Widerspruch gegen den Verwaltungsakt zu erheben.[415]

---

[410] Vgl. zur Bedeutung des Zeitfaktors *Redeker*, Legislative, Exekutive und Verwaltungsgerichtsbarkeit, NVwZ 1996, 126, 131.

[411] So *Hufen*, Fehler im Verwaltungsverfahren, S. 382 Rz. 600; *Sachs*, in: Stelkens/Bonk/Sachs, VwVfG, § 45 Rz. 39.

[412] *BVerwG*, Urteil v. 17. 8. 1982 - 1 C 22/81 -, NVwZ 1983, 284; *BVerwG*, Urteil v. 18. 8. 1977 - V C 8.77 -, BVerwGE 54, 276, 279; Kritisch dazu *Schoch*, Der Verfahrensgedanke im Allgemeinen Verwaltungsrecht, FS für Bachof, S. 21, 44.

[413] *BVerwG*, Urteil v. 14. 10. 1982 - 3 C 46.81 -, BVerwGE 66, 184.

[414] *BVerwG*, Urteil v. 14. 10. 1982 - 3 C 46.81 -, BVerwGE 66, 184, 187 ff.; *Hufen*, Fehler im Verwaltungsverfahren, S. 387 Rz. 607; a. A. *Schoch*, Heilung unterbliebener Anhörung im Verwaltungsverfahren durch Widerspruchsverfahren, NVwZ 1983, 249, 255, der bei gleicher Entscheidungskompetenz von Ausgangs- und Widerspruchsbehörde auch bei Ermessensentscheidungen eine Nachholung der Anhörung durch die Widerspruchsbehörde zulassen will. So auch *BVerwG*, Urteil v. 18. 10. 1983 -, Buchholz 316 § 67 Nr. 1, S. 2 f.

[415] So aber *BVerwG*, Urteil v. 18. 8. 1977 - V C 8.77 -, BVerwGE 54, 276; *BVerwG*, Urteil v. 17. 8. 1981 - 1 C 22.81 -, BVerwGE 66, 111; Dagegen *Meyer*, Die Kodifikation des Verwaltungsverfahrens und die Sanktion für Verfahrensfehler, NVwZ 1986, 513, 519.

Generell ist eine Heilung der unterlassenen Anhörung im Widerspruchsverfahren nur dann zulässig, wenn die Nachholung der Anhörung dieselbe Qualität besitzt wie die vor dem Erlaß des Verwaltungsaktes gebotene Anhörung.[416]

Auch im Bereich der fehlenden Anhörung besteht die Gefahr, daß der allein „äußerlich" erkennbare formelle Anhörungsmangel einen durch die fehlende Anhörung bedingten materiellen Ermessens- oder Abwägungsmangel verdeckt, der in keinem Fall durch eine Nachholung der Anhörung geheilt werden kann.[417]

II. Nachbesserung von Verfahrens- und Formfehlern im Planfeststellungsrecht

Hier ist ebenfalls streng zwischen der Möglichkeit der Nachbesserung von Verfahrens- und Formfehlern und der Nachbesserung inhaltlicher Mängel des Planfeststellungsbeschlusses zu unterscheiden.

1. Nachbesserung von Planfeststellungsbeschlüssen

a) Regelungen im Verwaltungsverfahrensgesetz und in den Fachgesetzen

Das Recht der Planfeststellung ist in den §§ 72 bis 76 VwVfG geregelt. Die §§ 72 bis 78 VwVfG sind nach Maßgabe der §§ 1 und 2 VwVfG anwendbar, wenn ein Planfeststellungsverfahren gesetzlich vorgeschrieben ist.[418]

Die Regelungen des (Bundes)Verwaltungsverfahrensgesetzes gelten subsidiär; Vorrang haben die Verwaltungsverfahrensgesetze und die Fachgesetze der Länder.[419] Da alle Länder in ihren Verwaltungsverfahrensgesetzen gleichlautende Planfeststellungsregelungen erlassen haben, beschränkt sich der Anwendungsbereich der §§ 72 bis 78 VwVfG auf Planfeststellungsverfahren, die von Bundesbehörden durchgeführt werden.[420]

---

[416] *Krasney*, Zur Anhörungspflicht im Verwaltungsverfahren, NVwZ 11986, 337, 343, *Roßnagel*, Verfahrensfehler ohne Sanktion?, JuS 1994, 927, 931; *König/Meins*, BayVwVfG, Art. 45 Rz. 15; *Ule/Laubinger*, Verwaltungsverfahrensrecht, § 58 Rz. 10.

[417] Vgl. zu dem „Durchschlagen" des Verfahrensfehlers auf das materielle Ergebnis *Hufen*, Zur Systematik von Verfahrensfehlern - eine Bestandsaufnahme nach zehn Jahren VwVfG, DVBl. 1988, 69, 71.

[418] *Bonk*, in: Stelkens/Bonk/Sachs, VwVfG, § 72 Rz. 23.

[419] *Busch*, in: Knack, VwVfG, § 72 Rz. 3.2 ff.

[420] *Busch*, in: Knack, VwVfG, § 72 Rz. 3.3.

Mit dem Planungsvereinfachungsgesetz vom 17. 12. 1993[421] wurde in zahlreichen Fachgesetzen[422] eine Planergänzungsregel für Abwägungsmängel und Verfahrens- und Formfehler des Verwaltungsaktes eingeführt. Auf diese fachgesetzlichen Nachbesserungsregelungen für Verfahrens- und Formfehler wird sogleich zurückzukommen sein.[423]

Der im Rahmen des Genehmigungsverfahrensbeschleunigungsgesetzes[424] neu in das Verwaltungsverfahrensgesetz eingefügte Absatz I lit. a des § 75 ermöglicht „nur“ eine materiell-rechtliche Nachbesserung des Planfeststellungsbeschlusses, obwohl die Vorschrift ansonsten dem Wortlaut der fachgesetzlichen Nachbesserungsregelungen entspricht. Die fehlende Aufnahme der Heilungsmöglichkeit von Verfahrens- und Formfehlern in den Tatbestand des § 75 I lit. a VwVfG erklärt sich aber daraus, daß der Gesetzgeber dies für überflüssig erachtete, da das Verwaltungsverfahrensgesetz bereits mit den geänderten §§ 45 und 46 VwVfG[425] ausreichende Nachbesserungsmöglichkeiten enthält.[426]

Die Nachbesserung eines verfahrens- oder formfehlerhaften Planfeststellungsbeschlusses ist daher in den gegenständlichen und zeitlichen Grenzen des § 45 VwVfG zulässig.

b) Bedeutung der zeitlichen Grenze des § 45 II VwVfG a. F.

Nach der alten Gesetzeslage war eine Heilung von Verfahrens- und Formfehlern nur in zeitlich eng begrenztem Rahmen möglich. Da die Nachprüfung des Planfeststellungsbeschlusses im Widerspruchsverfahren entfällt[427] (§§ 74 I S. 2 i. V. mit 70 VwVfG), kam als Heilungsphase nur die Zeitspanne bis zur Klageerhebung, d.h. regelmäßig ein Monat in Betracht.[428]

---

[421] BGBl. I 2123; Dazu *Steiner*, Das Planungsvereinfachungsgesetz, NVwZ 1994, 313 ff.

[422] Vgl. z.B. § 29 VIII S. 2 PBefG; § 17 VI lit. c S. 2 FStrG, § 19 IV S. 2 WaStrG.

[423] Vgl. die Ausführungen unten S. 99.

[424] BGBl. I 1354

[425] BGBl. I 1354

[426] Vgl. die Amtliche Begründung zu dem Entwurf eines Gesetzes zur Beschleunigung von Genehmigungsverfahren zu Nummer 9 (§ 75), BT-Drucks. 13/3995, S. 10.

[427] *Hoppe/Schlarmann*, Rechtsschutz bei der Planung von Straßen und anderen Verkehrsanlagen, S. 58 Rz. 108; *Kühling*, Fachplanungsrecht, S. 206 Rz. 480.

[428] *Steinberg*, Fachplanung, S. 165, Rz. 166.

Da die zuständige Behörde oft erst durch den Widerspruch eines Betroffenen auf die Fehlerhaftigkeit des Verwaltungsaktes aufmerksam wird, fehlt im Falle des fehlerhaften Planfeststellungsbeschlusses der Anstoß zur Nachholung der versäumten Verfahrenshandlung und damit zur Heilung. Die Beschränkung der behördlichen Nachbesserung auf den Zeitraum bis zur Erhebung der Anfechtungsklage gegen den Planfeststellungsbeschluß ließ der Behörde keine flexible Heilungsmöglichkeit, da im Zeitpunkt der Kenntnisnahme des Fehlers die Nachbesserungsfrist in der Regel bereits abgelaufen war.[429]

2. Nachbesserung des Planfeststellungsbeschlusses nach § 45 II VwVfG n. F.

Die neue Fassung des § 45 II VwVfG ermöglicht der Behörde die Nachbesserung von Verfahrens- und Formfehlern des Planfeststellungsbeschlusses auch während des gerichtlichen Verfahrens. Die Behörde hat also die Möglichkeit, Fehler des Planfeststellungsbeschlusses, die durch den Anfechtungskläger gerügt werden oder von denen sie durch Hinweis des Gerichts Kenntnis erlangt, während des Prozesses mit heilender Wirkung nachzubessern und eine drohende Aufhebung des Planfeststellungsbeschlusses zu verhindern.

Fraglich ist, ob die Nachbesserung eines Planfeststellungsbeschlusses auch in sachlicher Hinsicht unbegrenzt während des Anfechtungsprozesses möglich ist oder ob der Nachbesserung durch die besondere Eigenart des Planfeststellungsbeschlusses als Ergebnis von materiellen Handlungs- und Abwägungsspielräumen und zugleich strenger Formalisierung des Verfahrensablaufs Grenzen gesetzt sind.

a) § 45 I Nr. 1 VwVfG

§ 45 I Nr. 1 VwVfG regelt die nachträgliche Stellung eines für den Erlaß des Verwaltungsaktes erforderlichen Antrags. Diese Vorschrift ist für das Planfeststellungsverfahren nicht einschlägig, da eine Antragsbefugnis des Betroffenen auf Erlaß eines Planfeststellungsbeschlusses nicht existiert.[430]

b) § 45 I Nr. 2 VwVfG

---

[429] So auch *Stüer*, Die Beschleunigungsnovellen 1996, DVBl. 1997, 326, 330.

[430] *Hoppe/Schlarmann*, Rechtsschutz bei der Planung von Straßen und anderen Verkehrsanlagen, S. 57, Rz. 106 b; *Kügel*, Der Planfeststellungsbeschluß und seine Anfechtbarkeit, S. 226.

Nach § 74 I S. 2 i. V. mit § 69 II S. 1 VwVfG muß der Planfeststellungsbeschluß schriftlich begründet werden. Der Ausnahmefall des § 69 II S. 1 Hs. 2 VwVfG ist praktisch bedeutungslos.[431]

Die Begründung muß die wesentlichen tatsächlichen und rechtlichen Gründe enthalten, die die Planfeststellungsbehörde zu ihrer Entscheidung bewogen haben und außerdem Ausführungen zur Erforderlichkeit des Vorhabens (Planrechtfertigung) bieten.[432] Der Planfeststellungsbeschluß sollte auch Angaben zur Existenz von Planungsalternativen und dem Grund ihrer Ablehnung enthalten sowie die Zurückweisung von Einwendungen begründen.[433] Entspricht die Begründung nicht diesen Anforderungen, ist der Planfeststellungsbeschluß formell rechtswidrig und muß, wenn die Begründung nicht nachgeholt wird, aufgehoben werden.

Eine Unbeachtlichkeit des Mangels gemäß § 46 VwVfG a. F. konnte in der Regel nicht vorliegen, da es sich bei dem Planfeststellungsbeschluß um eine Ermessensentscheidung handelt.[434]

Nach der neuen Fassung des § 46 VwVfG kommt es darauf an, ob der Begründungsfehler kausal für die konkrete Entscheidung gewesen ist. Wegen der schwierigen Abgrenzung zwischen formellen und materiellen Fehlern im Rahmen von Abwägungsprozessen muß bei Anwendung des § 45 I Nr. 2 VwVfG eine strikte Trennung zwischen fehlender oder formell unzureichender Begründung und dem (materiellrechtlichen) Auswechseln der Begründung vorgenommen werden.[435] Die Behörde darf das Nachholen der Begründung gemäß § 45 I Nr. 2 VwVfG nicht dazu verwenden, Erwägungen, die nicht Grundlage ihres Entscheidungsprozesses waren, nachzuschieben.

c) § 45 I Nr. 3 VwVfG

aa) Anwendungsbereich

---

[431] *Kügel*, Der Planfeststellungsbeschluß und seine Anfechtbarkeit, S. 92.

[432] *Bonk*, in: Stelkens/Bonk/Sachs, VwVfG, § 74 Rz. 26; *Steinberg*, Fachplanung, S. 288, Rz. 5.

[433] *Steinberg*, Fachplanung, S. 290, Rz. 7.

[434] Dazu *Hoppe/Schlarmann*, Rechtsschutz bei der Planung von Straßen und anderen Verkehrsanlagen, S. 54, Rz. 100b.

[435] *Breuer*, Verfahrens- und Formfehler der Planfeststellung für raum- und umweltrelevante Großvorhaben, FS für Sendler, S. 357, 376.

Nach § 45 I Nr. 3 VwVfG können auch Fehler im Anhörungsverfahren gemäß § 73 VwVfG geheilt werden. Klassische Fehler des Anhörungsverfahrens sind beispielsweise eine unzureichende Bekanntmachung[436] des Vorhabens, die den Anforderungen an eine Anstoßfunktion hinsichtlich des Vorbringens von Einwendungen nicht genügt, und ursächlich für die nicht rechtzeitige Erhebung von Einwendungen und der daraus resultierenden Präklusion sein kann. Da immer mehr Fachgesetze eine materielle Präklusion verfristeter Einwendungen[437] in ihre Verfahrensvorschriften aufnehmen, bewirkt die unzureichende Bekanntmachung, daß das Anhörungsrecht des Betroffenen verletzt wird.

Eine Verletzung des rechtlichen Gehörs liegt ebenfalls vor, wenn der Einzelne wegen der Ungenauigkeit des Plans nicht erkennen kann, ob sein Grundstück von dem Vorhaben betroffen ist oder nicht.[438]

Nicht zuletzt kann ein Anhörungsfehler in der konkreten Organisation und Ausgestaltung des Anhörungstermins selbst liegen. So muß der Anhörungsort mit allgemeinen Verkehrmitteln erreichbar[439] sein und es dürfen auch nicht mehrere Anhörungstermine zur selben Zeit stattfinden.

bb) Restriktive Anwendung

Auch die Heilung eines Fehlers im Anhörungsverfahren wird nur restriktiv gehandhabt werden können. Wenn nicht eindeutig feststeht, daß die Verhinderung der Einwendungserhebung keinen Einfluß auf die planerische Abwägung gehabt hätte, kann der Verfahrensfehler ein Indiz für einen Abwägungsfehler darstellen. Dies ist immer dann zu bejahen, wenn die betreffende Einwendung als abwägungserheblicher Belang qualifiziert werden kann. In diesem Fall ist für eine gerechte Abwägung der Zeitpunkt der Berücksichtigung der relevanten Belange ent-

---

[436] Vgl. zu den Anforderungen an eine ordnungsgemäße Bekanntmachung *Steinberg*, Fachplanung, S. 126 f., Rz. 72 ff.

[437] Vgl. § 17 IV S. 1 FStrG; zur Zulässigkeit einer materiellen Präklusion *Steinberg*, Fachplanung, S. 131 Rz. 87; *von Danwitz*, Umweltrechtliche Präklusionsnormen zwischen Verwaltungseffizienz und Rechtsschutzgarantie, UPR 1996, 323, 324.

[438] *Breuer*, Verfahrens- und Formfehler der Planfeststellung für raum- und umweltrelevante Großvorhaben, FS für Sendler, S. 357, 367.

[439] *Steinberg*, Fachplanung, S. 125, Rz. 67.

scheidend, da eine objektive Beurteilung nur bei Gleichzeitigkeit der Abwägung gewährleistet werden kann.[440]

Auch der Sinn und Zweck einer möglichst frühzeitigen Bürgerbeteiligung bei Planungen -Verbesserung der Entscheidungsgrundlagen der Behörde, Förderung des gesellschaftlichen Grundkonsenses und Akzeptanz der Planungsentscheidungen- steht einer Nachholung der Verfahrensbeteiligung des Bürgers im verwaltungsgerichtlichen Verfahren entgegen.[441] Durch zurückhaltenden Gebrauch der Nachbesserungsmöglichkeit des § 45 I Nr. 3 VwVfG wird sichergestellt, daß nicht unter der Tarnkappe der Heilung eines Verfahrens- oder Formfehlers ein materieller, die Aufhebung des Planfeststellungsbeschlusses unter gewissen Voraussetzungen bedingender Mangel geheilt wird. Unbedenklich ist die Heilung hingegen, wenn die Anhörung nur offensichtlich nicht abwägungsrelevantes Material enthält.[442]

cc) Erweiterung des Kreises der Verfahrensbeteiligten i. S. des § 45 I Nr. 3 VwVfG

Nicht gegen eine Heilung der fehlenden Anhörung im Planfeststellungsverfahren spricht die Beschränkung des gemäß § 45 I Nr. 3 VwVfG anzuhörenden Personenkreises auf die Verfahrensbeteiligten i. S. des § 13 VwVfG.

Nach § 13 I Nr. 4, 13 II VwVfG sind verfahrensbeteiligt die Personen, deren rechtliche Interessen von dem Ausgang des Verfahrens berührt werden können und die von der Behörde von Amts wegen oder auf Antrag zu dem Verfahren hinzugezogen worden sind.

Im Planfeststellungsverfahren sind neben den Verfahrensbeteiligten aber auch sonstige Planbetroffene und diejenigen, die Einwendungen gegen den Plan erhoben haben, anzuhören.[443] Es spricht aber nichts dagegen, die Vorschrift des § 45 I Nr. 3 VwVfG auch auf den Fall der fehlenden Anhörung eines nicht i. S. des § 13

---

[440] Vgl. zur Bedeutung des Zeitpunkts beim Erlaß von Verwaltungsakten *Hufen*, Fehler im Verwaltungsverfahren, S. 379, 387, 388; *Beckmann*, Verwaltungsgerichtlicher Rechtsschutz im raumbedeutsamen Umweltrecht, S. 206, 207.

[441] *von Mutius*, Frühzeitige Bürgerbeteiligung bei der Planung von Verkehrsanlagen, in: Blümel, Frühzeitige Bürgerbeteiligung bei Planungen, S. 157, 187.

[442] *Breuer*, Verfahrens- und Formfehler der Planfeststellung für raum- und umweltrelevante Großvorhaben, FS für Sendler, S. 357, 376.

[443] *Beckmann*, Verwaltungsgerichtlicher Rechtsschutz im raumbedeutsamen Umweltrecht, S. 207.

VwVfG an dem Planfeststellungsverfahren Beteiligten anzuwenden, wenn es sich um eine substantielle Anhörung handelt, d. h. die Möglichkeit einer Rechtsverletzung durch die unterlassene Anhörung konkret gegeben ist.[444]

Für eine Anwendung des § 45 I Nr. 3 VwVfG auf nicht i. S. des § 13 VwVfG Anhörungsberechtigte im Planfeststellungsverfahren sprechen auch rechtsdogmatische Überlegungen: Wenn die fehlende Anhörung des von der Behörde hinzugezogenen „Verfahrensbeteiligten" nachträglich durch Nachholung der Anhörung geheilt werden kann, so ist nicht einzusehen, warum diese Regelung nicht auch auf Anhörungsberechtigte im Planfeststellungsverfahren, insbesondere auf die Einwendungsführer, angewendet werden kann. § 73 VI VwVfG übernimmt für das Planfeststellungsverfahren die gleiche Funktion wie § 28 I VwVfG für das einfache Verwaltungsverfahren, nämlich die Gewährleistung des rechtlichen Gehörs.[445] Es ist aber nicht einzusehen, daß auf Klage eines Planbetroffenen, der nicht von der Behörde zum Verfahren hinzugezogen wurde, wegen der fehlenden Anhörung der Planfeststellungsbeschluß aufgehoben werden müßte, während der Verfahrensbeteiligte in der gleichen Situation die behördliche Nachholung der Behörde akzeptieren soll.[446]

Für den Anhörungsberechtigten im Planfeststellungsverfahren existiert auch nicht ein gesteigerter Interessenschutz, der eine Nachholung seiner unterlassenen Anhörung ausschlösse. Dies ergibt sich schon daraus, daß in den Fachgesetzen zunehmend materielle Präklusionsregelungen eingeführt werden[447], die dazu führen, daß der Betroffene, der es versäumt hat, rechtzeitig seine Einwendungen geltend zu machen, mit diesen nicht nur im Erörterungstermin nicht mehr berücksichtigt wird. Ihre Geltendmachung ist auch im gerichtlichen Verfahren ausgeschlossen.

Das *BVerfG* hat die Einführung der materiellen Präklusion grundsätzlich für unbedenklich gehalten und dies mit dem Erfordernis eines frühzeitigen Interessenausgleichs und der Rechtssicherheit für die Verfahrensbeteiligten sowie der Funk-

---

[444] Ähnlich auch *Sachs*, in: Stelkens/Bonk/Sachs, VwVfG, § 45 Rz. 37.

[445] *Bonk*, in: Stelkens/Bonk/Sachs, VwVfG, § 73 Rz. 46.

[446] So, wenn auch mit der Schlußfolgerung, daß sich eine Anwendung des § 45 I Nr. 3 VwVfG auf das Planfeststellungsverfahren verbietet, *Beckmann*, Verwaltungsgerichtlicher Rechtsschutz im raumbedeutsamen Umweltrecht, S. 207.

[447] Vgl. die Nachweise bei *von Danwitz*, Umweltrechtliche Präklusionsnormen zwischen Verwaltungseffizienz und Rechtsschutzgarantie, UPR 1996, 323, 324.

tionsfähigkeit von Verwaltungsbehörden und Gerichten begründet.[448] Die Anwendbarkeit des § 45 I Nr. 3 VwVfG wird daher nicht durch den in § 13 VwVfG festgelegten Kreis der Verfahrensbeteiligten beschränkt. Eine Beschränkung der Nachholungsmöglichkeit der Anhörung gemäß § 45 I Nr. 3 VwVfG kann sich nur aus einer Verkürzung des Rechtsschutzes des Betroffenen ergeben.

d) § 45 I Nr. 4 VwVfG

Der Tatbestand des § 45 I Nr. 4 VwVfG besitzt keine praktische Bedeutung im Planfeststellungsverfahren.

e) § 45 I Nr. 5 VwVfG

Auch bei der Nachholung der unterbliebenen Mitwirkung einer anderen Behörde (§ 73 II VwVfG) ist zu beachten, daß eine Heilung bloß zulässig sein kann, wenn die nachgeholte Mitwirkung keine zusätzlichen abwägungsrelevanten Gesichtspunkte beinhaltet.[449] Anderenfalls könnte die abwägungsrelevante Stellungnahme der anderen Behörde nicht in die Gesamtabwägung miteinfließen, so daß ein Abwägungsmangel in Form des (partiellen) Abwägungsausfalls vorliegt. Auch hier verbietet die strenge Trennung zwischen formellen und materiellen Mängeln des Verwaltungsaktes, daß ein (materieller) Abwägungsmangel mittels der formellen Nachbesserungsnorm des § 45 I Nr. 5 VwVfG geheilt wird.

3. Fachgesetzliche Nachbesserung formeller Fehler

Im Anschluß an die Heilung formeller Fehler des Planfeststellungsbeschlusses gemäß § 45 VwVfG n. F. soll kurz das Nachbesserungsverfahren anhand einer fachgesetzlichen Regelung, hier: § 17 VI lit. c FStrG, dargestellt werden.

§ 17 VI lit. c S. 2 FStrG bestimmt, daß erhebliche Abwägungsmängel oder eine Verletzung von Verfahrens- und Formvorschriften nur dann zur Aufhebung des Planfeststellungsbeschlusses oder der Plangenehmigung führen, wenn sie nicht

---

448 *BVerfG*, Beschluß v. 8. 7. 1982 - 2 BvR 1187/80 -, BVerfGE 61, 82, 115, 116.

449 *Breuer*, Verfahrens- und Formfehler der Planfeststellung für raum- und umweltrelevante Großvorhaben, FS für Sendler, S. 357, 376.

durch Planergänzung oder durch ein ergänzendes Verfahren behoben werden können.[450]

a) Planergänzung

Der Begriff der Planergänzung ist rechtlich nicht definiert.[451] Gegenstand einer Planergänzung sind Maßnahmen, deren Verwirklichung die Konzeption der Planung nicht berührt und deshalb ohne ein Verwaltungsverfahren angefügt werden können, wie dies z.B. bei Schutzmaßnahmen der Fall ist.[452]

Zum Teil wird die Auffassung vertreten, daß die Planergänzung neben den Schutzauflagen i. S. des § 74 II VwVfG auch allgemeine Auflagen und sonstige (Ergänzungs)Fälle von unwesentlicher Bedeutung erfaßt.[453]

Voraussetzung für die Vornahme einer Planergänzung ist, daß es sich um eine Frage handelt, die isoliert von dem Gesamtplan betrachtet werden kann und somit nicht die Gesamtabwägung beeinträchtigt.[454]

Durch eine Planergänzung erfolgt keine Heilung eines Verfahrens- oder Formfehlers erfolgen, da hierzu eine partielle Wiederholung des Planfeststellungsverfahrens erforderlich ist. Ein Verfahrens- oder Formfehler im Planfeststellungsverfahren läßt sich daher nur im Wege des ergänzenden Verfahrens beseitigen.[455] Durch das nachträgliche Einfügen einer Schutzauflage in den Planfeststellungsbeschluß kann ein im Wege der Abwägung nicht ausreichend berücksichtigtes individuelles Schutzinteresse eines Betroffenen gewahrt und damit der inhaltliche Mangel des Planfeststellungsbeschlusses geheilt werden.[456]

b) Ergänzendes Verfahren

---

[450] Planungsvereinfachungsgesetz v. 17. 12. 1993, BGBl I 2123. Identische Regelungen finden sich in §§ 29 VIII S. 2 PBefG, 20 VII S. 2 AEG, 19 IV S. 2 WaStrG.

[451] *Gerhardt*, in: Schoch/Schmidt-Aßmann/Pietzner, VwGO, § 113 Rz. 52.

[452] Vgl. *BayVGH*, Beschluß v. 4. 2. 1994 - 8 AS 94.40007/8 -, UPR 1994, 194; *Schulze/Stüer*, Die Anwendung der Beschleunigungsgesetze im Planfeststellungsverfahren, Zeitschrift für Wasserrecht 1996, 271, 275; Vgl. zu den Voraussetzungen der Aufhebung eines Planfeststellungsbeschlusses wegen des Fehlens einer Schutzauflage, *OVG Lüneburg*, Beschluß v. 21. 7. 1995 - 3 M 7182/94 -, UPR 1996, 120.

[453] *Gerhardt*, in: Schoch/Schmidt-Aßmann/Pietzner, VwGO, § 113 Rz. 52.

[454] *Gerhardt*, a.a.O., § 113 Rz. 52.

[455] *Schulze/Stüer*, Die Anwendung der Beschleunigungsgesetze im Planfeststellungsverfahren, Zeitschrift für Wasserrecht 1996, 271, 275.

[456] Vgl. zur materiellen Nachbesserung eines Planfeststellungsbeschlusses die Ausführungen unten S. 137.

Das ergänzende Verfahren im Planfeststellungsrecht findet dann Anwendung, wenn Abwägungsmängel oder Verfahrens- und Formfehler durch eine inhaltliche Nachbewertung bzw. eine Nachholung des fehlerhaften Verfahrensteils geheilt werden können.[457] Dies ergibt sich jedenfalls aus der Amtlichen Begründung des Gesetzgebers, der dazu äußerst knapp ausführt: *„...Soweit Verfahrensvorschriften, z. B. über Beteiligungsrechte, verletzt worden sind, kann dies in einem ergänzenden Verfahren bereinigt werden. Die Mißachtung von Formvorschriften kann ebenfalls noch nachträglich geheilt werden, ohne daß dadurch Rechte des Betroffenen verletzt werden.......§ 45 Verwaltungsverfahrensgesetz und die entsprechenden Vorschriften der Verwaltungsverfahrensgesetze der Länder bleiben unberührt."*

c) Erforderlichkeit der fachgesetzlichen Nachbesserungsnormen

Es stellt sich die Frage nach der Erforderlichkeit dieser Regelung, da die auftretenden Verfahrens- und Formfehler grundsätzlich dem Tatbestand des § 45 I VwVfG unterfallen dürften und eine Nachbesserung nach § 17 VI lit. c FStrG daher entbehrlich ist.[458] Im Zeitpunkt des Inkrafttretens des Planungsvereinfachungsgesetzes war die Nachbesserung noch durch die zeitliche Schranke des § 45 II VwVfG a. F. begrenzt, so daß eine Regelung zur Ermöglichung der Nachbesserung formeller Fehler des Planfeststellungsbeschlusses im Prozeß vonnöten war. Überdies umfaßt der Tatbestand des § 17 VI lit. c S. 2 FStrG alle Verfahrens- und Formfehler (mit Ausnahme der die Nichtigkeit des Planfeststellungsbeschlusses bewirkenden) und nicht nur die in dem Katalog des § 45 I VwVfG numerierten. Mit der Novellierung des § 17 VI lit. c FStrG und den entsprechenden Regelungen in den anderen Fachgesetzen hat der Gesetzgeber die Rechtsprechung des *BVerwG* nachvollzogen, die die Nachholung einzelner Verfahrensschritte des Planfeststellungsverfahrens zur Behebung formeller und materieller Fehler zuläßt.[459]

---

[457] *Stüer*, Die Beschleunigungsnovellen 1996, DVBl. 1997, 326, 331.

[458] Mit dieser Argumentation hat der Gesetzgeber bei der Novellierung des § 75 I lit. a VwVfG die ansonsten vom Wortlaut identische Regelung auf die Heilung von Abwägungsmängeln beschränkt. Vgl. die Amtliche Begründung zu dem Entwurf eines Gesetzes zur Beschleunigung von Genehmigungsverfahren, BT-Drucks. 13/3995, S. 10.

[459] Zuletzt *BVerwG*, Urteil v. 31. 3. 1995 - 4 A 1.93 -, DVBl. 1995, 1007, 1008; Urteil v. 5. 12. 1987 - 4 C 13.85 -, DVBl. 1987, 573.

Hinsichtlich der Durchführung der Nachbesserung bestehen keine Unterschiede zu der Heilung von Verfahrens- und Formfehlern gemäß § 45 VwVfG. Es kann daher nach oben verwiesen werden.[460]

III. Nachbesserung materiell rechtswidriger Verwaltungsakte

Ein Verwaltungsakt ist materiell rechtswidrig, wenn sein Inhalt geltendem einfachen Recht oder Verfassungsrecht widerspricht.[461] Der materiell rechtswidrige Verwaltungsakt ist nach der Anfechtung von dem Verwaltungsgericht aufzuheben, wenn er Rechte des Klägers verletzt, § 113 I S. 1 VwGO.

Fraglich ist, ob der materiell rechtswidrige Verwaltungsakt während des Prozesses durch ein Tätigwerden der Behörde geheilt und eine Kassation damit verhindert werden kann. Die Behörde bedient sich unterschiedlicher Instrumentarien zur Rettung des materiell rechtswidrigen Verwaltungsaktes.

So kann die Behörde den rechtsfehlerhaften Verwaltungsakt in einen anderen rechtmäßigen Verwaltungsakt umdeuten, den fehlerhaften Verwaltungsakt durch einen neuen ersetzen, neue, den Verwaltungsakt tragende Gründe nachschieben oder ihre Ermessenserwägungen ergänzen.

1. Definition des Begriffs

Um eine echte (materielle) Nachbesserung des Verwaltungsaktes handelt es sich nur bei dem Nachschieben von Gründen und der Ergänzung von Ermessenserwägungen. Um dies zu verdeutlichen, sollen die genannten Rechtsinstitute kurz dargestellt und von der Nachbesserung des Verwaltungsaktes im eigentlichen Sinne abgegrenzt werden.

a) Umdeutung des Verwaltungsaktes gemäß § 47 VwVfG

§ 47 I VwVfG bestimmt, daß ein fehlerhafter Verwaltungsakt in einen anderen umgedeutet werden kann, wenn er auf das gleiche Ziel gerichtet ist, von der erlassenden Behörde im gleichen Verfahren und in der gleichen Form hätte erlassen werden können und die Voraussetzungen für dessen Erlaß gegeben sind.

---

[460] Vgl. dazu die Ausführungen oben S. 80.

[461] Vgl. dazu die Ausführungen oben S. 70.

Hintergrund der Regelung des § 47 VwVfG ist der Grundgedanke aus § 140 BGB, daß eine von allen Beteiligten angestrebte Regelung nicht ohne Not zurückgenommen werden soll, wenn sie auf eine andere Grundlage gestützt werden kann.[462] Der Fehler des umzudeutenden Verwaltungsaktes besteht darin, daß der in ihm enthaltene Verfügungssatz nicht von der zugrundegelegten Ermächtigungsnorm gedeckt wird, so daß die Voraussetzungen für den konkret erlassenen Verwaltungsakt nicht vorlagen. Wenn der fehlerhafte Verwaltungsakt die Voraussetzungen für den Erlaß eines anderen Verwaltungsaktes mit ähnlicher Regelungswirkung erfüllt, kann er in diesen umgedeutet werden.[463] § 47 II VwVfG enthält die Bedingungen, bei deren Vorliegen eine Umdeutung nicht zulässig ist.

Mit der Nachbesserung bzw. Heilung von Verwaltungsakten ist der Umdeutung gemeinsam, daß dadurch die Aufhebung des Verwaltungsaktes im Prozeß verhindert wird. In diesem weiten Sinne kann die Umdeutung auch als Heilung verstanden werden, wofür auch ihre systematische Stellung im Gesetz spricht.[464] Das wichtigste Unterscheidungskriterium ist die Art und Weise, in der die Rechtmäßigkeit des Verwaltungsaktes[465] hergestellt werden soll. Die Umdeutung erreicht dies, indem der Richter oder die Behörde dem Verwaltungsakt einen anderen Verfügungssatz zuspricht, die Nachbesserung, indem sie den Verwaltungsakt auf tragfähige Gründe stellt, aber den Verfügungssatz des Verwaltungsaktes unberührt läßt.[466]

b) Ersetzung des fehlerhaften Verwaltungsaktes

Die Behörde erkennt oft erst im gerichtlichen Verfahren, daß der (von ihr erlassene) angefochtene Verwaltungsakt vor Gericht wegen seiner Fehlerhaftigkeit keinen Bestand haben kann. Um einer drohenden Aufhebung zu entgehen, erläßt die Behörde oft während des Rechtsstreits einen neuen fehlerfreien Bescheid.

---

[462] *Sachs*, in: Stelkens/Bonk/Sachs, VwVfG, § 47 Rz. 2; *Klappstein*, in: Knack, VwVfG, § 47 Rz. 2; *König/Meins*, BayVwVfG, Art. 47 Rz. 1.

[463] *Klappstein*, in: Knack, VwVfG, § 47 Rz. 2.5.

[464] So auch *Weyreuther*, Zur richterlichen Umdeutung von Verwaltungsakten, DÖV 1985, 126, 128.

[465] *BVerwG*, Urteil v. 19. 8. 1988 - 8 C 29.87 -, BVerwGE 80, 96 f.

[466] *Weyreuther*, Zur richterlichen Umdeutung von Verwaltungsakten, DÖV, 1985, 126, 128; *Rupp*, Nachschieben von Gründen im verwaltungsgerichtlichen Verfahren, S. 20; *Laubinger*, Heilung und Folgen von Verfahrens- und Formfehlern, VerwArch 72 (1981), 207, 222.

Dieses Nachschieben von Verwaltungsakten ist in der Verwaltungsgerichtsordnung nicht geregelt worden. Ausdrückliche Regelungen finden sich aber in den §§ 96, 171 II SGG, 68 FGO. Nach § 96 I SGG wird der neue Verwaltungsakt ohne vorangegangene Klageänderung automatisch Gegenstand des Prozesses.[467] Im verwaltungsgerichtlichen Verfahren wird der neue Verwaltungsakt durch Klageänderung Verfahrensgegenstand.[468]

§ 96 I SGG setzt voraus, daß der ursprüngliche Verwaltungsakt durch den neuen Verwaltungsakt abgeändert oder ganz ersetzt wird. Er wird in der Praxis oft zur Erweiterung des Prozeßstoffes angewandt. Ein Vorverfahren hinsichtlich des neuen Verwaltungsaktes wird i.d.R. nicht durchgeführt.[469] Hier erfolgt die Nachbesserung des fehlerhaften Verwaltungsaktes durch den Erlaß des neuen ersetzenden Verwaltungsaktes, der Verfügungssatz des ursprünglichen Verwaltungsaktes wird abgeändert. Problematisch bei der Ersetzung eines fehlerhaften Verwaltungsaktes durch einen neuen, im Laufe des gerichtlichen Anfechtungsverfahrens erlassenen fehlerfreien Verwaltungsakt ist, daß die Behörde auf diese Weise die bei Erlaß des ursprünglichen Verwaltungsaktes fehlende Anhörung oder Ermessensausübung nach Klageerhebung nachholen kann.

Nach Ansicht des *7. Senats* des *BSG* war bisher ein Versicherungsträger, der einen Verwaltungsakt ohne die erforderliche Ermessensausübung erlassen hatte, nicht dazu berechtigt, diesen während des gerichtlichen Anfechtungsverfahrens aufzuheben und einen ermessensfehlerfreien, denselben Regelungsgegenstand betreffenden Bescheid zu erlassen.[470] Der *7. Senat* hat argumentiert, daß der Erlaß eines ersetzenden Zweitbescheids, der Gegenstand des anhängigen gerichtlichen Verfahrens wird, das Gebot des § 41 II SGB X[471] verletze.[472] Der *7. Senat* weist insofern

---

[467] *Meyer-Ladewig*, SGG, § 96 Rz. 1.

[468] *Redeker/von Oertzen*, VwGO, § 79 Rz. 3; *Meyer-Ladewig*, SGG, § 96 Rz. 1. Sinn und Zweck des § 96 SGG ist primär die (innerprozessuale) Möglichkeit zur Erweiterung des Prozeßstoffes und nicht die Nachbesserung rechtswidriger Verwaltungsakte. In der tatsächlichen Anwendung ermöglicht § 96 SGG aber faktisch den Austausch des rechtswidrigen Verwaltungsaktes gegen einen rechtmäßigen.

[469] *BSG*, Beschluß v. 6. 10. 1994 - GS 1/91 -, NVwZ 1996, 824, 826; *Meyer-Ladewig*, SGG, § 96 Rz. 11.

[470] *BSG*, Urteil v. 24. 8. 1988 - 7 Rar 53/86 -, BSGE 64, 36, 38, v. 25. 10. 1988 - 7 Rar 120/87 -, v. 23. 11. 1988 - 7 Rar 126/87, v. 14. 2. 1989 - 7 Rar 62/87

[471] § 41 II SGBX läßt die heilende Nachholung von Verfahrenshandlungen nur bis zum Abschluß eines Vorverfahrens oder falls ein solches nicht stattfindet, bis zur Erhebung der verwaltungsgerichtlichen Klage zu.

[472] *BSG*, Beschluß v. 25. 10. 1990 - 7 Rar 120/87.

auf einen Widerspruch zwischen der zeitlichen Beschränkung gemäß § 41 II SGB X und § 96 SGG hin. Die zeitliche Beschränkung des § 41 II SGB X für die Heilung von Verfahrensfehlern werde durch die Ersetzung des Verwaltungsaktes gemäß § 96 SGG umgangen. Aus diesem konstatierten Widerspruch zieht der *7. Senat* die Konsequenz, daß ein Nachschieben von Verwaltungsakten mit ersetzender Wirkung i. S. des § 96 SGG zur Beseitigung eines wegen fehlender Anhörung oder unterlassener Ermessensausübung fehlerhaften Bescheids unzulässig sei.

Mit Beschluß vom 6. 10. 1994 hat der *Große Senat* des *BSG* entschieden, daß ein während des Gerichtsverfahrens erlassener Verwaltungsakt, der nach § 96 SGG Gegenstand des Verfahrens wird, nicht gegen das Verbot verstößt, die Anhörung oder Ermessensausübung nachzuholen, wenn er einen Verwaltungsakt ersetzt, der mangels Anhörung oder Ermessensausübung rechtswidrig ist.[473] Der *Große Senat* teilt nicht die Auffassung des *7. Senats*, nach der zur Vermeidung eines Widerspruchs zwischen § 41 II SGB X und § 96 SGG die Anwendung des letzteren restriktiv gehandhabt werden müsse.[474] Nach Ansicht des *Großen Senats* handelt es sich hier um unterschiedliche Regelungsgegenstände, da § 41 II SGB X nur den zeitlichen Rahmen für die Nachholung der Verfahrenshandlung und die daraus resultierende Unbeachtlichkeit des Verfahrensfehlers festlege, aber nichts über die prinzipielle Befugnis der Behörde zur Aufhebung und Ersetzung eines fehlerhaften Verwaltungsaktes aussage.[475] Grundsätzlich liege es in der Kompetenz der Behörde, einen neuen Verwaltungsakt hinsichtlich einer bereits durch Verwaltungsakt geregelten Materie zu erlassen.[476] Diese Befugnis ergebe sich schon aus dem jeweiligen zugrundeliegenden Fachrecht.[477] Diese Kompetenz erstrecke sich auch auf den Fall, daß der zu ersetzende (Erst)Verwaltungsakt Streitgegenstand eines verwaltungsgerichtlichen Verfahrens geworden ist.

Das Vorliegen einer Ersetzungsbefugnis der Behörde auch für Verwaltungsakte, die Prozeßgegenstand sind, wird vom *7. Senat* des *BSG* grundsätzlich nicht abgelehnt, wohl aber für den Fall eingeschränkt, daß ein mit einem beachtlichen Ver-

---

[473] *BSG*, Beschluß v. 6. 10. 1994 - GS 1/91 -, NVwZ 1996, 824.

[474] *BSG*, Beschluß v. 6. 10. 1994 - GS 1/91 -, NVwZ 1996, 824, 826.

[475] *BSG*, Beschluß v. 6. 10. 1994 -GS 1/91 -, NVwZ 1996, 824, 826.

[476] *BSG*, Beschluß v. 6. 10. 1994 - GS 1/91 -, NVwZ 1996, 824, 826.

[477] *BSG*, Beschluß v. 6. 10. 1994 - GS 1/91 -, NVwZ 1996, 824, 826.

fahrensfehler behafteter Verwaltungsakt ersetzt werden soll. Ansonsten könne die Behörde mit dem neuen Verwaltungsakt schon während des Prozesses das mit dem ursprünglichen Verwaltungsakt angestrebte Ziel erreichen.[478]

Nach Ansicht des *Großen Senats* des *BSG* widerspricht eine derartige Einschränkung der Zielsetzung des § 96 SGG, der der effizienten Erledigung des Streitstoffes durch die Zusammenfassung in einem einzigen Verfahren dient.

Die Ansicht des *Großen Senats* ist vor allem unter dem Aspekt der Prozeßökonomie überzeugend, da es unsinnig ist, der Behörde die Aufhebung und Ersetzung des fehlerhaften Verwaltungsaktes während des Prozesses zu verbieten, wenn die Behörde nach der Kassation des Verwaltungsaktes einen neuen, inhaltlich identischen verfahrensfehlerfreien Verwaltungsakt erlassen müßte. Gegen die grenzenlose Zulässigkeit der Ersetzung fehlerhafter Verwaltungsakte während des gerichtlichen Verfahrens spricht aber, daß dem Betroffenen auf diese Weise das Widerspruchsverfahren gegen den nachgeschobenen Verwaltungsakt vorenthalten wird.[479] Dieser Ausfall des Widerspruchsverfahrens kann sich aber für den Betroffenen einer Ermessensentscheidung nachteilig erweisen, da die Widerspruchsbehörde den Verwaltungsakt umfassend auf seine Recht- und Zweckmäßigkeit hin überprüfen und daher auch eine für den Betroffenen günstigere Entscheidung treffen kann.

Der *Große Senat* des *BSG* hat diese Einschränkung des Rechtsschutzes des Betroffenen durch eine unbeschränkte Anwendung des § 96 SGG zwar gesehen, aber hat die Verantwortung dafür einseitig dem Gesetzgeber zugeschoben. Er hat dazu ausgeführt: „*Es muß dem Gesetzgeber überlassen bleiben, zwischen dem mit § 96 SGG erstrebten Ziel der schnellen und vollständigen Erledigung des gesamten Streitstoffes und der Sicherungsfunktion eines Vorverfahrens eine andere Trennung vorzunehmen, wenn er dies für notwendig hält.*“[480] Es könne jedenfalls nicht

---

[478] *BSG*, Beschluß v. 6. 10. 1994 - GS 1/91 -, NVwZ 1996, 824, 826.

[479] Ein Widerspruchsverfahren gegen den Änderungsbescheid wird vom *BVerwG* nicht für erforderlich erachtet, vgl. *BVerwG*, Urteil v. 17. 8. 1988 - 5 C 78.84, Buchholz 424.01 § 65 FlurBerG Nr. 5 S. 7, 9; Urteil v. 21. 9. 1989 - 2 C 68.86, Buchholz 240 § 12 BBesG.

[480] *BSG*, Beschluß v. 6. 10. 1994 - GS 1/91 -, NVwZ 1996, 824, 827.

die Aufgabe der Rechtsprechung sein, durch eine Einschränkung der Anwendung des § 96 SGG den Verfahrensablauf zu komplizieren.[481]

Abschließend hat der *Große Senat* festgestellt, daß durch die Ersetzung des fehlerhaften Verwaltungsaktes eine Umgehung des § 41 II SGBX nicht vorliege, da die Rechtsfolgen des ersetzenden Verwaltungsaktes grundsätzlich mit Wirkung ex nunc einträten und nicht auf den Zeitpunkt des Erlasses des ersetzten Bescheids zurückwirkten.[482] Diesen Grundsatz schränkt der *Große Senat* sofort für die Fälle, in denen auch der ersetzte Verwaltungsakt Wirkung für die Vergangenheit hatte, ein.

2. Nachschieben von Gründen während des Prozesses

Das Nachschieben von Gründen im Prozeß stellt für die Behörde eine Möglichkeit zur Behebung eines materiellen Begründungsmangels während des laufenden gerichtlichen Verfahrens dar.

a) Anwendungsbereich

Nach § 39 I VwVfG ist der Verwaltungsakt grundsätzlich schriftlich zu begründen. Die angegebenen Gründe müssen den erlassenen Verwaltungsakt sachlich rechtfertigen.

Bei dem Nachschieben von Gründen handelt es sich nicht um einen Fall der Nachholung der Begründung i. S. des § 45 I Nr. 2 VwVfG, der sich auf das völlige Fehlen einer Begründung bzw. auf die unvollständige Begründung bezieht.[483] Das Nachschieben von Gründen betrifft die Fallkonstellation, daß die formalen Anforderungen an die Begründung i. S. des § 39 I VwVfG zwar erfüllt sind, die angegebenen Gründe aber den erlassenen Verwaltungsakt nicht zu tragen vermögen, sei es, weil ein unzutreffender Sachverhalt zugrundegelegt oder von einer falschen Rechtsauffassung ausgegangen wurde.[484] Die nachgeschobenen Gründe verändern die sachliche Beurteilungsgrundlage des Gerichts.[485]

---

[481] *BSG*, Urteil v. 6. 10. 1994 - GS 1/91 -, NVwZ 1996, 824, 827.

[482] *BSG*, Urteil v. 6. 10. 1994 - GS 1/91 -, NVwZ 1996, 824, 827.

[483] Vgl. dazu *Schoch*, Nachholen der Begründung und Nachschieben von Gründen, DÖV 1984, 401, 404.

[484] *Badura*, in: Erichsen, Allgemeines Verwaltungsrecht, § 38 Rz. 42; *Klappstein*, in: Knack, VwVfG, § 45 Rz. 3.2.3; *Sachs*, in: Stelkens/Bonk/Sachs, VwVfG, § 45 Rz. 29; *Horn*, Das Nachschieben von Gründen und die Rechtmäßigkeit von Verwaltungsakten, Die Verwaltung 1992, 203, 208; *Schenke*, Das Nachschie-

b) Materiellrechtliche Funktion der Begründung

Insoweit ist streng zwischen der materiellrechtlichen und der formellen Funktion der Begründung zu unterscheiden. Nach § 39 I VwVfG muß ein schriftlicher Verwaltungsakt schriftlich begründet werden. Die Begründung soll die wichtigsten tatsächlichen und rechtlichen Gründe enthalten, die die Behörde zu ihrer Entscheidung veranlaßt haben. Die Begründung eines Ermessensverwaltungsaktes soll zusätzlich die Ermessenserwägungen erkennen lassen, die die Behörde ihrer Entscheidung zugrundegelegt hat, § 39 I S. 3 VwVfG.

Diese Begründungspflicht als formelles Erfordernis des Verwaltungsaktes wird teilweise aus Art. 19 IV GG und anderen Grundrechten, teilweise auch aus dem Rechtsstaatsprinzip abgeleitet.[486]

Von dieser formellen Begründungspflicht ist das Erfordernis einer inhaltlich richtigen Begründung zu unterscheiden. Während die Anforderungen an eine formelle Begründung bereits erfüllt sind, wenn die Behörde die wesentlichen tatsächlichen und rechtlichen Gründe für den Erlaß des Verwaltungsaktes mitgeteilt hat, setzt der formelle Begründungszwang gerade nicht die inhaltliche Richtigkeit der angegebenen Gründe voraus.

In ihrer materiellrechtlichen Funktion kann die gegebene Begründung für die materielle Richtigkeit des Verwaltungsaktes entscheidend sein. Dies ist immer dann der Fall, wenn das Gericht die Rechtmäßigkeit des Verwaltungsaktes nur unter Hinzuziehung der behördlichen Begründung überprüfen kann, d. h. nur anhand der Begründung der von der Behörde ermittelte Sachverhalt, die angewendete Rechtsnorm, die vollzogene Subsumtion und vor allem auch die angestellten Ermessenserwägungen festgestellt werden können. In diesem Fall wird die Rechtmäßigkeit des Verfügungssatzes durch die Gründe (mit-)bestimmt.

Ein Nachschieben von Gründen im Widerspruchsverfahren ist sowohl bei gebundenen als auch bei Ermessensentscheidungen in bestimmten Grenzen zulässig.[487]

---

ben von Gründen im Rahmen der Anfechtungsklage, NVwZ 1988, 1; *Rupp*, Nachschieben von Gründen im verwaltungsgerichtlichen Verfahren, S. 13.

[485] *Spannowsky*, in: Sodan/Ziekow, VwGO, § 113 Rz. 84.

[486] *Henneke*, in: Knack, VwVfG, § 39 Rz. 2.2.

[487] Der Meinungsstand hinsichtlich der Zulässigkeit des Nachschiebens von Gründen ist weit von einem Konsens entfernt. Aufgrund der besonderen Thematik dieser Arbeit soll vor allem die Frage der Zulässig-

Die Frage, ob und in welchem Umfang ein Nachschieben von Gründen auch im gerichtlichen Verfahren zulässig ist, wird in Schrifttum und Rechtsprechung konträr diskutiert. Die wichtigsten Positionen werden daher in ihren Gemeinsamkeiten und Unterschieden kurz dargestellt.

c) Rechtliche Grundlage

Anders als die Frage der Zulässigkeit der Heilung formeller Mängel (§ 45 II VwVfG) ist die materielle Nachbesserung von Verwaltungsakten durch das Nachschieben von Gründen nicht im Gesetz geregelt.[488]

Nach überwiegender Auffassung ergeben sich die Grundlagen für die Zulässigkeit eines Nachschiebens von Gründen aus dem Verwaltungsprozeßrecht.[489] Vereinzelt wird die Zulässigkeit des Nachschiebens von Gründen auch nach dem materiellen Recht beurteilt.[490]

Einigkeit besteht darüber, daß sich die Befugnis der Behörde zum Nachschieben von Gründen jedenfalls nicht unmittelbar aus § 45 I Nr. 2 VwVfG ergibt, es sich nicht um einen Fall der i. S. des § 39 VwVfG unzureichenden Begründung handelt,[491] wenngleich teilweise eine analoge Anwendung des § 45 II VwVfG a. F. vertreten wird.[492]

Von der h. M. wird die Zulässigkeit des Nachschiebens von Gründen im Prozeß mit dem allgemeinen Rechtsgedanken, daß der objektiv richtige Verwaltungsakt

---

keit des Nachschiebens von Gründen im Prozeß untersucht und auf Ausführungen zur Zulässigkeit im Widerspruchsverfahren verzichtet werden, wobei ein Teil der Argumente ohnehin deckungsgleich ist.

488 Nach dem Willen des Gesetzgebers soll mit der Neuregelung des § 114 S. 2 VwGO das Institut des Nachschiebens von Gründen kodifiziert werden. Vgl. dazu *Schmieszek*, Sechstes Gesetz zur Änderung der Verwaltungsgerichtsordnung und anderer Gesetze, NVwZ 1996, 1151, 1155; *Schmitz/Wessendorf*, Das Genehmigungsverfahrensbeschleunigungsgesetz, NVwZ 1996, 955, 957.

489 *Klappstein*, in: Knack, VwVfG, § 45 Rz. 3.2.3; *Sachs*, in: Stelkens/Bonk/Sachs, VwVfG, § 45 Rz. 30; *Redeker/von Oertzen*, § 108 Rz. 28b; *Maurer*, Allgemeines Verwaltungsrecht, § 10 Rz. 40; *Hufen*, Verwaltungsprozeßrecht, § 24 Rz. 22; *Pietzner/Ronellenfitsch*, Das Assessorexamen im öffentlichen Recht, § 38 Rz. 6; *Horn*, Das Nachschieben von Gründen und die Rechtmäßigkeit von Verwaltungsakten, Die Verwaltung 1992, 203, 208.

490 *Schenke*, „Reform ohne Ende"-Das Sechste Gesetz zur Änderung der VwGO und anderer Gesetze, NJW 1997, 81, 89; *Rupp*, Nachschieben von Gründen im verwaltungsgerichtlichen Verfahren, S. 39.

491 *Sachs*, in: Stelkens/Bonk/Sachs, VwVfG, § 45 Rz. 29; *Klappstein*, in: Knack, VwVfG, § 45 Rz. 3.2.3; *Rupp*, Nachschieben von Gründen im verwaltungsgerichtlichen Verfahren, S. 13, 14; *Schenke*, Das Nachschieben von Gründen im Rahmen der Anfechtungsklage, S. 1.

492 *Rupp*, Nachschieben von Gründen im verwaltungsgerichtlichen Verfahren, S. 60; *König/Meins*, BayVwVfG, Art. 45 Rz. 10.

vor Aufhebung geschützt werden soll, gerechtfertigt.[493] Aus diesem Rechtsgedanken entnimmt die h. M. auch die Folgerung, daß zumindest bei gebundenen Entscheidungen die Rechtmäßigkeit des Verwaltungsaktes bei Erfüllung der materiellen und formellen Anforderungen nicht von der sachlich zutreffenden Begründung abhängen könne.[494] Nach der Gegenmeinung kann die Rechtmäßigkeit auch des gebundenen Verwaltungsaktes nur im Zusammenwirken mit der Begründung geprüft werden.[495]

d) Umfang

Die grundsätzliche Bejahung der Zulässigkeit des Nachschiebens von Gründen sagt noch nichts über die Art der Gründe, die nachgeschoben werden können und den zeitlichen Rahmen der Nachbesserung aus. Zunächst soll geklärt werden, in welchem Umfang Gründe nachgeschoben werden können, ob es sich um bloße Ergänzungen der Begründung,[496] um die Nachholung wesentlicher Erwägungen oder um die vollständige Auswechslung der Begründung, wodurch der Verwaltungsakt bei gleichbleibender Zielrichtung auf eine andere Grundlage gestellt wird, handelt.

aa) Ergänzung von Erwägungen

Nach der Rechtsprechung des *BVerwG* ist das Nachschieben von ergänzenden (Ermessens-)Erwägungen im Verwaltungsprozeß innerhalb gewisser Grenzen zulässig.[497]

Für das Nachschieben von Gründen bei gebundenen Verwaltungsakten im Prozeß hat die Rechtsprechung in ständiger Praxis die Zulässigkeit bejaht und hat dabei

---

[493] *Badura*, in: Erichsen, Allgemeines Verwaltungsrecht, § 38 Rz. 42.

[494] *Sachs*, in: Stelkens/Bonk/Sachs, VwVfG, § 45 Rz. 29, 30; *Bettermann*, Über die Rechtswidrigkeit von Staatsakten, FS für Huber, S. 25, 45; *Schoch*, Nachholen der Begründung und Nachschieben von Gründen, DÖV 1984, 401, 403; *Weyreuther*, Zur richterlichen Umdeutung von Verwaltungsakten, DÖV 1985, 128, 129; *Horn*, Das Nachschieben von Gründen und die Rechtmäßigkeit von Verwaltungsakten, Die Verwaltung 1992, 203, 215; *Kraft*, Änderungsbescheide im Widerspruchsverfahren und Verwaltungsprozeß, BayVBl. 1995, 519, 524.

[495] *Schenke*, Nachschieben von Gründen im Rahmen der Anfechtungsklage, NVwZ 1988, 1, 7.

[496] Vgl. zu den inhaltlichen Anforderungen an eine Begründung die Ausführungen oben S. 88.

[497] *BVerwG*, Urteil v. 18. 5. 1990 - 8 C 48.88 -, BVerwGE 85, 163, 165 f.; *Schenke*, Das Nachschieben von Gründen im Rahmen der Anfechtungsklage, NVwZ 1988, S. 1, 2; *Sachs*, in: *Stelkens/Bonk/Sachs*, VwVfG, § 45 Rz. 30; *Badura*, in: Erichsen, Allgemeines Verwaltungsrecht, § 38 Rz. 40.

auch ein Nachschieben des Sachverhalts durch das Gericht[498] (Tatsacheninstanz) genügen lassen und nicht auf ein Nachschieben der Behörde abgestellt.[499]

Auch bei Ermessensentscheidungen der Behörde läßt die Rechtsprechung ein Nachschieben (unwesentlicher) Ermessenserwägungen zu, wenn diese von der Behörde tatsächlich nachgeschoben werden; eine Feststellung und Berücksichtigung der nicht vorgetragenen Gründe durch das Gericht allein verbietet sich,[500] da das Gericht die Ermessensausübung der Behörde nicht ersetzen darf. Vom *VGH Kassel* wurde das Nachreichen eines für die ermessensfehlerfreie Begründung der Auswahlentscheidung bei einer beamtenrechtlichen Dienstpostenbesetzung unerläßlichen aktuellen Leistungs- und Eignungsvergleichs der Bewerber noch während eines anhängigen vorläufigen Rechtsschutzverfahrens für zulässig erachtet.[501]

Auch hat das *OVG Münster* in seinem Beschluß vom 26. 6. 1985 entschieden, daß die Begründung des besonderen Vollzugsinteresses i. S. des § 80 II Nr. 4 VwGO durch die Behörde im gerichtlichen Aussetzungsverfahren mit heilender Wirkung für die Vollziehungsanordnung nachgeschoben werden kann.[502] Die Behörde hatte hier den Sofortvollzug des Entzugs der Fahrerlaubnis mit allgemeinen Erwägungen begründet und nicht auf die den Entzug der Fahrerlaubnis rechtfertigende Alkoholsucht des Antragstellers hingewiesen. Das *OVG Münster* hat das nachträgliche Vorbringen der Behörde im Aussetzungsverfahren vor allem auch unter Berücksichtigung der verfahrensökonomischen Gestaltung des vorläufigen Rechtsschutzverfahrens und des öffentlichen Interesses an der sofortigen Vollziehung zugelassen.[503]

Interessant ist in diesem Kontext vor allem die Rechtfertigung des Nachschiebens von Gründen mit dem öffentlichen Interesse. Das *OVG Münster* hat damit inzi-

---

[498] Ablehnend *Schenke*, der meint, das Gericht dürfe nicht zum Substituten der Verwaltung werden, indem es Gründe nachschiebt, die von der Behörde selbst nicht vorgetragen werden. *Schenke*, Das Nachschieben von Gründen im Rahmen der Anfechtungsklage, NVwZ 1988, 1, 6.

[499] Vgl. *BayVGH*, Urteil v. 8. 12. 1993 - 21 B 92.799; Zur Feststellung maßgeblicher Gründe durch das Verwaltungsgericht vgl. auch *Sachs*, in: Stelkens/Bonk/Sachs, VwVfG, § 45 Rz. 31; *Weyreuther*, Zur richterlichen Umdeutung von Verwaltungsakten, DÖV 1985, 128, 129.

[500] *BayVGH*, Urteil v. 8. 12. 1993 - 21 B 92.799 -, BayVBl. 1994, 404, 406; *Weyreuther*, Zur richterlichen Umdeutung von Verwaltungsakten, DÖV 1985, 128, 129.

[501] *VGH Kassel*, Beschluß v. 18. 8. 1992 - 1 TG 1074/92 -, NVwZ 1993, 284.

[502] *OVG Münster*, Beschluß v. 26. 6. 1985 - 19 B 1061/85 -, NJW 1986, 1894.

[503] *OVG Münster*, Beschluß v. 26. 6. 1985 - 19 B 106/85 -, NJW 1986, 1894, 1895.

dent das Interesse des Antragstellers an einer zutreffenden Begründung des ihn belastenden Verwaltungsaktes dem Allgemeininteresse an einer sachlich richtigen Begründung der Entscheidung weichen lassen. Allerdings wird diese Entscheidung wohl unter dem Gesichtspunkt des elementaren öffentlichen Interesses an einem (gerechtfertigten) Entzug der Fahererlaubnis zu sehen sein.

bb) Ergänzung wesentlicher Ermessenserwägungen

Problematisch ist die Heilung materieller Mängel eines Verwaltungsaktes, wenn diese auf einem Ermessens- oder einem Abwägungsdefizit beruhen. Eine Heilung durch ein Nachschieben von wesentlichen Ermessenserwägungen wird hier überwiegend abgelehnt.

Das *BVerwG* hat in seinem Urteil vom 25. 2. 1988 festgestellt, daß das Vorliegen eines Abwägungsdefizits (hier: Nachschieben einer Verkehrsanalyse, die Bestandteil der eigentlichen Abwägung hätte sein müssen), welches durch die unzureichende Ermittlung der abwägungsrelevanten Belange entstanden ist, im gerichtlichen Verfahren nicht „geheilt" werden kann.[504]

In letzter Zeit ist das *BVerwG* dazu übergegangen, ein Nachschieben auch wesentlicher Ermessenserwägungen im Prozeß zuzulassen, wenn auch mit anderer Argumentation.[505] So hat das *BVerwG* in seinem Urteil vom 18. 5. 1990 entschieden, daß ein im erstinstanzlichen Verfahren festgestelltes Abwägungsdefizit durch das Nachschieben der ursprünglich von der Behörde nicht angestellten Erwägung in der Berufungsinstanz behoben werden kann.[506] In den Entscheidungsgründen wertete das *BVerwG* die Ergänzung der Ermessenserwägungen nicht als „bloße Aufbesserung" der Gründe, sondern als nachträgliche inhaltliche Änderung des Verwaltungsaktes.[507]

Die behördlichen Ermessenserwägungen als notwendiger Bestandteil der Ermessensausübung seien als Bestandteil des Ausspruchs des Verwaltungsaktes anzusehen und änderten daher die Entscheidung. In Wirklichkeit handele es sich daher

---

[504] *BVerwG*, Urteil v. 25. 2. 1988 -4 C 32, 33/86 -, NVwZ 1989, 152, 153.

[505] Dazu *Schenke*, „Reform ohne Ende"-Das Sechste Gesetz zur Änderung der VwGO und anderer Gesetze, NJW 1997, 81, 89.

[506] *BVerwG*, Urteil v. 18. 5. 1990 - 8 C 48.88 -, NJW-RR 1990, 1351.

[507] *BVerwG*, Urteil v. 18. 5. 1990 - 8 C 48.88 -, NJW-RR 1990, 1351.

um den Erlaß eines neuen Verwaltungsaktes.[508] Die Zulässigkeit einer derartigen Änderung mit im Prozeß beachtlicher mängelheilender Wirkung sei dem jeweiligen Fachrecht zu entnehmen, im fallentscheidenden Wohnungsbindungsrecht sei eine nachträgliche Änderung dieser Art zugelassen.[509]

Die Entscheidung des *BVerwG* erweckt den Eindruck, als solle versucht werden, mit einer als neuer Verwaltungsakt getarnten nachgeschobenen Ermessenserwägung die Klippen der Unzulässigkeit des Nachschiebens von Gründen zu umschiffen. Da einheitliche Grenzen der Beachtlichkeit nachgeschobener Gründe von Rechtsprechung und Schrifttum noch nicht geschaffen worden sind, wird einer dogmatischen Lösung dieser Frage dadurch ausgewichen, daß die nachgeschobene Erwägung vorschnell als neuer Verwaltungsakt deklariert und damit für beachtlich erklärt wird. Das *BVerwG* geht nicht darauf ein, worin die Spruchänderung in diesem Fall konkret liegen soll.

Diese Lösung der Rechtsprechung orientiert sich an der in § 96 SGG normierten Möglichkeit der Ersetzung des Verwaltungsaktes, die kein Äquivalent in der VwGO besitzt.[510] Dafür spricht auch, daß das *BVerwG* in der genannten Entscheidung den Kläger vor die Wahl stellt, durch Klageänderung die Rechtmäßigkeit des geänderten (neuen) Verwaltungsaktes gerichtlich überprüfen zu lassen oder den Rechtsstreit in der Hauptsache für erledigt zu erklären.[511] Dieselbe Konsequenz ergibt sich auch für den Anfechtungskläger im sozialgerichtlichen Verfahren bei Eingreifen des § 96 SGG.[512]

cc) Vollständige Auswechslung der Begründung

Die Frage der Zulässigkeit eines Nachschiebens von Gründen auch dann, wenn nicht nur einzelne Gründe, sondern eine vollständig neue Begründung nachgeschoben wird, ist umstritten. Einigkeit besteht insoweit, daß ein Nachschieben von

---

[508] *BVerwG*, Urteil v. 18. 5. 1990 - 8 C 48.88 - NJW-RR 1990, 1351 unter Berufung auf *Meyer/Borgs-Maciejewski*, VwVfG, § 45 Rz. 30.

[509] *BVerwG*, Urteil v. 18. 5. 1990 - 8 C 48.88 -, NJW-RR 1990, 1351.

[510] Vgl. *Meyer-Ladewig*, SGG, § 96 Rz. 1; Vgl. auch die entsprechende Vorschrift des § 68 FGO. Das *BVerwG* weicht diesem Hindernis aus, indem es die Ersetzung durch das jeweilige Fachrecht zuläßt.

[511] *BVerwG*, Urteil v. 18. 5. 1990 - 8 C 48.88 -, NJW-RR 1990, 1351.

[512] *Meyer-Ladewig*, SGG, § 96 Rz. 11.

Gründen, die den Verwaltungsakt auf eine andere Grundlage stellen und ihm eine neue Zielrichtung geben, unzulässig ist.[513]

Fraglich ist aber, wie es sich mit den Verwaltungsakten verhält, die bei gleichbleibender Zielrichtung von der Behörde im Prozeß mit einer völlig neuen Begründung, versehen werden. Beispielhaft für diese Fallkonstellation ist eine Entscheidung des *BVerwG* aus dem Jahre 1990[514] mit folgendem Sachverhalt:

Die beklagte Gemeinde erließ einen Beitragsbescheid über eine Vorausleistung auf den Entwässerungsbeitrag gegen den Kläger. Der Bescheid stützte sich auf eine nichtige Satzung. Der Widerspruch des Klägers gegen den Beitragsbescheid wurde zurückgewiesen. Danach erließ die Gemeinde eine neue Satzung, die allerdings keine rückwirkende Geltung besaß. Das Verwaltungsgericht hob auf die Anfechtungsklage des Klägers hin den Bescheid unter Verweis auf die Nichtigkeit der zugrundeliegenden Satzung auf. Die Berufung der Gemeinde blieb erfolglos. Das BVerwG hob das Verwaltungsgerichtsurteil auf und verwies die Sache zur Neuentscheidung an den VGH zurück.

Die kommunale Beitragssatzung, auf die sich der Bescheid der Gemeinde stützte, war nichtig, so daß der Beitragsbescheid ohne Rechtsgrundlage erlassen und damit materiell rechtswidrig war. Eine Heilung des Verwaltungsaktes kam nur in Betracht, wenn das *BVerwG* die nach Erlaß des Widerspruchsbescheids verabschiedete neue Satzung der Gemeinde bei der Beurteilung der materiellen Rechtmäßigkeit des Beitragsbescheids berücksichtigen durfte.

Das *BVerwG* hat hier die Auffassung vertreten, daß durch die nachgeschobene Satzung der angefochtene Beitragsbescheid geheilt worden ist. Es hat insoweit nur nach der Beachtlichkeit der zeitlich dem Erlaß des Widerspruchsbescheids nachfolgenden Satzung gefragt und ist zu dem Ergebnis gekommen, daß der maßgebliche Zeitpunkt für die Beurteilung der Sach- und Rechtslage allein dem materiellen Recht zu entnehmen ist.

---

513 *Rupp*, Nachschieben von Gründen im verwaltungsgerichtlichen Verfahren, S. 22; *Horn*, Das Nachschieben von Gründen und die Rechtmäßigkeit von Verwaltungsakten, 203, 214.

514 *BVerwG*, Urteil v. 27. 4. 1990 - 8 C 87.88 -, BayVBl. 1990, 666 = NVwZ 1991, 360.

Aus § 113 I S. 1 VwGO folgt, daß der Anfechtungsklage des Klägers nur dann stattzugeben ist, wenn der Aufhebungsanspruch im Zeitpunkt der gerichtlichen Entscheidung noch besteht.[515]

Die Frage, ob im Zeitpunkt der gerichtlichen Entscheidung ein solcher Anspruch noch besteht, ist nach dem zugrundeliegenden materiellen Recht zu beurteilen.[516] Das *BVerwG* hat weiter festgestellt, daß der objektiv vorliegende Aufhebungsanspruch gemäß § 113 I S. 1 VwGO durch eine nachfolgende Rechtsänderung (hier: die nachgeschobene Satzung), die den Erlaß des Verwaltungsaktes nunmehr rechtfertigen würde, beseitigt werden kann.[517] Dies hängt nach Auffassung des *BVerwG* davon ab, ob das einschlägige materielle Recht, hier das kommunale Abgabenrecht, einen „mit der Rechtsänderung verbundenen Fortfall der entstandenen Aufhebungsansprüche" zuläßt.[518]

Für das Erschließungsbeitragsrecht bejaht das *BVerwG* in ständiger Rechtsprechung den Wegfall des Aufhebungsanspruchs, wenn eine Pflicht zur Beitragszahlung besteht und der aufgehobene Bescheid aufgrund der geänderten Rechtslage mit gleichem Inhalt sofort wieder an den Beitragspflichtigen gerichtet werden müßte.[519]

Etwaige bestehende verfassungsrechtliche Bedenken hinsichtlich dieser Vorgehensweise verneint das *BVerwG* und weist auf das vorliegende evidente Gemeininteresse an der Vermeidung von Leerlauf bei der zwingend gebotenen Beitragserhebung hin, hinter dem ein hinreichend schutzwürdiges Individualinteresse zurücktreten müsse.[520]

Diese Entscheidung des *BVerwG* ist verfassungsrechtlich nicht unbedenklich, da es der erlassenden Gemeinde die Befugnis zuspricht, durch das Nachschieben einer Satzung den Aufhebungsanspruch des Beitragspflichtigen gemäß § 113 I S. 1

---

[515] *Redeker/von Oertzen*, VwGO, § 113 Rz. 5, 6; *Scherzberg*, Nachschieben einer kommunalen Abgabensatzung, BayVBl. 1992, 426, 427.

[516] *BVerwG*, Urteil v. 21. 5. 1976 - IV C 80.74 -, BVerwGE 51, 15, 24 = BayVBl. 1976, 658.

[517] *BVerwG*, Urteil v. 27. 4. 1990 - 8 C 87.88 -, BayVBl. 1990, 666, 667.

[518] *BVerwG*, Urteil v. 27. 4. 1990 - 8 C 87.88 -, BayVBl. 1990, 666, 667.

[519] *BVerwG*, Urteil v. 25. 11. 1981 - 8 C 14.81 -, BVerwGE 64, 218, 223; *VGH Mannheim*, Urteil v. 1. 12. 1983 - 2 S 2586/82.

[520] *BVerwG*, Urteil v. 27. 4. 1990 - 8 C 87.88 -, BayVBl. 1990, 666, 667.

VwGO nachträglich zu beseitigen und damit einen ohne hinreichende rechtliche Grundlage erlassenen Beitragsbescheid durchzusetzen.[521] Darin liegt aber ein Verstoß gegen die in Art. 20 III GG normierte Pflicht der Exekutive zu gesetzmäßigem Handeln.

Ausdrücklich für zulässig erklärt hat das *BVerwG* die Auswechslung der Begründung des Verwaltungsaktes und vor allem seiner Rechtsgrundlage im Beschluß vom 5. 2. 1993.[522] Ohne nähere Begründung wurde hier der Behörde zugestanden, die gegebene Begründung des Verwaltungsaktes sogar noch während des verwaltungsgerichtlichen Verfahrens zu ergänzen oder zu ändern und nachträglich eine andere Rechtsgrundlage anzugeben. Eine derartige Änderung der Begründung stelle die Rechtmäßigkeit des Verwaltungsaktes solange nicht in Frage, als dieser durch die Änderungen nicht in seinem Wesen verändert werde.[523]

Dieser Beschluß des *BVerwG* ist aber wenig aussagekräftig für die grundsätzliche Frage des Umfangs der Zulässigkeit des Nachschiebens von Gründen im Prozeß. Dies ergibt sich schon daraus, daß das *BVerwG* nicht explizit die Rechtswidrigkeit des angefochtenen Bescheids feststellt, so daß eine klare Abgrenzung zwischen dem Nachschieben von Gründen und der Präzisierung des gerichtlichen Vortrags nicht getroffen werden kann.[524] Das *BVerwG* ist auch nicht darauf eingegangen, ob die nachträgliche Änderung der Begründung und der zugrundeliegenden Rechtsgrundlage Heilungsfunktion besaßen.

3. Kritik an der h. M.

Die Kritiker der h. M. berufen sich vor allem darauf, daß die sachlich unzutreffende und damit rechtswidrige Begründung die Rechtswidrigkeit des Verwaltungsaktes zur Folge habe. Das Durchschlagen der (materiell) rechtswidrigen Begründung auf den Spruch des Verwaltungsaktes ergebe sich schon daraus, daß im Gegensatz zu den strikt gesetzesgebundenen Entscheidungen das Vorliegen der Begründung

---

[521] *Scherzberg*, Nachschieben einer kommunalen Abgabensatzung, BayVBl. 1992, 426, 430.

[522] *BVerwG*, Beschluß v. 5. 2. 1993 - 7 B 107/92 -, NVwZ 1993, 976.

[523] *BVerwG*, Beschluß v. 5. 2. 1993 - 7 B 107/92 -, NVwZ 1993, 976, 977.

[524] Vgl. zu Abgrenzung des Nachschiebens von Gründen im Prozeß und der Präzisierung des klägerischen Vortrags, *Rupp*, Nachschieben von Gründen im verwaltungsgerichtlichen Verfahren, S. 22, 23.

zur gerichtlichen Kontrolle des Verwaltungsaktes unentbehrlich sei.[525] Ferner fehle es auch an einer Heilungswirkung der nachgeschobenen Gründe für den aufgrund der sachlich unrichtigen Begründung rechtswidrigen Verwaltungsakt.[526]

a) Entbehrlichkeit der Begründung bei gebundenen Verwaltungsakten

Bei einer gebundenen Entscheidung kann das Gericht unabhängig von der vorliegenden Begründung den Verwaltungsakt auf seine objektive Übereinstimmung mit der Rechtslage überprüfen.[527] Auf die inhaltliche Richtigkeit der behördlichen Begründung kommt es nicht an, da das Gericht im Rahmen des Untersuchungsgrundsatzes den zugrundeliegenden Sachverhalt erforderlichenfalls selbst ermitteln muß.[528] Falls diese Ermittlung die Kapazität des Verwaltungsgerichtes übersteigt, können auch die Verwaltungsbehörden zur Mitwirkung an der Sachverhaltsaufklärung herangezogen werden.[529]

b) Bedeutung der Begründung des Ermessensverwaltungsaktes

Die Behörde kann im Rahmen ihres Ermessensspielraums mehrere gleichermaßen rechtmäßige Entscheidungen treffen.[530] Die Behörde ist aber verpflichtet zu begründen, warum sie sich für den Erlaß des konkreten Verwaltungsaktes entschieden hat.[531] Ohne Begründung kann das Gericht nicht festzustellen, ob die Behörde den ihr zustehenden Ermessensspielraum eingehalten hat oder ob ein Ermessensfehler vorliegt. Das Gericht kann nur der Begründung des Verwaltungsaktes entnehmen, ob die Behörde überhaupt ein Ermessen ausgeübt hat oder fälschlicherweise von einer gesetzlichen Bindung ausgegangen ist. Das gleiche gilt für den Ermessensfehlgebrauch, da das Gericht untersuchen muß, ob die vorliegende Be-

---

[525] Dazu *Sachs*, in: Stelkens/Bonk/Sachs, VwVfG, § 45 Rz. 30, 26, 33; *Schenke*, Das Nachschieben von Gründen im Rahmen der Anfechtungsklage, NVwZ 1988, 1, 9 f.; a. A. *Ule/Laubinger*, Verwaltungsverfahrensrecht, § 60 Rz. 7; *Badura*, in: Erichsen, Allgemeines Verwaltungsrecht, § 38 Rz. 14; *Horn*, Das Nachschieben von Gründen und die Rechtmäßigkeit von Verwaltungsakten, Die Verwaltung 1992, 203, 218 ff.

[526] *Schenke*, Das Nachschieben von Gründen im Rahmen der Anfechtungsklage, NVwZ 1988, 1, 11.

[527] *Horn*, Das Nachschieben von Gründen und die Rechtmäßigkeit von Verwaltungsakten, Die Verwaltung 1992, 201, 228.

[528] *Schoch*, Nachholen der Begründung und Nachschieben von Gründen, DÖV 1984, 401, 403; *von Mutius*, Gerichtsverfahren und Verwaltungsverfahren, FS für Menger, S. 575, 603.

[529] Vgl. *Stelkens*, Verwaltungsgerichtsbarkeit-Gerichtsbarkeit ohne Verwaltung?, NVwZ 1982, 81, 84.

[530] Vgl. statt vieler *Ossenbühl*, in: Erichsen, Allgemeines Verwaltungsrecht, § 10 Rz. 10 ff.

[531] § 39 I S. 3 VwVfG verpflichtet die Behörde ausdrücklich zur Offenlegung der Gesichtspunkte, die zu dem Erlaß der konkreten Ermessensentscheidung geführt haben.

gründung sachfremde Erwägungen enthält. Bei der Frage, ob die Behörde die ihr durch die Ermächtigungsnorm gesetzten Grenzen eingehalten hat, kann das Vorliegen der Begründung entbehrlich sein, da sich diese Grenzen unmittelbar aus dem Gesetz selbst ergeben. *Schoch* weist aber zu recht darauf hin, daß die Begründung in diesem Fall Aufschluß darüber geben könne, ob die Entscheidung der üblichen Behördenpraxis entspricht oder ein Ausnahmefall vorliegt. Dies sei unter Berücksichtigung des Gleichbehandlungsgrundsatzes von Interesse für die Nachprüfung des Verwaltungsaktes.[532]

Daher ist das Vorliegen der Begründung zur Beurteilung des Ermessensverwaltungsaktes unerläßlich. Insoweit besteht auch im Schrifttum noch Einigkeit.

c) Zusammenhang von Rechtswidrigkeit der Begründung und Rechtswidrigkeit des Verwaltungsaktes

Unterschiedliche Auffassungen existieren bei der Frage, ob die Rechtswidrigkeit der Begründung die Rechtswidrigkeit des Verwaltungsaktes zur Folge hat, d. h., ob ein Verwaltungsakt dann rechtswidrig ist, wenn sein Verfügungssatz zwar der materiellen Rechtslage entspricht, seine Begründung aber diesen Spruch nicht rechtfertigt. Nach Ansicht von *Schenke* bilden Begründung und Tenor des Verwaltungsaktes eine untrennbare Einheit, so daß die Rechtswidrigkeit der Begründung die Rechtswidrigkeit des gesamten Verwaltungsaktes bewirkt. Ein Nachschieben oder ein (ggf. teilweiser) Austausch der Begründung nach dem Erlaß des Widerspruchsbescheids habe dann mangels einer Heilungswirkung keinerlei Einfluß auf die Rechtswidrigkeit des Verwaltungsaktes.[533]

Einen anderen Weg beschreitet *Horn*, der die Verknüpfung von fehlerhafter Begründung und Rechtswidrigkeit des Verwaltungsaktes ablehnt. Er verweist darauf, daß die den formellen Anforderungen des § 39 VwVfG nicht entsprechende Begründung (die zur formellen Rechtswidrigkeit des Verwaltungsaktes führt) nicht notwendig einer materiell unrichtigen Begründung gleichzusetzen ist.[534] Über die materielle Rechtmäßigkeit eines Verwaltungsaktes entscheide allein seine Über-

---

[532] *Schoch*, Nachholen der Begründung und Nachschieben von Gründen, DÖV 1984, 401, 404.

[533] *Schenke*, Das Nachschieben von Gründen im Rahmen der Anfechtungsklage, NVwZ 1988, 1, 9, 11.

[534] *Horn*, Das Nachschieben von Gründen und die Rechtmäßigkeit von Verwaltungsakten, Die Verwaltung 1992, 203, 220.

einstimmung mit dem Gesetz.[535] Diese Erkenntnis untermauert *Horn* mit dem Hinweis, daß der Verwaltungsaktsbegriff des § 113 VwGO nur den Tenor der Entscheidung und nicht auch die Gründe umfaßt.[536] Es sei daher nicht die unzutreffende Begründung, die die Rechtswidrigkeit des Verwaltungsaktes bewirke, sondern die fehlerhafte Ermessensausübung.

d) Übereinstimmung des Verwaltungsaktes mit den materiellen Rechtsnormen

Die Ansicht von *Horn* und damit der überwiegenden Meinung im Schrifttum können die überzeugenderen Argumente für sich verbuchen, da sie für die materielle Rechtmäßigkeit des Verwaltungsaktes allein auf die Übereinstimmung mit den einschlägigen Rechtsnormen abstellen. Der Unterschied bei der gerichtlichen Prüfung gebundener und Ermessensentscheidungen liegt nur darin, daß das Gericht die Rechtmäßigkeit eines gebundenen Verwaltungsaktes unabhängig von der Begründung feststellen kann,[537] während es bei Ermessensentscheidungen gehindert ist, sein Ermessen an die Stelle der zuständigen Behörde zu setzen.[538] Die Tatsache, daß die Rechtmäßigkeit eines Ermessensverwaltungsaktes ohne die behördliche Begründung meist nicht ermittelt werden kann, sagt nichts darüber aus, ob deswegen Verwaltungsakt und Begründung zwingend als Einheit anzusehen sind. Der unzutreffend begründete Verwaltungsakt ist daher nicht schon wegen der sachlich unzutreffenden Begründung rechtswidrig, sondern erst dann, wenn das Gericht anhand der nachgeschobenen Begründung die Überzeugung gewinnt, daß auch die „nachgereichten" Gründe nicht ausreichen, um den Verwaltungsakt materiell zu rechtfertigen.[539] Eine gesetzliche Heilungsnorm, wie von *Schenke* gefordert, ist daher nicht erforderlich.[540]

Hier widersprechen sich auch die Vertreter der Auffassung, daß ein Nachschieben von Gründen durch die Behörde nur im Widerspruchsverfahren zulässig ist. Einerseits bejahen sie hier die Zulässigkeit des Nachschiebens von Gründen, obwohl

---

[535] *Horn*, a.a.O., S. 220; *Badura*, in: Erichsen, Allgemeines Verwaltungsrecht, § 38 Rz. 14.

[536] *Redeker/von Oertzen*, VwGO, § 113 Rz. 29.

[537] So auch *Weyreuther*, Zur richterlichen Umdeutung von Verwaltungsakten, DÖV 1985, 126, 129, der auf den Umfang des verwaltungsrichterlichen Rechtsprechens verweist.

[538] Vgl. *Weyreuther*, a.a.O., S. 129.

[539] *Horn*, Das Nachschieben von Gründen und die Rechtmäßigkeit von Verwaltungsakten, Die Verwaltung 1992, 203, 224.

[540] *Schenke*, Das Nachschieben von Gründen im Rahmen der Anfechtungsklage, NVwZ 1988, 1, 11.

nach ihrer Annahme der Verknüpfung der Rechtswidrigkeit des Verwaltungsaktes mit der unzutreffenden Begründung, der wegen sachlich unrichtiger Begründung rechtswidrige Verwaltungsakt ohne die Existenz einer Heilungsnorm auch durch die nachgereichten Gründe nicht rechtmäßig werden kann. Einen Ausweg aus diesem Widerspruch finden manche in der Konstruktion einer analogen Anwendung des § 45 I Nr. 2, 45 II VwVfG auf materielle Begründungsmängel.[541] Mit der analogen Anwendung des § 45 I Nr. 2, 45 II VwVfG auf materielle Begründungsmängel wird die ansonsten streng eingehaltene Trennung zwischen der Begründungspflicht als formellem und als materiellem Erfordernis verwischt.[542] Auch der von *Schenke* vollzogene Erst-recht-Schluß dergestalt, daß wenn schon das Gesetz bei der formell fehlerhaften Begründung die Rechtswidrigkeit des Verwaltungsaktes anordne, dann müsse dies doch erst recht bei einer inhaltlich unzutreffenden Begründung gelten,[543] überzeugt nicht. Hier wird von einer Wertigkeit ausgegangen, die dem materiellen Fehler per se einen größeren Impakt verleiht als dem formellen Mangel. Ein solcher Automatismus verbietet sich jedoch, da grundsätzlich von einer Gleichwertigkeit auszugehen ist.[544] Die Tatsache, daß der Gesetzgeber auf eine explizite Regelung der Nachbesserung von materiellen Mängeln im Verwaltungsverfahrensgesetz verzichtet hat, kann auch bedeuten, daß er dies für nicht erforderlich hielt, da für die Beurteilung der materiellen Rechtmäßigkeit allein auf die zugrundeliegenden materiellrechtlichen Bestimmungen abzustellen ist. Von der grundsätzlichen Zulässigkeit des Nachschiebens von Gründen im Prozeß innerhalb gewisser, am Rechtsschutz der Betroffenen orientierten Schranken, ist daher auszugehen.

4. Grenzen des Nachschiebens von Gründen

Nach ständiger Rechtsprechung des *BVerwG* ist ein Nachschieben von Gründen dann statthaft, wenn die nachgeschobenen Gründe schon im Zeitpunkt des Erlasses des Verwaltungsaktes vorlagen, der nachgebesserte Verwaltungsakt nicht in

---

[541] So vor allem *Rupp*, Nachschieben von Gründen im verwaltungsgerichtlichen Verfahren, S. 45 ff.

[542] Zu der Differenzierung *Schoch*, Nachholen der Begründung und Nachschieben von Gründen, DÖV 1984, 401, 402.

[543] *Schenke*, Das Nachschieben von Gründen im Rahmen der Anfechtungsklage, NVwZ 1988, 1, 11; *Rupp*, Nachschieben von Gründen im verwaltungsgerichtlichen Verfahren, S. 70.

[544] *Bettermann*, Über die Rechtswidrigkeit von Staatsakten, FS für Huber, S. 25, 34.

seinem Wesen verändert wird und das Nachschieben von Gründen keine Beeinträchtigung der Rechtsverteidigung des Betroffenen bedeutet.[545]

Diese von der Rechtsprechung aufgestellten Grenzen der materiellen Nachbesserung von Verwaltungsakten sind aber aufgrund ihrer Konturenlosigkeit und Stereotypie wenig geeignet, der Zulässigkeit des Nachschiebens von Gründen klare Schranken zu setzen. Schon hinsichtlich der ersten Voraussetzung, dem Vorliegen der Gründe im Zeitpunkt des Erlasses des Verwaltungsaktes, erscheint diese Festlegung willkürlich.

a) Zeitpunkt des Vorliegens der Gründe

Aufgrund des Devolutiveffekts erlangt die Widerspruchsbehörde im Widerspruchsverfahren die volle Sachherrschaft über das Verfahren, d. h. sie kann den angefochtenen Verwaltungsakt bestätigen, aufheben, abändern, ersetzen oder selbst den beantragten Verwaltungsakt erlassen.[546] Die Widerspruchsbehörde ist zur umfassenden Prüfung der Recht- und Zweckmäßigkeit des Verwaltungsaktes berechtigt und darf sich nicht auf die Nachprüfung der gerügten Tatsachen beschränken.[547] Da die Widerspruchsbehörde die Recht-und Zweckmäßigkeit des Verwaltungsaktes überprüft, ist sie auch zur Berücksichtigung der seit dem Erlaß des Verwaltungsaktes entstandenen entscheidungserheblichen Tatsachen verpflichtet.[548] Die Widerspruchsbehörde erläßt den Widerspruchsbescheid als eigene Entscheidung, die dann gemäß § 79 I Nr. 1 VwGO auch Gegenstand des gerichtlichen Anfechtungsverfahrens wird.[549] Wegen dieser umfassenden Kontrollkompetenz der Widerspruchsbehörde ist es daher ausreichend, daß die nachgeschobenen Gründe spätestens im Zeitraum vor dem Erlaß des Widerspruchsbescheids vorgelegen haben.[550]

---

[545] Nachweise bei *Laubinger*, Grundrechtsschutz durch Gestaltung des Verwaltungsverfahrens, VerwArch 78 (1987), 207 ff.

[546] Vgl. die Nachweise bei *Redeker/von Oertzen*, VwGO, § 73 Rz. 13; *Pietzner/Ronellenfitsch*, Das Assessorexamen im öffentlichen Recht, § 39 Rz. 1.

[547] *Redeker/von Oertzen*, VwGO, § 73 Rz. 13.

[548] *Pietzner/Ronellenfitsch*, Das Assessorexamen im Öffentlichen Recht, § 39 Rz. 1.

[549] Nach § 79 I Nr. 1 VwGO ist Klagegegenstand der ursprüngliche Verwaltungsakt in der Gestalt, die er durch den Widerspruchsbescheid gefunden hat.

[550] So auch *Schenke*, Das Nachschieben von Gründen im Rahmen der Anfechtungsklage, NVwZ 1988, 1, 3; *Horn*, Das Nachschieben von Gründen und die Rechtmäßigkeit von Verwaltungsakten, Die Verwaltung 1992, 203, 209; *Rupp*, Nachschieben von Gründen im verwaltungsgerichtlichen Verfahren, S. 70.

Bei Gründen, die erst nach dem Erlaß des Widerspruchsbescheids entstanden sind und von der Behörde im Verwaltungsprozeß vorgetragen werden, handelt es sich nicht um die Problematik des Nachschiebens von Gründen, da strenggenommen nur solche Gründe nachgeschoben werden können, die im Zeitpunkt entweder der Entscheidung der Ausgangsbehörde oder der Widerspruchsbehörde vorhanden waren und von einer der Behörden hypothetisch zur Rechtfertigung des Verwaltungsaktes herangezogen werden konnten. Eine zeitlich später entstandene Tatsache kann nicht zur Begründung eines früher erlassenen Verwaltungsaktes dienen, wohl aber unter gewissen Voraussetzungen im Rahmen der gerichtlichen Verhandlung von Bedeutung sein. Dann handelt es sich aber um die Frage des maßgeblichen Zeitpunkts für die Beurteilung der Sach-und Rechtslage.[551]

Die Problematik des maßgeblichen Zeitpunkts für die Beurteilung der Sach- und Rechtslage wird im Schrifttum stets strikt von der Frage der Zulässigkeit des Nachschiebens von Gründen im verwaltungsgerichtlichen Verfahren abgegrenzt.[552] Es ist zwar zutreffend, daß es sich um unterschiedliche Fragestellungen handelt, jedoch bestehen zwischen diesen beiden Problemfeldern gedankliche Querverbindungen.

b) Nachschieben von Gründen und der maßgebliche Zeitpunkt für die Beurteilung der Rechtmäßigkeit des Verwaltungsaktes

Die Zulässigkeit eines Nachschiebens von Gründen ist nach der ganz herrschenden Meinung nur dann gegeben, wenn die nachgeschobenen Gründe im Zeitpunkt des Erlasses schon vorlagen und von der Behörde lediglich nicht vorgetragen wurden.[553] Wie oben schon dargelegt, ist es ausreichend, wenn die nachzuschiebenden Gründe im Zeitpunkt des Erlasses des Widersprucbescheids vorgelegen haben.[554] Wenn die Behörde sich zur Rechtfertigung des Verwaltungsaktes auf Tatsachen

---

[551] *Horn*, Das Nachschieben von Gründen und die Rechtmäßigkeit von Verwaltungsakten, Die Verwaltung 1992, 203, 210; *Schenke*, Das Nachschieben von Gründen im Rahmen der Anfechtungsklage, NVwZ 1988, 1, 3.

[552] *Schoch*, Nachholen der Begründung und Nachschieben von Gründen, DÖV 1984, 401, 407; *Horn*, Das Nachschieben von Gründen und die Rechtmäßigkeit von Verwaltungsakten, 203, 211.

[553] *Horn*, Das Nachschieben von Gründen und die Rechtmäßigkeit von Verwaltungsakten, Die Verwaltung 1992, 203, 209, 210; *Schenke*, Das Nachschieben von Gründen im Rahmen der Anfechtungsklage, NVwZ 1988, 1, 3; *Rupp*, Nachschieben von Gründen im verwaltungsgerichtlichen Verfahren, S. 39; *Sachs*, in: Stelkens/Bonk/Sachs, VwVfG, § 45 Rz. 33.

[554] Vgl. die Ausführungen oben S. 87.

beruft, die erst nach dem Erlaß des Widerspruchsbescheids entstanden sind, handelt es sich nicht um nachgeschobene Gründe, sondern um die Frage, ob diese Änderung der Sach- und Rechtslage im Prozeß zu berücksichtigen ist.

c) Widerspruch zu der h. M.?

Schenke sieht in diesem Zusammenhang einen Widerspruch zur h. M. insoweit, als das Zulassen eines behördlichen Nachschiebens von Gründen im Verwaltungsprozeß gleichzeitig die Annahme der ständigen Beachtlichkeit einer Veränderung der Sach- und Rechtslage nach dem Abschluß des Verwaltungsverfahrens bedinge.[555]

Anders könne die Diskrepanz zwischen dem von der h. M. vertretenen maßgeblichen Zeitpunkt für die gerichtliche Beurteilung der Sach- und Rechtslage und dem Zeitpunkts des Nachschiebens von Gründen nicht aufgehoben werden. Das Gericht, das für die Überprüfung der Rechtmäßigkeit des Verwaltungsaktes den Zeitpunkt der letzten Behördenentscheidung (i. d. R. der Erlaß des Widerspruchsbescheids) zugrundelegt, dürfe mangels einer Heilungswirkung ex-tunc der nachgeschobenen Gründe nur die Rechtswidrigkeit des Verwaltungsaktes feststellen.

Zur Feststellung der Rechtmäßigkeit des Verwaltungsaktes gelange das Gericht nur, wenn es die während des Prozesses, d. h. nach dem Abschluß des Verwaltungsverfahrens nachgeschobenen Gründe berücksichtige. Damit widerspreche die h. M. aber ihrem Standpunkt, daß eine nach dem Abschluß des Verwaltungsverfahrens eingetretene Veränderung der Rechts- oder Sachlage für die gerichtliche Beurteilung des Verwaltungsaktes im Rahmen der Anfechtungsklage prinzipiell unerheblich ist.[556]

Wenn man dieser Ansicht von *Schenke* folgt, befindet man sich tatsächlich in einem Dilemma: Um die Zulässigkeit des Nachschiebens von Gründen mit dem maßgeblichen Zeitpunkt zur Beurteilung der Sach- und Rechtslage zu harmonisieren, müßte man als maßgeblichen Zeitpunkt zur gerichtlichen Beurteilung der Rechtmäßigkeit des Verwaltungsaktes den Termin der mündlichen Verhandlung festsetzen.[557] Nach allgemeiner Auffassung ist aber im Rahmen der Anfechtungs-

---

[555] *Schenke*, Das Nachschieben von Gründen im Rahmen der Anfechtungsklage, NVwZ 1988, 1, 4.

[556] *Schenke*, a.a.O., S. 1, 3.

[557] Vgl. *Schenke*, a.a.O., S. 1, 3.

klage maßgeblicher Zeitpunkt immer noch der Zeitpunkt der letzten behördlichen Handlung, auch wenn in Ausnahmefällen ein anderer Beurteilungszeitpunkt zugrundegelegt wird.[558] Der andere Lösungsweg wäre die Annahme einer Heilungswirkung ex-tunc der nachgeschobenen Gründe. Dafür finden sich jedoch im Gesetz keinerlei Anhaltspunkte.[559]

d) Keine Änderung der Sach- und Rechtslage durch das Nachschieben von Gründen

Dieser von *Schenke* kritisierte Widerspruch läßt sich aber auflösen, wenn man dem Begriff der Änderung der Sach- und Rechtslage schärfere Konturen verschafft. Die Auffassung von *Schenke* impliziert, daß jedes nachträgliche Vorbringen von Gründen im Prozeß gleichzeitig eine Änderung der Sach- und Rechtslage darstelle.[560]

Hier ist aber zu differenzieren: Eine Änderung der Sach- und Rechtslage liegt dann nicht vor, wenn die Gründe für den Erlaß des Verwaltungsaktes im Zeitraum bis zum Abschluß des Widerspruchsverfahrens schon vorhanden waren, aber von der Behörde nicht zur Begründung des Verwaltungsaktes herangezogen wurden. Eine Änderung der Sach- und Rechtslage liegt immer dann vor, wenn die Gründe, auf die der Verwaltungsakt gestützt werden kann, erst nach dem Erlaß des Verwaltungsaktes und ggf. des Widerspruchsbescheids entstanden sind.

In diesem Fall war es der Ausgangs- und der Widerspruchsbehörde unmöglich, diese noch nicht existenten Gründe für die Rechtfertigung des Erlasses des Verwaltungsaktes zu verwenden. Nur in diesem Fall wird die Fragestellung akut, ob das Verwaltungsgericht bei der Kontrolle der Rechtmäßigkeit des behördlichen Verwaltungsaktes die neu entstandenen Gründe zu beachten hat.

Wenn man mit *Schenke* davon ausgehen würde, daß jedes Nachschieben von Gründen eine Änderung der Sach- und Rechtslage bedeutete, wäre das gesamte Institut des Nachschiebens von Gründen im Rahmen der Anfechtungsklage über-

---

558 Vgl. die Nachweise bei *Redeker/von Oertzen*, VwGO, § 108 Rz. 16, 17 ff.; *Barbey*, Aus der Rechtsprechung des Bundesverwaltungsgerichts, JR 1982, 143, 144; *Scherzberg*, Nachschieben einer kommunalen Abgabensatzung im Anfechtungsprozeß?, BayVBl. 1992, 426, 427.

559 *Schenke*, Das Nachschieben von Gründen im Rahmen der Anfechtungsklage, NVwZ 1988, 1, 3; *Scherzberg*, Nachschieben einer kommunalen Abgabensatzung im Anfechtungsprozeß?, BayVBl. 1992, 426, 428.

560 *Schenke*, a.a.O., S. 1, 4.

flüssig, da dann immer von der grundsätzlichen Unerheblichkeit solchen Vorbringens auszugehen ist.

Unter der Sach-und Rechtslage, von der das Gericht bei der Beurteilung des Verwaltungsaktes auszugehen hat, sind vielmehr der tatsächliche, dem Verwaltungsakt zugrundeliegende Sachverhalt und die rechtlichen Grundlagen zu verstehen, auf die es für die Rechtfertigung des Verwaltungsaktes ankommt.[561] Dieser wird durch das Nachschieben von Gründen im Prozeß jedoch nicht geändert, da die später nachgeschobenen Gründe schon im Zeitpunkt des Erlasses der Verwaltungsentscheidung zur Disposition der Behörde standen. Dies gilt jedenfalls problemlos für das Nachschieben von Gründen bei einem gebundenen Verwaltungsakt der Behörde, da das Gericht die Rechtmäßigkeit unabhängig von dem Vorliegen einer zutreffenden Begründung feststellen kann.[562]

Schwieriger verhält es sich bei Ermessensentscheidungen der Behörde, da die nachgeschobenen Erwägungen der Behörde wegen ihres normativen Gehalts immer ein Novum darstellen. Auch hier handelt es sich aber dann nicht um eine neue Sach- und Rechtslage, wenn die Behörde ihrer nachträglichen Ermessensausübung keine nach dem Abschluß des Verwaltungsverfahrens entstandenen neuen Tatsachen zugrundelegt. Im Rahmen der gerichtlichen Überprüfung der Entscheidung auf Ermessensfehler kann das Gericht auch erkennen, ob die Erwägungen, auf die sich die Behörde nachträglich stützt, auf neu entstandenen Tatsachen beruhen oder nicht.

e) Exkurs: Maßgeblicher Zeitpunkt für die Beurteilung der Sach- und Rechtslage und das Nachholen von Verfahrenshandlungen

Die Problematik der scheinbaren Unvereinbarkeit zwischen dem Zeitpunkt der letzten Behördenentscheidung als maßgeblichem Zeitpunkt für die Beurteilung der Rechtmäßigkeit des Verwaltungsaktes im Rahmen der Anfechtungsklage und der Nachbesserung des Verwaltungsaktes stellt sich auch schon bei der Heilung formeller Fehler während des gerichtlichen Verfahrens gemäß § 45 I VwVfG n. F., zumindest dann, wenn man mit einigen Vertretern des Schrifttums von einer ex-

---

[561] Zutreffend *Horn*, Das Nachschieben von Gründen und die Rechtmäßigkeit von Verwaltungsakten, Die Verwaltung 1992, 203, 212.

[562] Vgl. *Sachs*, in: Stelkens/Bonk/Sachs, VwVfG, § 45 Rz. 30.

nunc-Wirkung der Heilung[563] ausgeht. Auch in diesem Fall führt die Zugrundelegung des Zeitpunkts des Erlasses des Widerspruchsbescheids als maßgeblichen Zeitpunkt für die Beurteilung der Rechtmäßigkeit zu dem Ergebnis der Rechtswidrigkeit des Verwaltungsaktes, da dieser mit Wirkung für die Zukunft erst im gerichtlichen Verfahren geheilt worden ist.

aa) Lösungsansatz

Man könnte die Auffassung vertreten, daß für die Beurteilung der Rechtmäßigkeit der im Prozeß nachgebesserten Verwaltungsakte generell auf den Zeitpunkt der letzten mündlichen Verhandlung abgestellt werden muß. Während früher für die Beurteilung der Sach- und Rechtslage strikt auf den Zeitpunkt der letzten Behördenentscheidung abgestellt wurde, hat sich in letzter Zeit die Auffassung durchgesetzt, daß zur Feststellung des maßgeblichen Zeitpunkts auch das zugrundeliegende materielle Recht und das individuelle Klagebegehren des Klägers zu berücksichtigen ist.[564] Die Tatsache, daß in der Rechtsprechung nicht mehr ausnahmslos der Zeitpunkt der letzten Behördenentscheidung als maßgeblicher Zeitpunkt der Beurteilung der Rechtmäßigkeit des Verwaltungsaktes zugrundegelegt wird, bedeutet aber nicht, daß jetzt stets auf den Zeitpunkt der mündlichen Verhandlung abgestellt werden darf. Ansonsten wäre das Gericht gehalten, jede Veränderung der Sach- und Rechtslage zu berücksichtigen. Dies könnte eine unzumutbare Beeinträchtigung des Rechtsschutzes des Klägers bedeuten.

Einfacher ist es daher mit der h. M. davon auszugehen, daß die Nachholung der versäumten Verfahrenshandlung ex tunc die formelle Rechtmäßigkeit des Verwaltungsaktes bewirkt oder der Verwaltungsakt als formell rechtmäßig anzusehen ist.

bb) Letzte behördliche Handlung

Ein anderer Lösungsweg ist es, das Nachschieben der Gründe durch die Behörde selbst als letzte behördliche Handlung anzusehen. Dies hätte aber zur Konsequenz, daß die Behörde den maßgeblichen Zeitpunkt für die Beurteilung der Rechtmäßigkeit des Verwaltungsaktes selbst festlegen könnte und damit durch die Nachho-

---

563 Für eine Wirkung der Heilung ex-nunc z.B. *Kopp*, VwVfG, § 45 Rz. 6; *Hill*, Das fehlerhafte Verfahren und seine Folgen im Verwaltungsrecht, S. 98.

564 Vgl. *BVerwG*, Urteil v. 27. 4. 1990 - 8 C 87.88 -,BayVBl. 1990, 666; Allgemein *Redeker/von Oertzen*, VwGO, § 108 Rz. 16.

lung einer Verfahrenshandlung auch die Berücksichtigung einer erst nachträglich nach der Behördenentscheidung entstandenen Tatsache erreichen könnte. Dies hätte aber eine unzulässige Verquickung der Zulässigkeit des Nachholens von Verfahrenshandlungen mit der Beachtlichkeit von nach dem Erlaß des Verwaltungsaktes entstandenen Tatsachen zur Folge. Bei der Beurteilung der Rechtmäßigkeit eines formell rechtswidrigen Verwaltungsaktes kann es daher allein darauf ankommen, daß die nachholbare Handlung auch tatsächlich nachträglich vorgenommen worden ist. Es ist daher von einer ex tunc-Wirkung der Heilung eines formellen Mangels gemäß § 45 VwVfG auszugehen.

f) Wesensveränderung des Verwaltungsaktes als Nachschiebungsgrenze

Unzulässig ist nach der Rechtsprechung des *BVerwG* ein Nachschieben von Gründen dann, wenn dadurch der Verwaltungsakt in seinem Wesen verändert wird.[565] Dabei muß die Wesensänderung durch die nachgeschobenen Gründe bewirkt werden, da der Verfügungssatz des nachgebesserten Verwaltungsaktes unverändert bleibt.[566]

Fraglich ist aber, was das Wesen eines Verwaltungsaktes ausmacht und daher - jedenfalls durch Nachbesserung- nicht verändert werden darf. Zu keinem praktischen Ergebnis führt die Annahme, unter dem Wesen des Verwaltungsaktes sei die ihm immanente Aussage bzw. der enthaltene Befehl zu verstehen. Eine reine Beschränkung des Wesens des Verwaltungsaktes auf seinen Tenor ist als Grenze unbrauchbar, da der Spruch des Verwaltungsaktes bei einer Nachbesserung gerade nicht verändert wird.

Auch die Zielrichtung des Verwaltungsaktes kann nicht das entscheidende Kriterium für eine Wesensveränderung sein. Dies ergibt sich aus der Umdeutung nach § 47 VwVfG, die eine Wesensänderung des Verwaltungsaktes bewirkt, aber als Tatbestandsvoraussetzung die Gerichtetheit auf das gleiche Ziel aufweist. Die Umdeutung des fehlerhaften Verwaltungsaktes in einen anderen verursacht demgemäß eine Wesensänderung des umgedeuteten Verwaltungsaktes, obwohl beide auf das gleiche Ziel gerichtet bleiben.

---

565 *Ule/Laubinger*, Verwaltungsverfahrensrecht, § 58 Rz. 9.

566 *Badura*, in: Erichsen, Allgemeines Verwaltungsrecht, § 38 Rz. 40; *Schenke*, Das Nachschieben von Gründen im Rahmen der Anfechtungsklage, NVwZ 1988, 1, 4.

Schenke will dem amorphen Begriff der Wesensveränderung dadurch Konturen verleihen, daß er den Erlaß eines anderen Verwaltungsaktes (mit gleichbleibendem Tenor) als Wesensveränderung qualifiziert.[567] Ob ein anderer Verwaltungsaktes erlassen worden ist, entscheidet *Schenke* nach den Grundsätzen über die Bestimmung des Streitgegenstands. Dieser wird nach dem *BVerwG* durch den Klageantrag und den Klagegrund bestimmt.[568] Ein neuer Verwaltungsakt soll zumindest dann vorliegen, wenn dieser auf einen anderen Sachverhalt gestützt wird.[569] Dieser Ansicht ist zuzustimmen, da mit der Änderung des Sachverhaltes in der Regel auch eine Änderung des Klagegrundes einhergeht. So kann z. B. eine Untersagung der Nutzung eines Gebäudes als Gaststätte gemäß Art. 89 S. 2 BayBO, bei der sich die Behörde auf eine fehlende Standsicherheit i. S. des Art. 14 BayBO beruft, nicht im gerichtlichen Verfahren mit dem Hinweis auf die fehlende Zuverlässigkeit des Betreibers gerechtfertigt werden. Dieses Vorgehen würde die Rechtsverteidigung des Betroffenen beeinträchtigen, da dieser keine Möglichkeit hatte, zu diesem Grund Stellung zu nehmen.[570]

g) Beeinträchtigung der Rechtsverteidigung des Betroffenen

Unklarheit herrscht auch hinsichtlich des dritten Kriteriums zur Einschränkung der Zulässigkeit des Nachschiebens von Gründen. Ein Nachschieben von Gründen beeinträchtigt stets die Rechtsverteidigung des Klägers, da dieser seine Rechtsverteidigung an der von der Behörde gegebene Begründung ausgerichtet hat und mit neuen nachgeschobenen Gründen nicht rechnet.

Auch bedeutet jedes Nachschieben von Gründen eine Verminderung des Rechts des Betroffenen auf Anhörung, da der Betroffene in Unkenntnis der (tragenden) Gründe des Verwaltungsaktes sich auch während der Anhörung vor der Ausgangsbehörde dazu nicht äußern konnte.

Da die h. M. das Nachschieben von Gründen im Verwaltungsprozeß grundsätzlich für zulässig erklärt, kann allein die bloße Einschränkung der Erfolgschancen des

---

567 *Schenke*, Das Nachschieben von Gründen im Rahmen der Anfechtungsklage, NVwZ 1988, 1, 4.

568 *Redeker/von Oertzen*, VwGO, § 121 Rz. 7; *Hufen*, Verwaltungsprozeßrecht, § 11 Rz. 10, m.w.N.

569 *Schenke*, Das Nachschieben von Gründen im Rahmen der Anfechtungsklage, NVwZ 1988, 1, 5.

570 Anders *Badura*, in: Erichsen, Allgemeines Verwaltungsrecht, § 38 Rz. 41, der auch die Geltendmachung eines geänderten Sachverhalts zuläßt, wenn dadurch der Verwaltungsakt inhaltlich nicht verändert wird.

Klägers durch nachgeschobene, heilende Gründe nicht als Beeinträchtigung der Rechtsverteidigung eingestuft werden. Eine unzulässige Einschränkung der Rechtsverteidigung des Betroffenen liegt aber dann vor, wenn der Betroffene Kenntnis von den nachgeschobenen Gründen nicht während des Prozesses, sondern erst in der schriftlichen Urteilsbegründung erlangt. In einem solchen Fall liegt eine Verletzung des rechtlichen Gehörs vor, da der Betroffene zu keiner Zeit die Möglichkeit hatte, sich zu den nachgeschobenen Gründen zu äußern.[571]

Wegen unzumutbarer Beeinträchtigung der Rechtsverteidigung des Betroffenen nicht zulässig ist auch eine nachgeschobene Ermessensbegründung der Ausgangsbehörde, wenn diese sich bei Erlaß des Verwaltungsaktes fälschlicherweise für gebunden hielt und deshalb kein Ermessen ausgeübt hat.[572] Dies soll jedenfalls dann gelten, wenn keine Identität zwischen Ausgangs- und Widerspruchsbehörde besteht, da in diesem Fall der Betroffene auf die Durchführung der Zweckmäßigkeitsprüfung durch die Widerspruchsbehörde verzichten müßte.[573]

Bedenklich ist der Fall der Ermessensausübung erst während des gerichtlichen Verfahrens auch wegen des Fehlens einer der Situation vor dem Erlaß des Verwaltungsaktes vergleichbaren offenen Entscheidungslage. Es ist zumindest zweifelhaft, ob die Behörde bereit ist, noch einmal von ihrem Ergebnis abzurücken, oder ob sie nicht vielmehr versucht, die Begründung dem erlassenen Verwaltungsakt anzupassen.

Alles in allem ist daher festzustellen, daß die Ermöglichung des Nachschiebens von Gründen generell schon eine Beeinträchtigung der Rechtsverteidigung des Klägers darstellt, so daß es auch diesem Kriterium an der nötigen Abgrenzungsschärfe mangelt. Ausgehend von der grundsätzlichen Zulässigkeit des Nachschiebens von Gründen im Verwaltungsprozeß ist daher für eine genauere Bestimmung der Grenzen der Nachbesserung die Klärung der Frage, welches Maß an Rechtsschutz der Betroffene beanspruchen kann, unerläßlich.

5. Die Neuregelung des § 114 S. 2 VwGO

---

[571] Vgl. die Nachweise bei *Schenke*, Das Nachschieben von Gründen im Rahmen der Anfechtungsklage, NVwZ 1988, 1, 6.

[572] Vgl. *Sachs*, in: Stelkens/Bonk/Sachs, VwVfG, § 45 Rz. 27.

[573] Dazu *Schenke*, Das Nachschieben von Gründen im Rahmen der Anfechtungsklage, NVwZ 1988, 1, 6

Im Zuge der VwGO-Novelle vom 1. 11. 1996[574] wurde die in § 114 VwGO geregelte Nachprüfung von Ermessensentscheidungen um einen Satz 2 erweitert. § 114 S. 2 VwGO besitzt folgenden Wortlaut:

§ 114 [Nachprüfung von Ermessensentscheidungen]

„. ....

Die Verwaltungsbehörde kann ihre Ermessenserwägungen hinsichtlich des Verwaltungsaktes auch noch im verwaltungsgerichtlichen Verfahren ergänzen."

Fraglich ist, welche Funktion der neu eingefügte § 114 S. 2 VwGO erfüllen und wie er angewendet werden soll.

a) Anwendungsbereich

aa) Wortlaut

Der Wortlaut läßt vermuten, daß es sich bei § 114 S. 2 VwGO um die Kodifizierung des von der Rechtsprechung geprägten Instituts des Nachschiebens von Gründen handelt. Der Wortlaut des § 114 VwGO spricht aber nicht für eine generelle Regelung des Nachschiebens von Gründen im Verwaltungsprozeß, sondern beschränkt die Nachbesserung der Verwaltungsentscheidung auf die Ergänzung von Ermessensentscheidungen. § 114 S. 2 VwGO ermöglicht die Nachbesserung ermessensfehlerhafter Entscheidungen noch im verwaltungsgerichtlichen Verfahren.[575]

bb) Begründung des Gesetzgebers

Diese Schlußfolgerungen werden durch die Begründung des Entwurfs des Sechsten Gesetzes zur Änderung der Verwaltungsgerichtsordnung[576] bestätigt. Dort bezieht sich der Gesetzgeber auf die mögliche Heilung von Verfahrens- und Formfehlern gemäß §§ 45 I, II VwVfG, 94 S. 2 VwGO noch während des gerichtlichen Verfahrens und fordert zur Ergänzung dieser formellen Nachbesserungsmöglichkeit auch eine Vorschrift zur Nachbesserung sachlich fehlerhaft begründe-

[574] 6. VwGO-Änderungsgesetz v. 1. 11. 1996, BGBl I 1626.

[575] *Kuhla/Hüttenbrink*, Endstation Einzelrichter, DVBl. 1996, 717, 718.

[576] BT-Drucks. 327/94

ter Verwaltungsakte.[577] Mit der Einführung des § 114 S. 2 VwGO würden die bereits von der Rechtsprechung praktizierten Nachbesserungsmöglichkeiten der Behörde gesetzlich festgeschrieben.[578] Damit soll nach der Intention des Gesetzgebers das Problem des Nachschiebens von Gründen bei Ermessensentscheidungen gesetzlich gelöst werden.[579]

Ursprünglich sollte der neue § 114 S. 2 VwGO wie folgt gefaßt werden:

„Die Verwaltungsbehörde kann die Begründung des angefochtenen Verwaltungsaktes noch im verwaltungsgerichtlichen Verfahren ergänzen."[580]

Diese allgemeine Formulierung hätte auch das Nachschieben von Gründen bei gebundenen Verwaltungsakten umfaßt. Auf den Vorschlag des Rechtsausschusses wurde die Regelung des § 114 S. 2 VwGO speziell auf die Nachbesserung fehlerhaft begründeter Ermessensverwaltungsakte zugeschnitten.[581] Dies läßt sich wohl damit erklären, daß der Rechtssausschuß eine gesetzliche Grundlage für die materielle Nachbesserung gebundener Verwaltungsakte nicht für notwendig erachtete, da sich hier die Rechtmäßigkeit des Verwaltungsaktes unabhängig von der gegebenen Begründung beurteilt.[582] Dem Antrag der SPD-Fraktion auf ersatzlose Streichung des § 114 S. 2 VwGO[583] wurde nicht entsprochen.[584]

b) Stellung in der Verwaltungsgerichtsordnung

Die Einfügung des § 114 S. 2 in die Verwaltungsgerichtsordnung ist vor allem von *Schenke* heftig kritisiert worden.

Nach Auffassung von *Schenke* ist eine Vorschrift, die eine Heilung ermessensfehlerhafter Verwaltungsakte ermöglichen soll, nicht in der Prozeßordnung, sondern

---

[577] BT-Drucks. 327/94, S. 27

[578] BT-Drucks. 327/84, S. 27

[579] So auch *Schmieszek*, Sechstes Gesetz zur Änderung der Verwaltungsgerichtsordnung und anderer Gesetze, NVwZ 1996, 1151, 1155; *Schenke*, „Reform ohne Ende"-Das Sechste Gesetz zur Änderung der VwGO und anderer Gesetze, NJW 1997, 81, 88.

[580] BT-Drucks. 13/3993, S. 5

[581] BT-Drucks. 13/5098, S. 8, 24

[582] Vgl. *Sachs*, in: Stelkens/Bomk/Sachs, VwVfG, § 45 Rz. 29, 30

[583] BT-Drucks. 13/5119, S. 5

[584] BT-Drucks. 13/5098, S. 21

im Verwaltungsverfahrensrecht anzusiedeln.[585] Da dies aber nicht geschehen sei, könne § 114 S. 2 VwGO nicht als verwaltungsverfahrensrechtliche Heilungsvorschrift angesehen werden. Gegen eine solche Annahme spräche auch, daß § 45 I Nr. 2, 45 II VwVfG zwar eine Heilung hinsichtlich einer Verletzung des § 39 VwVfG vorsehe, aber in den meisten Bundesländern noch die zeitliche Grenze des § 45 II VwVfG a. F. (Nachholen der Begründung bis zur Klageerhebung) Geltung besitze. Der Bundesgesetzgeber könne daher nicht verwaltungsverfahrensrechtliche Heilungsvorschriften in die Verwaltungsgerichtsordnung aufnehmen, da dies gegen die ausschließliche Länderkompetenz (Art. 70 I GG) im Bereich des Verwaltungsverfahrensrechts verstoße.[586]

Die Kritik von *Schenke* ist nicht überzeugend. Zunächst einmal wurde die Erweiterung der zeitlichen Heilungsgrenze des § 45 II VwVfG n. F. auf ausdrücklichen Wunsch der Länder in das Bundesverwaltungsverfahrensgesetz aufgenommen, so daß in absehbarer Zeit mit einer Anpassung der Verwaltungsverfahrensgesetze aller Länder gerechnet werden kann.[587] Bayern hat inzwischen die Vorreiterrolle übernommen und als erstes Bundesland die Änderung des § 45 II VwVfG in seinem Landesverwaltungsverfahrensgesetz nachvollzogen.[588] Was den von *Schenke* gerügten Verstoß des Bundesgesetzgebers gegen die ausschließliche Länderkompetenz anbelangt, so liegt ein solcher nicht schon dann vor, wenn der Bund in der Verwaltungsgerichtsordnung eine einheitlich Regelung trifft, die sich auf ein Landesgesetz bezieht. Selbstverständlich setzt § 114 S. 2 VwGO eine nach Bundes- und Landesgesetz zulässige Ergänzung von Ermessenserwägungen voraus. Als alleinige Grundlage für die Nachbesserung von Ermessenserwägungen ist § 114 S. 2 VwGO nicht geeignet, da er (nur) klarstellt, daß einer Ergänzung der Begründung des Ermessensverwaltungsaktes keine prozessualen Hindernisse entgegenstehen.[589] Wenn man hypothetisch unterstellt, daß die Länder in hren Landesverwaltungsverfahrensgesetzen ohne Ausnahme den § 45 II VwVfG gestrichen

---

[585] *Schenke*, „Reform ohne Ende"-Das Sechste Gesetz zur Änderung der VwGO und anderer Gesetze, NJW 1997, 81, 88.

[586] *Schenke*, a.a.O., S. 81, 88.

[587] Vgl. *Schmitz/Wessendorf*, Das Genehmigungsverfahrensbeschleunigungsgesetz, NVwZ 1996, 955, 957; *Lotz*, Sechstes Gesetz zur Verwaltungsgerichtsordnung, BayVBl. 1997, 257, 264.

[588] Vgl. das Dritte Gesetz zur Änderung des Bayerischen Verwaltungsverfahrensgesetzes vom 26. 7. 1997, BayGVBl. Nr. 16/1997, S. 348.

[589] So *Gerhardt*, in: Schoch/Schmidt-Aßmann/Pietzner, VwGO, § 114 Rz. 12 c.

hätten, dürfte nach Ansicht von *Schenke* wohl selbst dann der Bund keine Nachbesserungsmöglichkeit in die Verwaltungsgerichtsordnung aufnehmen. Dies kann aber nicht zutreffen, da ansonsten die Landesgesetzgeber durch Streichung von Vorschriften in den Landesverwaltungsverfahrensgesetzen den Inhalt der (Bundes-)Verwaltungsgerichtsordnung beeinflussen könnten.

Hinsichtlich des systematischen Standorts des § 114 S. 2 VwGO kann das kategorische Verdikt von *Schenke*, eine materielle Heilungsnorm könne nur im (materiellen) Verwaltungsverfahrensrecht[590] enthalten sein, zumindest in Frage gestellt werden. Bei der (materiellen) Heilung der fehlerhaften Begründung des Verwaltungsaktes durch das Nachschieben von Gründen geht es letztlich darum, ob objektiv im Zeitraum bis zu dem Erlaß des Widerspruchsbescheids vorliegende Gründe, die geeignet sind, die Rechtmäßigkeit des Verwaltungsaktes nachzuweisen, noch im Verwaltungsprozeß beachtlich sind, wenn es die Behörde bei Erlaß des Verwaltungsaktes versäumt hat, sich darauf zu stützen. Die Frage der Beachtlichkeit derartiger nachgeschobener Gründe beurteilt sich aber nach dem der Entscheidung zugrundeliegenden materiellen Recht und dem Prozeßrecht.[591]

Wenn im Zeitpunkt der gerichtlichen Verhandlung die Rechtmäßigkeit des Verwaltungsaktes unter Berücksichtigung aller erkennbaren Umstände bejaht werden kann, stellt sich nur noch die Frage, ob die zum Teil erst nach dem Erlaß des Verwaltungsaktes entstandenen Gründe ohne Verstoß gegen evidente Verfahrensrechte des Betroffenen und überragende Verfassungsprinzipien von dem Gericht zu beachten sind.

Für diese Auffassung steht auch die ständige Rechtsprechung des *BVerwG* zum Erschließungsbeitragsrecht, die bei der Frage der Beachtlichkeit nachträglich erlassener Beitragssatzungen auf das zugrundeliegende materielle Recht, meist das Kommunalabgabengesetz, abstellt. Dies gilt zumindest dann, wenn es sich bei der Ergänzung um Gründe handelt, die bei dem Erlaß des Verwaltungsaktes bereits vorlagen und von der Behörde hätten berücksichtigt werden können. Insoweit

---

[590] Unter materiellem Recht ist sowohl das Verwaltungsverfahrensrecht als auch das materielle Recht im engeren Sinne zu verstehen. Vgl. stellvertretend *BVerwG*, Urteil v. 27. 4. 1990 - 8 C 87.88 -, BayVBl. 1990, 666, 667.

[591] *Horn*, Das Nachschieben von Gründen und die Rechtmäßigkeit von Verwaltungsakten, Die Verwaltung 1992, 203, 208.

kann eine Parallele zur Zivilprozeßordnung gezogen werden, die ein verspätetes Vorbringen von Angriffs- und Verteidigungsmitteln unter bestimmten Voraussetzungen auch im Prozeß noch zuläßt.[592]

Für die Entscheidung des Gerichts kann es nicht darauf ankommen,wie die Behörde den Sachverhalt im Zeitpunkt des Erlasses des Verwaltungsaktes gesehen und rechtlich beurteilt hat, sondern vielmehr, ob der Verwaltungsakt objektiv unter Berücksichtigung aller tatsächlichen und rechtlichen Umstände rechtmäßig ist oder nicht.[593]

Bei Ermessensentscheidungen oder Entscheidungen mit Beurteilungsspielraum ist zu berücksichtigen, daß das Gericht hier nur berechtigt ist, die Einhaltung der rechtlichen Grenzen der Ermessensausübung oder seiner Einschätzungsbefugnis nachzuprüfen. Ein Umstand, der dem Ermessensbereich der Behörde zuzurechnen ist, kann nur dann mit „heilender" Wirkung nachgeschoben werden, wenn die Behörde nachweisen kann, daß sie diesen Umstand in ihre Ermessensausübung miteinbezogen und es nur unterlassen hat, diesen in ihre Begründung des Verwaltungsaktes aufzunehmen.

Es handelt sich nicht um eine echte Heilung, da wie oben schon dargelegt die sachlich unzutreffende Begründung nicht in jedem Fall die Rechtswidrigkeit des Verwaltungsaktes bewirkt. Entscheidend ist die Übereinstimmung der Regelung des Verwaltungsaktes mit den materiellrechtlichen Normen.[594] Wenn das Gericht anhand der nachgeschobenen Gründe, die vor dem Abschluß des Verwaltungsverfahrens entstanden sind, die Rechtmäßigkeit des Verwaltungsaktes feststellen kann, ist das Vorliegen einer Heilungsnorm nicht erforderlich. Einer Regelung des Nachschiebens von Gründen in der Verwaltungsgerichtsordnung steht daher nichts entgegen. Es verbietet sich aber, die Regelung des § 114 S. 2 VwGO als Freibrief der Behörde für ein grenzenloses Nachschieben von Gründen bei Ermessensverwaltungsakten im Prozeß zu verstehen. Das Gericht wird bei einem derartigen Nachbesserungsversuch der Behörde stets den grundrechtlichen Rechtsschutzanspruch des Betroffenen berücksichtigen müssen.

---

[592] Vgl. § 296 ZPO.

[593] Genauso *BVerwG*, Urteil v. 19. 8. 1988 - 8 C 29.87 -, BVerwGE 80, 96.

[594] Dazu *Horn*, Das Nachschieben von Gründen und die Rechtmäßigkeit von Verwaltungsakten, Die Verwaltung 1992, 203, 220.

So kann eine Begründung, die den Verwaltungsakt auf völlig „neue Füße" stellt, von der Behörde nicht nachgeschoben werden, wenn der Betroffene keine Gelegenheit hatte, zu dieser Begründung Stellung zu nehmen und seine Verteidigung darauf einzustellen. Die Möglichkeit der Stellungnahme des Betroffenen zur Ergänzung der Ermessenserwägungen der Behörde setzt aber zwingend voraus, daß die Entscheidungssituation noch nicht verfestigt ist, sondern vielmehr noch eine nachvollziehbare Ergebnisoffenheit aufweist. Diese Entscheidungsoffenheit ist aber der kritische Punkt bei der Frage, ob eine Ergänzung der Ermessensentscheidung in einem Detail zulässig ist, da die Behörde grundsätzlich nicht geneigt sein wird, ihre getroffene Entscheidung zu revidieren. Sie wird vielmehr danach trachten, das gefundene Ergebnis aufrechtzuerhalten. Wenn aber keine originäre Entscheidungssituation mehr gegeben ist, wird der Betroffene in seinem Recht auf eine ordnungsgemäße Entscheidung der Behörde beeinträchtigt. Mit einem bloßen Versuch der Behörde, dem fehlerhaft zustandegekommenen Ergebnis mittels nachträglicher Korrekturen eine „Patina" der Rechtmäßigkeit zu verpassen, ohne daß eine originäre Ermessensausübung stattgefunden hat, muß sich der Betroffene nicht zufriedengeben.

c) Umfang und Grenzen der Anwendbarkeit des § 114 S. 2 VwGO

Wie oben schon angesprochen, stellt nach der Intention des Gesetzgebers § 114 S. 2 VwGO die gesetzliche Positivierung der Möglichkeit des Nachschiebens von Gründen dar.[595] Damit sind aber noch nicht der Umfang und die Grenzen des nunmehr gesetzlich ermöglichten Nachschiebens von Gründen festgelegt.

Aufschluß über den zukünftigen Anwendungsbereich des § 114 S. 2 VwGO kann die Begründung des Gesetzesentwurfs des Bundesrates zu § 114 S. 2 VwGO geben. Dort heißt es u. a.:

„Da eine Änderung des Verwaltungsverfahrensgesetzes des Bundes und der Länder nur eine Erleichterung insoweit bringen kann, daß eine nicht vorhandene Begründung noch im gerichtlichen Verfahren nachgeholt werden kann, bedarf die gesetzliche Zulassung auch des Nachschiebens von Gründen für Ermessensent-

---

[595] BT-Drucks. 13/3993, S. 13; Davon gehen auch *Schmieszek*, Sechstes Gesetz zur Änderung der Verwaltungsgerichtsordnung und anderer Gesetze, NVwZ 1996, 1151, 1155; *Kuhla/Hüttenbrink*, Endstation Einzelrichter, DVBl. 1996, 717, 718 und *Schmitz/Wessendorf*, Das Genehmigungsverfahrensbeschleunigungsgesetz, NVwZ 1996, 955, 958 aus.

scheidungen bei einer fehlerhaften Begründung einer gesonderten Regelung. Damit werden die bereits durch die Rechtsprechung zugelassenen Ergänzungsmöglichkeiten der Verwaltungsbehörde in das Gesetz aufgenommen. Der von der Rechtsprechung vorgenommenen Konstruktion eines neuen Verwaltungsaktes, der im Wege der Klageänderung vom Kläger in das Verfahren einbezogen werden kann, bedarf es nicht mehr. Zugleich wird mit dieser Regelung auch die Streitfrage geklärt, ob ein Nachschieben von Gründen durch die Ausgangsbehörde auch dann möglich ist, wenn diese mit der Widerspruchsbehörde nicht identisch ist. Wenn dem Zweck des Vorverfahrens bereits genügt ist oder sich sein Zweck ohnehin nicht (mehr) erreichen läßt, seine Durchführung mithin sich als leere Förmelei erweisen würde, bedarf es keines erneuten Vorverfahrens. Mit der Regelung des § 114 S. 2 wird der Verwaltungsbehörde gestattet, noch im verwaltungsgerichtlichen Verfahren (Ermessens-)Gründe nachzuschieben und auf diese Weise einen fehlerhaften Verwaltungsakt zu heilen. Im Rahmen der Kostenentscheidung muß dann allerdings berücksichtigt werden, daß der Kläger ohne die der Behörde eingeräumte Möglichkeit obsiegt hätte. Bei gebundenen Entscheidungen ist eine gesonderte Regelung nicht erforderlich; hier läßt sich das Problem mit der unbestrittenen Rechtsprechung lösen."[596]

Nach dieser Begründung stellt sich § 114 S. 2 VwGO eindeutig als Regelung des Nachschiebens von Gründen dar. Der Wortlaut des § 114 S. 2 VwGO widerspricht aber der Begründung des Bundesrats. Die bloße Ergänzung von Ermessenserwägungen ist qualitativ etwas anderes als die Ersetzung einer sachlich unzutreffenden Begründung eines Verwaltungsaktes durch eine zutreffende.[597] Unter dem Begriff der Ergänzung von Ermessenserwägungen versteht man eine bereits vorhandene, sachlich richtige, aber in einem Punkt noch nicht ganz vollständige Begründung eines Ermessensverwaltungsaktes.

Widersprüchlich ist auch, daß der Bundesrat in der Begründung betont, die neue Regelung mache die Konstruktion des *BVerwG*, der die Nachbesserung eines fehlerhaften Verwaltungsaktes als Erlaß eines neuen, ersetzenden Verwaltungsaktes betrachtet, überflüssig.

---

[596] BT-Drucks. 13/1433, S. 13.

[597] So auch *Schenke*, „Reform ohne Ende"-Das Sechste Gesetz zur Änderung der VwGO und anderer Gesetze, NJW 1997, 81, 89.

Das *BVerwG* geht aber im Gegenteil gerade davon aus, daß es sich bei dieser Art der Nachbesserung nicht um einen Fall des Nachschiebens von Gründen handelt.[598] Es gibt zwei Möglichkeiten, diesen in der Amtlichen Begründung enthaltenen Widerspruch zu klären:

Entweder hat das *BVerwG* das Nachschieben von Ermessenserwägungen zur Nachbesserung des Verwaltungsaktes im Prozeß lediglich als den Erlaß eines neuen Verwaltungsaktes[599] deklariert, um durch die Angleichung an die Rechtsprechung des *BSG*[600] etwaigen Kritikern den Wind aus den Segeln zu nehmen, oder der Gesetzgeber hat die Rechtsprechung des *BVerwG* völlig verkannt.[601] Widersprüchlich ist auch die Wortwahl der Amtlichen Begründung, die von einer Heilung des fehlerhaften Verwaltungsaktes durch das Nachschieben von Ermessenserwägungen spricht. Wie oben schon dargelegt, ist eine Heilung des sachlich unzutreffend begründeten Verwaltungsaktes nicht erforderlich, da die materiell fehlerhafte Begründung nicht zwingend zur Rechtswidrigkeit des gesamten Verwaltungsaktes führt. Wenn nach der Amtlichen Begründung § 114 S. 2 VwGO dennoch als Heilungsnorm anzusehen ist, ist der Kritik von *Schenke* beizupflichten, nach der die Aufnahme einer materiellen Heilungsvorschrift in die Prozeßordnung unzulässig ist.[602]

Nach der Amtlichen Begründung ist bei einer Ergänzung der Begründung eines Ermessensverwaltungsaktes die (erneute) Durchführung eines Widerspruchsverfahrens sinnlos.[603] Diese Logik des Gesetzgebers ist aber nicht nachvollziehbar, da gerade bei behördlichen Ermessensentscheidungen eine verwaltungsinterne Kontrolle durch die Widerspruchsbehörde die Rechtsschutzfunktion des Widerspruchsverfahrens entfaltet.[604]

6. Nachbesserung des materiell rechtswidrigen Planfeststellungsbeschlusses

---

[598] Vgl. dazu *BVerwG*, Urteil v. 18. 5. 1990 - 8 C 48.88 -, NJW-RR 1990, 1351.

[599] *BVerwG*, Urteil v. 18. 5. 1990 - 8 C 48.88 -, NJW-RR 1990, 1351.

[600] Vgl. *BSG*, Beschluß v. 6. 10. 1994 - GS 1/91 -, NVwZ 1996, 824.

[601] Diese Ansicht vertritt *Schenke*, „Reform" ohne Ende-Das Sechste Gesetz zur Änderung der VwGO und anderer Gesetze, NJW 1997, 81, 89.

[602] *Schenke*, a.a.O., S. 81, 88 f.

[603] Vgl. BT-Drucks. 13/1433, S. 13.

[604] So auch *Geis*, in: Sodan/Ziekow, VwGO, § 68 Rz. 181.

Der materiell rechtswidrige Verwaltungsakt ist, wenn er Rechte des Anfechtungsklägers verletzt, grundsätzlich nach § 113 I S. 1 VwGO aufzuheben. Hinsichtlich (materieller) Abwägungsmängel gilt seit der Einführung des Planungsvereinfachungsgesetzes der Grundsatz der Vorrangs der Nachbesserung vor der Aufhebung des Planfeststellungsbeschlusses.[605]

a) Materielle Nachbesserung des Planfeststellungsbeschlusses gemäß § 75 I lit. a VwVfG

Für den wegen eines (materiellen) Abwägungsmangels rechtswidrigen Planfeststellungsbeschluß bestimmt § 75 I lit. a VwVfG,[606] daß Mängel bei der Abwägung der von dem Vorhaben berührten Belange nur dann erheblich sind, wenn sie offensichtlich und auf das Abwägungsergebnis von Einfluß gewesen sind. Eine Aufhebung des Planfeststellungsbeschlusses wegen erheblicher Abwägungsmängel ist nur dann zulässig, wenn sie nicht durch Planergänzung oder ein ergänzendes Verfahren[607] behoben werden können, § 75 I lit. a S. 2 VwVfG. Die Vorschrift des § 75 I lit. a VwVfG wurde den gleichlautenden Regelungen in den Fachgesetzen, die durch das Planungsvereinfachungsgesetz vom 17. 12. 1993[608] eingefügt worden sind, nachgebildet.[609]

b) Anwendungsbereich und Funktion

§ 75 I lit. a VwVfG bezieht sich nur auf Abwägungsmängel, nicht auch auf andere materielle Fehler des Planfeststellungsbeschlusses. § 75 I lit. a VwVfG ermöglicht eine Nachbesserung des Planfeststellungsbeschlusses während des laufenden gerichtlichen Verfahrens. Dies ergibt sich zwingend aus dem Wortlaut des § 75 I lit. a VwVfG, da die Frage der Erheblichkeit von Abwägungsmängeln nur bei der Prüfung der Begründetheit des Aufhebungsanspruchs relevant wird. Eine Nachprüfung des Planfeststellungsbeschlusses in einem Widerspruchsverfahren findet

---

605 *Stüer*, Die Beschleunigungsnovellen 1996, DVBl. 1997, 326, 331.

606 § 75 I lit. a VwVfG wurde eingefügt durch Gesetz v. 12. 9. 1996 (BGBl I 1354).

607 Auch in das Baugesetzbuch soll ein ergänzendes Verfahren zur Heilung von Bauleitplanfehlern mit einem neuen § 215 a BauGB eingefügt werden. Vgl. dazu *Wagner*, Entwurf der Novelle des BauGB, DVBl. 1996, 708.

608 Gesetz zur Vereinfachung der Planungsverfahren für Verkehrswege v. 17. 12. 1993, BGBl I 2123.

609 Vgl. §§ 36 d VI BBahnG, 17 VI lit. c FStrG, 19 IV WaStrG, 10 VIII LuftVG, 20 VII S. 2 AEG, 29 VIII S. 2 PBefG.

nicht statt, so daß die Rechtmäßigkeit des Planfeststellungsbeschlusses nur in einem gerichtlichen Verfahren kontrolliert werden kann.[610]

§ 75 I lit. a VwVfG schränkt den Aufhebungsanspruch des Anfechtungskläger beträchtlich ein: Ein mit einem Abwägungsfehler behafteter, materiell rechtswidriger Planfeststellungsbeschluß kann nur dann von dem Gericht aufgehoben werden, wenn der Abwägungsfehler ersten erheblich und zweitens nicht durch eine Planergänzung oder ein ergänzendes Verfahren zu beseitigen ist.[611] Die Fehlerfolge der Aufhebung des Planfeststellungsbeschlusses wird als ultima ratio angesehen.[612]

aa) Erheblichkeit des Abwägungsmangels

Nach § 75 I lit. a VwVfG ist ein Abwägungsfehler dann erheblich, wenn er offensichtlich und auf das Abwägungsergebnis von Einfluß gewesen ist.

Diese Definition der Erheblichkeit eines Abwägungsfehlers ist nicht neu, sondern existiert als Beachtlichkeitsklausel für Abwägungsmängel in der Bauleitplanung schon in § 214 III S. 2 BauGB.[613] [614] Damit ist für die Bestimmung der Voraussetzungen des Vorliegens eines i. S. des § 75 I lit. a VwVfG erheblichen Abwä-

---

[610] Das Vorverfahren entfällt gemäß §§ 74 I S. 2, 70 VwVfG. Ausnahmsweise kann aber in den Fachgesetzen der Länder die Durchführung eines Widerspruchsverfahrens angeordnet werden, vgl. Art. 83 I Nr. 5 BayWG.

[611] Ist die Aufhebung eines Planfeststellungsbeschlusses wegen der vorrangigen Möglichkeit der Durchführung eines ergänzenden Verfahrens zur Beseitigung des erheblichen Mangels nicht zulässig, dann hat das Gericht statt der beantragten Aufhebung die Rechtswidrigkeit des angefochtenen Planfeststellungsbeschlusses und dessen Nichtvollziehbarkeit festzustellen. Vgl. *BVerwG*, Urteil v. 21. 3. 1996 - 4 C 19/94 -, DVBl. 1996, 907, 908.

[612] *Stüer*, Die Beschleunigungsnovellen 1996, DVBl. 1997, 326, 331.

[613] *Steiner*, Das Planungsvereinfachungsgesetz, NVwZ 1994, 313, 317; *Steinberg/Berg*, Das neue Planungsvereinfachungsgesetz, NJW 1994, 488, 490; *Ronellenfitsch*, Neues Verkehrswegeplanungsrecht, DVBl. 1994, 441, 448. Zu beachten ist, daß § 214 III S. 2 BauGB nicht die Möglichkeit der Heilung erheblicher Mängel eröffnet, vgl. *Sendler*, Neue Entwicklungen bei Rechtsschutz und gerichtlicher Kontrolldichte im Planfeststellungsrecht, in: Kormann, Aktuelle Fragen der Planfeststellung, S. 9, 24; Kritisch zu der Frage, ob die Formulierung auf die behördliche Fachplanung paßt, *Steiner*, Beschleunigung der Planungen für Verkehrswege im gesamten Bundesgebiet, in: Blümel/Pitschas, Reform des Verwaltungsverfahrensrechts, S. 151, 160.

[614] Kritisch zu der Übertragung der bauplanungsrechtlichen Unbeachtlichkeitsvorschriften in das Fachplanungsrecht, *Erbguth*, Umweltrecht im Gegenwind: die Beschleunigungsgesetze, JZ 1994, 477, 480, der auf den weiten, im Selbstverwaltungsrecht verbürgten Gestaltungs- und Entscheidungsfreiraum der Gemeinde hinweist, der den Fachbehörden nicht zustehe. Für eine Übertragung aufgrund der Gleichartigkeit des planerischen Abwägungsvorgangs bei Bauleitplänen und Planfeststellungen *Bullinger* (Hrsg.), Investitionsförderung durch flexible Genehmigungsverfahren, S. 179.

gungsmangels eine Orientierung an der zu § 214 III S. 2 BauGB existierenden Rechtsprechung möglich.[615]

bb) Offensichtlichkeit des Mangels

Zweck der Aufnahme des Merkmals der Offensichtlichkeit in den Tatbestand des § 214 III S. 2 BauGB war die herrschende Entscheidungspraxis der Verwaltungsgerichte überzogene Anforderungen an den Planungsablauf zu stellen und Bebauungspläne auch dann aufzuheben, wenn das Ergebnis selbst sachgerecht ist.[616] Die Verwendung des Begriffs „offensichtlich" beschränkt den Umfang der gerichtlichen Kontrolle der Umstände des Abwägungsvorgangs auf die Fälle, „in denen z.B. evident, d. h. erklärtermaßen und offen erkennbar unsachliche Erwägungen der Gemeindevertretung[617] in die Abwägung eingeflossen sind".[618] Damit darf ein offensichtlicher Abwägungsmangel i. S. des § 214 III S. 2 BauGB nur dann angenommen werden, „wenn konkrete Umstände positiv und klar auf einen solchen Mangel hindeuten".[619]

Offensichtlichkeit ist nicht schon dann gegeben, wenn das Vorhandensein eines Mangels im Abwägungsvorgang nicht ausgeschlossen werden kann.[620] So hat das *BVerwG* das Vorliegen eines offensichtlichen Mangels für den Fall abgelehnt, daß in der Planbegründung kein ausdrücklicher Hinweis darauf enthalten war, daß der Plangeber sich mit bestimmten Umständen abwägend befaßt hat.[621] Das Kriterium der Offensichtlichkeit des Abwägungsmangels verhindert den selbständigen Eintritt des Gerichts in eine Motivsuche, da die Beachtlichkeit des Fehlers untrennbar mit seiner Offensichtlichkeit verknüpft wird. Das *BVerwG* scheint dieses gesetz-

---

[615] So ausdrücklich auch *BVerwG*, Beschluß v. 16. 8. 1995 - 4 B 92.95 -, BayVBl. 1996, 182; *Stüer/Schulze*, Die Anwendung der Beschleunigungsgesetze im Planfeststellungsverfahren - Die Emsvertiefung, Zeitschrift für Wasserrecht 1996, 271, 273.

[616] Vgl. dazu die Nachweise bei *Redeker*, Über die Einflußmöglichkeiten des Fachgesetzgebers, DÖV 1993, 10, 12.

[617] Mit dem Einwand, daß ein dem Abstimmungsvorgang im Gemeinderat entsprechendes Äquivalent bei der Fachplanung nicht existiere, will *Kissner* an den Begriff der „Offenkundigkeit" i. S. des § 44 VwVfG anknüpfen. Vgl. den Diskussionsbeitrag von *Kissner*, in: Blümel/Pitschas, Reform des Verwaltungsverfahrensrechts, S. 210.

[618] BT-Drucks. 8/2885, S. 35, 46.

[619] *BVerwG*, Beschluß v. 29. 1. 1992 - 4 NB 22.90 -, UPR 1992, 193, 194.

[620] *BVerwG*, Beschluß v. 29. 1. 1992 - 4 NB 22.90 -, UPR 1992, 193, 194.

[621] *BVerwG*, Beschluß v. 29. 1. 1992 - 4 NB 22.90 -, UPR 1992, 193.

lich verordnete Maß an „judicial self restraint" akzeptiert und verinnerlicht zu haben, wie sich unschwer an seiner Rechtsprechung erkennen läßt.[622]

c) Einfluß des Mangels auf das Abwägungsergebnis

Neben der Offensichtlichkeit muß der Mangel im Abwägungsvorgang auch das Abwägungsergebnis beeinflußt haben. Eine Beeinflussung des Abwägungsergebnisses durch den Abwägungsfehler ist dann zu bejahen, wenn bei Unterstellung einer ordnungsgemäßen Abwägung die konkrete Möglichkeit eines anderen Ergebnisses besteht.[623]

Dazu müßte beispielsweise aus den Planunterlagen oder auf sonstige Weise erkennbar sein, daß ohne den Abwägungsfehler ein anderes Abwägungsergebnis gefunden worden wäre.[624]

Auch das Vorliegen eines erheblichen Abwägungsmangels hat nicht automatisch die Aufhebung des Planfeststellungsbeschlusses zur Folge. Der Planfeststellungsbeschluß ist vielmehr nach § 75 I lit. a S. 2 VwVfG nur dann aufhebbar, wenn der Abwägungsfehler nicht durch Planergänzung oder die Durchführung eines ergänzenden Verfahrens beseitigt werden kann.

d) Planergänzung

Die in § 75 I lit. a S. 2 VwVfG begrifflich vorausgesetzte Planergänzung ist im Gesetz nicht ausdrücklich geregelt.

Gegenstand einer Planergänzung sind Maßnahmen, deren Verwirklichung die Konzeption der Planung nicht berührt und die deshalb ohne ein Verwaltungsverfahren angefügt werden können, wie dies z.B. bei Schutzmaßnahmen der Fall ist.[625]

e) Ergänzendes Verfahren

---

[622] *BVerwG*, Beschluß v. 23. 12. 1993 - 4 B 212.94 -, NVwZ 1994, 688; *BVerwG*, NVwZ 1995, 383; *VGH Mannheim*, Urteil v. 22. 3. 1995 - 5 S 2448/94 -, NVwZ 1996, 304, 306.

[623] *BVerwG*, Urteil v. 21. 8. 1981 - 4 C 57.80 -, BVerwGE 64, 33; *BVerwG*, Beschluß v. 29. 1. 1992 - 4 NB 22.90 -, UPR 1992, 193, 195; *BVerwG*, Beschluß v. 16. 8. 1995 - 4 B 92.95 -, BayVBl. 1996, 182, 183; *Steiner*, Das Planungsvereinfachungsgesetz, NVwZ 1994, 313, 317.

[624] *BVerwG*, Beschluß v. 16. 8. 1995 - 4 B 92.95 -, BayVBl. 1996, 182, 183.

[625] Vgl. *BayVGH*, Beschluß v. 4. 2. 1994 - 8 AS 94.40007/8 -, UPR 1994, 194; Vgl. zu den Voraussetzungen der Aufhebung eines Planfeststellungsbeschlusses wegen des Fehlens einer Schutzauflage, *OVG Lüneburg*, Beschluß v. 21. 7. 1995 - 3 M 7182/94 -, UPR 1996, 120.

Ein ergänzendes Verfahren wird dann durchgeführt, wenn das Gericht die Überzeugung gewonnen hat, daß die fehlerhafte Gesamtabwägung durch die Beseitigung von Verfahrensfehlern und nachträgliche Ermittlungen und Bewertungen geheilt werden kann.[626] Die Durchführung eines ergänzenden Verfahrens kommt dann nicht in Betracht, wenn die Grundlagen der Planung so massiv betroffen sind, daß Planungsalternativen ernsthaft erwogen werden müssen.[627] Auch wenn das ergänzende Verfahren theoretisch Ergebnisoffenheit besitzt, besteht von Anfang an die Erwartung eines positiven Abschlusses.[628]

f) Rechtsprechung des Bundesverwaltungsgerichts

Das *BVerwG* hat schon früher in ständiger Rechtsprechung festgestellt, daß eine im Planfeststellungsbeschluß nicht angeordnete Schutzauflage nachgeholt werden kann, wenn die Gesamtkonzeption der Planung dadurch nicht in einem wesentlichen Punkt berührt wird.[629] Aus der objektiven Rechtswidrigkeit des Planfeststellungsbeschlusses korrespondiert nicht ein Aufhebungsanspruch, sondern lediglich ein Anspruch des Betroffenen auf Planergänzung.[630]

§ 75 I lit. a S. 2 VwVfG stellt die gesetzliche Normierung der gängigen Rechtsprechung des *BVerwG*[631] dar, nach der die Planfeststellungsbehörde jederzeit unter Wiederholung fehlerhafter Verfahrensabschnitte formelle und materielle Fehler beseitigen kann.[632] Voraussetzung dafür ist, daß das Abwägungsdefizit von der Gesamtabwägung isoliert und somit ohne Beeinträchtigung der Gesamtkonzeption der Planung behoben werden kann. Die nachträgliche Einfügung der Schutzauflage in den Planfeststellungsbeschluß entspricht auch der Interessenlage der Betroffenen, die nicht darauf vertrauen dürfen, daß eine ansonsten rechtmäßige Planung wegen eines behebbaren Abwägungsmangels aufgehoben wird.

---

626 Vgl. *BayVGH*, Beschluß v. 4. 2. 1994 - 8 AS 94.40007/8 -, UPR 1994, 194.

627 *BayVGH*, Beschluß v. 4. 2. 1994 - 8 AS 94.40007/8 -, UPR 1994, 194, 195.

628 *BayVGH*, Beschluß v. 4. 2. 1994 - 8 AS 94.40007/8 -, UPR 1994, 194, 195.

629 *BVerwG*, Urteil v. 7. 7. 1978 - 4 C 79.76 u.a. -, BVerwGE 56, 110 ff.; Urteil v. 21. 5. 1976 - IV C 80.74 -, BVerwGE 51, 15, 21 ff..

630 Vgl. auch *Hoppe*, Planung und Pläne in der verwaltungsgerichtlichen Kontrolle, FS für Menger, S. 747, 765.

631 *BVerwG*, Urteil v. 31. 3. 1995 - 4 A 1.93 -, NVwZ 1995, 901.

632 Vgl. *BVerwG*, Beschluß v. 24. 10. 1991 - 7 B 65/91 -, NVwZ 1992, 789, 790; *Jäde*, Beschleunigung von Genehmigungsverfahren nach dem Genehmigungsverfahrensbeschleunigungsgesetz, UPR 1996, 361; *Dürr*, Aktuelle Fragen der Planfeststellung, VBlBW 1992, 324, 327.

h) Stellungnahme

Die Relevanz von Abwägungsfehlern im Planfeststellungsverfahren wird durch die Relativierung der Erheblichkeit von Abwägungsmängeln deutlich eingeschränkt. Der gesetzlich postulierte Vorrang der Nachbesserung vor der Aufhebung eines Planfeststellungsbeschlusses ist dennoch zu begrüßen, da die Aufhebung eines zeit- und arbeitsintensiven Planfeststellungsbeschlusses wegen eines behebbaren Mangels eine Verschwendung staatlicher Ressourcen bedeutet und der Tendenz Verfahren als Verhinderungsstrategie zu mißbrauchen, Vorschub leisten kann. Bedenken können allenfalls hinsichtlich des Kriteriums der Offensichtlichkeit des Abwägungsmangels geäußert werden. Wenn nur ein offensichtlicher Mangel überhaupt Erheblichkeit beanspruchen kann, stellt dies eine deutliche Einschränkung des richterlichen Kontrollrahmens dar. In diesem Zusammenhang ist auch die Übertragung der ursprünglich bauplanungsrechtlichen Unbeachtlichkeitsregelung auf die Fachgesetze und damit die Gleichsetzung des demokratisch legitimierten Gemeinderats mit der über den Genehmigungsantrag eines Vorhabenträgers entscheidenden Planfeststellungsbehörde problematisch. Der Gemeinderat handelt bei der Aufstellung der Bauleitpläne im Rahmen seiner aus Art. 28 II GG abgeleiteten Planungshoheit; die Einschränkung der gerichtlichen Kontrolldichte kann daher u. U. sogar verfassungsrechtlich geboten sein. Auf eine derartige verfassungsrechtliche Legitimation kann sich die Planfeststellungsbehörde nicht berufen.

Hier obliegt es jedoch dem Verwaltungsgericht, das unterschiedliche Zustandekommen von Bauleitplan und Planfeststellungsbeschluß durch entsprechende Auslegung des Begriffs der Offensichtlichkeit bei ihrer Rechtmäßigkeitsprüfung zu berücksichtigen.

E. Rechtsschutz der Betroffenen

Die im Zuge der Beschleunigungsgesetzgebung[633] in das Verwaltungsverfahrensgesetz und in die Verwaltungsgerichtsordnung eingeführten „Nachbesserungsparagraphen" eröffnen der Verwaltungsbehörde ein weites Spektrum von Reparaturmöglichkeiten für formell und/oder materiell fehlerhafte Verwaltungsakte. Ganz abgesehen von dem vielfach angezweifelten Beschleunigungspotential[634] bedeutet dieses extensive Angebot von nachträglichen Mitteln zur Fehlerheilung vor allem eine Verkürzung des Rechtsschutzes der Betroffenen.

Die Heilung formeller Fehler durch das Nachholen einer versäumten Verfahrenshandlung gemäß § 45 VwVfG auch noch im gerichtlichen Verfahren beinhaltet eine Relativierung des Verfahrensrechts, da nicht immer die nachträgliche Nachholung einer Verfahrenshandlung, insbesondere der Anhörung, dem Betroffenen die gleiche Rechtsschutzqualität bietet wie ein fehlerfreier Verfahrensablauf. Es steht zu befürchten, daß die Behörde innerlich nicht mehr bereit ist, ihre Sachentscheidung in Frage zu stellen und die verfahrensrechtliche Nachbesserung im Verwaltungsprozeß nur noch zur Bemäntelung eines bereits feststehenden Ergebnisses dient.

Auch die Rechtsschutzfunktion der Begründung des Verwaltungsaktes kann durch eine nachträgliche Vornahme nicht mehr im selben Maße ihre Rechtsschutzfunktion erfüllen. Die materiellrechtliche Nachbesserung durch das Nachschieben von Gründen während des gerichtlichen Verfahrens führt zwingend zu einer Herabset-

---

633 Vgl. dazu auch *Buchner*, Deregulierung, Verwaltungsvereinfachung und Verfahrensbeschleunigung, FS für Schlichter, S. 183 ff.; *Erbguth*, Umweltrecht im Gegenwind: die Beschleunigungsgesetze, JZ 1994, 477 ff.; *Bullinger*, Investitionsförderung durch nachfragegerechte und kooperative Beschleunigung von Genehmigungsverfahren, JZ 1994, 1129 ff.; *Hofe/Müller*, Wandel der Staatsfunktionen - Wandel in Verwaltungsverfahren und Verwaltungsprozeß, BayVBl. 1995, S. 225 ff.; *Wasielewski*, Beschleunigung von Planungs- und Genehmigungsverfahren, LKV 1997, 77; *Stüer*, Beschleunigung von Planungs- und Genehmigungsverfahren - Deregulierung, DVBl. 1996, 847 ff.; *Szczekalla*, Beschleunigung von Planungs- und Genehmigungsverfahren, ZG 1996, 284 ff.

634 So z. B. *Kuhla/Hüttenbrink*, Endstation Einzelrichter, DVBl. 1996, 717, 719; *Redeker*, Neue Experimente mit der VwGO, NVwZ 1996, 521, 522; *Schenke*, „Reform" ohne Ende - Das Sechste Gesetz zur Änderung der Verwaltungsgerichtsordnung und anderer Gesetze, NJW 1997, 81; *Eckert*, Beschleunigung von Planungs- und Genehmigungsverfahren, S. 58 ff.

zung der Bedeutung des Widerspruchsverfahrens, da der Betroffene im Prozeß mit einer materiellrechtlichen Begründung des Verwaltungsaktes konfrontiert wird, zu der er im Widerspruchsverfahren nicht Stellung nehmen konnte.

Es wird befürchtet, daß die praktische Durchführung der Nachbesserung im Prozeß zu einer Gefährdung der verfassungsrechtlich erforderlichen Neutralität des gesetzlichen Richters führt, da das Gericht, das der Verwaltung die Nachbesserung des Verwaltungsaktes ermöglicht, sich dem äußeren Anschein einer einseitigen Parteinahme aussetzt.

Die Aufnahme neuer bzw. die Erweiterung schon vorhandener Nachbesserungsvorschriften in Verwaltungsverfahrensgesetz, Verwaltungsgerichtsordnung und Fachgesetzen wird von ihren Befürwortern mit den Schlagwörtern der „Beschleunigung, Attraktivität des Wirtschaftsstandorts Deutschland,[635] Verwaltungseffizienz und Prozeßökonomie" für unabdingbar gehalten.[636] Die Gegenseite verweist auf die Notwendigkeit eines fairen rechtsstaatlichen Verfahrens, auf das Gebot effektiven Rechtsschutzes für die Betroffenen, und die Erforderlichkeit der Sanktionierung von Verfahrensfehlern der Verwaltung.[637]

Auffallend ist, daß die von beiden Seiten mit Vehemenz geführte Diskussion über die Verfassungsmäßigkeit der Nachbesserungsregelungen in vielen Fällen mit rechtspolitischen Erwägungen durchsetzt ist. Hier soll im folgenden versucht werden, die Vereinbarkeit der Nachbesserung von Verwaltungsakten im Prozeß mit der Verfassung, unabhängig von den politischen Beweggründen auf beiden Seiten, allein unter rechtsdogmatischen Gesichtspunkten zu untersuchen.

I. Rechtsschutz durch das verwaltungsgerichtliche Verfahren

Das gerichtliche Verfahren und die Gerichtsorganisation besitzen grundsätzliche Schutzfunktion für die Rechts- und Freiheitssphäre der Bürger.[638] Für den Bereich

---

[635] Dazu auch *Bullinger* (Hrsg.), Investitionsförderung durch flexible Genehmigungsverfahren, S. 32 ff.

[636] Exemplarisch *Tettinger*, Rechtsänderungen zur „Sicherung des Wirtschaftsstandorts Deutschland" - Umweltschutz im Gegenwind?, NuR 1997, 1.

[637] *Schenke*, „Reform" ohne Ende - Das Sechste Gesetz zur Änderung der Verwaltungsgerichtsordnung und anderer Gesetze, NJW 1997, 81; *Kuhla/Hüttenbrink*, Endstation Einzelrichter, DVBl. 1996, 717, 719 f.; *Krämer*, Sechstes Gesetz zur Änderung der Verwaltungsgerichtsordnung, LKV 1997, 114, 117; *Bracher*, Nachholung der Anhörung bis zum Abschluß des verwaltungsgerichtlichen Verfahrens?, DVBl. 1997, 534, 537.

[638] Dazu *Degenhart*, in: Isensee/Kirchhof, Handbuch des Staatsrechts, § 76 Rz. 1.

der Verwaltungsgerichtsbarkeit ergibt sich der verfassungsrechtlich determinierte Schutz des Betroffenen durch die Rechtsprechung unmittelbar aus dem Grundgesetz.[639]

1. Das Gebot der wirksamen Rechtsschutzgewährung gemäß Art. 19 IV GG

Im modernen (Rechts)Staat heute fast schon zur Selbstverständlichkeit geworden ist der gerichtliche Schutz vor Akten der hoheitlichen Gewalt.[640] Art. 19 IV S. 1 GG stellt ausdrücklich fest, daß für den, der durch einen Akt der öffentlichen Gewalt verletzt wird, der Rechtsweg offensteht. Das Gebot der Gewährung effektiven Rechtsschutzes ist in Art. 19 IV GG verankert, besitzt eigene Grundrechtsqualität[641] und subjektiv-rechtlichen Charakter.[642] Die Rechtsschutzgarantie des Art. 19 IV GG umfaßt die Zugänglichkeit des Rechtswegs, der faire Zugang zu den Gerichten (wie z. B. Auslegung von Formvorschriften, großzügige Handhabung des Wiedereinsetzungsrechts) und die Wirksamkeit (Effektivität) des gerichtlichen Rechtsschutzes.[643]

a) Zugänglichkeit des Rechtswegs

Art. 19 IV GG gewährleistet den Zugang zu einem unabhängigen, deutschen, staatlichen Gericht und die umfassende Prüfung des betreffenden Exekutivaktes.[644]

Der Betroffene hat daher Anspruch auf zumindest eine Tatsacheninstanz.[645] Nach ganz herrschender Meinung läßt sich aus Art. 19 IV GG kein allgemeiner Anspruch auf die Durchführung eines Instanzenzuges ableiten.[646] Der Zugang zu den

---

[639] *Degenhart*, in: Isensee/Kirchhof, Handbuch des Staatsrechts, § 76 Rz. 2.

[640] Instruktiv zur Bedeutung des Art. 19 IV GG für das Verwaltungsrecht *Schmidt-Aßmann*, in: Maunz/Dürig, GG, Art. 19 Rz. 1 ff.

[641] *Lorenz*, Die verfassungsrechtlichen Vorgaben des Art. 19 IV GG für das Verwaltungsprozeßrecht, FS für Menger, S. 143, 144.

[642] *Schmidt-Aßmann*, in: Maunz-Dürig, GG, Art. 19 Rz. 7; *Krüger*, in:, GG, Art. 19 Rz. 107; *Krebs*, Subjektiver Rechtsschutz und objektive Rechtskontrolle, FS für Menger, S. 191, 197; *Finkelnburg*, Das Gebot der Effektivität des Rechtsschutzes in der Rechtsprechung des Bundesverwaltungsgerichts, FS für das Bundsverwaltungsgericht, S. 169, 170.

[643] *Schmidt-Aßmann*, in: Maunz/Dürig, GG, Art. 19 Rz. 229.

[644] *Schmidt-Aßmann*, in: Maunz/Dürig, GG, Art. 19 Rz. 173.

[645] *Krüger*, in: Sachs, GG, Art. 19 Rz. 133.

[646] Vgl. dazu *BVerfG*, Beschluß v. 11. 10. 1978 - 2 BvR 1055/76 -, BVerfGE 49, 329, 340; Beschluß v. 12. 7. 1983 - 1 BvR 1470/82 -, BVerfGE 65, 76, 90; *Schmidt-Aßmann*, in: Maunz-Dürig, GG, Art. 19 Rz. 179; *Schmidt-Bleibtreu/Klein*, GG, Art. 19 Rz. 19; *Krüger*, in: Sachs, GG, Art. 19 Rz. 133; a. A. *Lorenz*, Die

Verwaltungsgerichten ist einfachgesetzlich durch die Generalklausel des § 40 I VwGO geregelt.[647]

b) Wirksamkeit des gerichtlichen Rechtsschutzes

Unter dem Gebot der Gewährung effektiven Rechtsschutzes versteht man die Ermöglichung einer wirksamen Kontrolle der Exekutive durch ein gesetzlich geregeltes gerichtliches Verfahren.[648] Wirksamer Rechtsschutz setzt eine vollständige richterliche Kontrolle des angegriffenen Hoheitsaktes in rechtlicher und tatsächlicher Hinsicht voraus.[649] Dieser Grundsatz der richterlichen Vollkontrolle wird durch eine normative Ermächtigung zur administrativen Letztentscheidung modifiziert.[650]

c) Die Gewährung schnellen Rechtsschutzes

Effektivität des Rechtsschutzes bedeutet auch, daß der von einem belastenden Hoheitsakt Betroffene schnell Rechtsschutz in Anspruch nehmen kann. So hat der *EGMR* in einer grundlegenden Entscheidung eine überlange Verfahrensdauer als Verstoß gegen Art. 6 I EMRK eingestuft.[651] Wirksamer Rechtsschutz ist in vielen Fällen nur dann möglich, wenn er innerhalb einer angemessenen Zeitspanne erfolgt.[652]

Das Verwaltungsgericht befindet sich daher auf einer Gratwanderung zwischen der verfassungsrechtlich gebotenen Schnelligkeit des Verfahrens und der maximalen Richtigkeit der zu findenden Entscheidung.[653] Die Frage der verfassungsrechtlich gebotenen Beschleunigung[654] des verwaltungsgerichtlichen Verfahrens wird

verfassungsrechtlichen Vorgaben des Art. 19 IV GG für das Verwaltungsprozeßrecht, FS für Menger, S. 143, 154.

[647] Vgl. auch die Zuweisungstatbestände der §§ 33 FGO und 51 SGG.

[648] *Krüger*, in: Sachs, GG, Art. 19 Rz. 104.

[649] *Schmidt-Aßmann*, in: Maunz/Dürig, GG, Art. 19 Rz. 183.

[650] Vgl. dazu die Ausführungen oben S. 54.

[651] *EGMR*, Urteil v. 28. 6. 1978 - C (78) 31 -, NJW 1979, 477; EGMR 51 (1982), 33; Vgl. auch *BVerfG*, Beschluß v. 6. 5. 1997 - 1 BvR 711/96 -, FamRZ 1997, 871, 872, in dem eine sechseinhalbjährige Verfahrensdauer, ohne daß die Grundlagen für eine erstinstanzliche Entscheidung geschaffen wurden, nicht mehr mit Art. 19 IV GG vereinbar erklärt wurde. Das Verfahren betraf eine Umgangsregelung für einen Vater mit seinen nichtehelichen Kindern.

[652] *Schmidt-Aßmann*, in: Maunz/Dürig, GG, Art. 19 Rz. 262.

[653] *Behrens*, Der Faktor Zeit im Prozeß der Rechtsfindung - Reflexionen über die gegenwärtige Beschleunigungsdiskussion, NWVBl. 1996, 121; *Schmidt-Aßmann*, in: Maunz/Dürig, GG, Art. 19 Rz. 262.

[654] *Schmidt-Aßmann*, in: Maunz/Dürig, GG, Art. 19 Rz. 263.

aktuell im Kontext der „Beschleunigungsgesetzgebung“ heftig diskutiert und kann hier nicht näher vertieft werden.[655]

d) Rechtsschutz durch die konkrete Prozeßordnung

Art. 19 IV GG ist Grundlage jeder normativen Ausgestaltung einer Prozeßordnung.[656] Dies bedeutet, daß der Gesetzgeber bei der Schaffung oder Abänderung einzelner Vorschriften der Prozeßordnung die individuelle Rechtsschutzgarantie des Art. 19 IV GG berücksichtigen und auf Regelungen, die geeignet sind, den wirksamen Rechtsschutz des Betroffenen einzuschränken, verzichten muß.[657]

Bei diesem Gesetzgebungsauftrag des Art. 19 IV GG handelt es sich um ein abstraktes, allgemeines Leitprinzip, bei dessen konkreter Ausformung dem Gesetzgeber ein weiter Gestaltungsspielraum offensteht.[658]

So kann die Bandbreite zwischen einer den Rechtsschutzanspruch des Betroffenden völlig negierenden Prozeßordnung und einem die Rechtsschutzinteressen des Betroffenen optimierenden prozessualen Regelwerk sehr groß sein. Dazwischen liegen einzelne Regelungen, die eine Durchsetzung des Individualrechtsschutzes zwar nicht verhindern, aber zumindest in gewissem Maße erschweren.[659] Diese Regelungen können aber durch Sachgründe, die insbesondere durch andere Verfassungsgehalte bedingt sind, legitimiert werden, da insoweit der Gesetzgeber eine Abwägung zwischen der subjektiven Rechtsschutzgarantie und anderen von der Verfassung geschützten Gütern herstellen muß.[660] Das *BVerfG* hat in ständiger Rechtsprechung festgestellt, daß wirksamer Rechtsschutz umfassend und weitest-

---

[655] Bei der aktuellen Beschleunigungsdebatte wird die aus Art. 19 IV GG abgeleitete Forderung nach Schnelligkeit des Verwaltungsrechtsschutzes oft mit der attraktivitätsfördernden Wirkung raschen Rechtsschutzes für den Wirtschaftsstandort Deutschland verwechselt. Vgl. dazu *Kutscheidt*, Verfahrensbeschleunigung und richterliche Kontrolldichte, NWVBl. 1995, 121; *Behrens*, Der Faktor Zeit im Prozeß der Rechtsfindung - Reflexionen über die gegenwärtige Beschleunigungsdiskussion, NWVBl. 1996, 121; *Tettinger*, Rechtsänderungen zur „Sicherung des Wirtschaftsstandorts Deutschland“ - Umweltschutz im Gegenwind, NuR 1997, 1, 5; *Erbguth*, Umweltrecht im Gegenwind: Die Beschleunigungsgesetze, JZ 1994, 477; *Bullinger* (Hrsg.), Investitionsförderung durch flexible Genehmigungsverfahren, S. 46 ff., 184 f.

[656] *BVerfG*, Beschluß v. 20. 4. 1982 - 2 BvL 26/81 -, BVerfGE 60, 253, 296.

[657] Ähnlich *Lorenz*, Die verfassungsrechtlichen Vorgaben des Art. 19 IV GG für das Verwaltungsprozeßrecht, FS für Menger, S.143, 145.

[658] *Lorenz*, a.a.O., S. 143, 145.

[659] Ähnlich *Bonk*, Strukturelle Änderungen des Verwaltungsverfahrens durch das Genehmigungsverfahrensbeschleunigungsgesetz, NVwZ 1997, 320, 322.

[660] *Schmidt-Aßmann*, in: Maunz/Dürig, GG, Art. 19 Rz. 4; *Lorenz*, Die verfassungsrechtlichen Vorgaben des Art. 19 IV GG für das Verwaltungsprozeßrecht, FS für Menger, S. 143, 147.

gehend lückenlos zu sein hat und nicht in unzumutbarer, durch Sachgründe nicht mehr gerechtfertigte Weise, erschwert werden darf.[661]

Die Vorschriften zur Nachbesserung formeller und materieller Fehler des Verwaltungsaktes beinhalten, wie oben schon dargestellt, ein beträchtliches Potential zur Erschwerung des Rechtsschutzes des Betroffenen. Im folgenden soll daher untersucht werden, ob die neu geschaffenen behördlichen Nachbesserungsmöglichkeiten mit dem Rechtsschutzgehalt des Art. 19 IV GG vereinbar sind, oder ob hierin ein durch Sachgründe nicht mehr legitimierter Verstoß gegen Art. 19 IV GG vorliegt.

2. Verletzung des Art. 19 IV GG durch die Nachbesserung im Prozeß

Art. 19 IV GG garantiert wirksamen Rechtsschutz für den Fall, daß „jemand durch die öffentliche Gewalt in seinen Rechten verletzt wird". Er trifft keine Aussage darüber, wann eine Rechtsverletzung vorliegt, sondern unterstellt ihr Vorhandensein.[662]

Die Beantwortung der Frage, ob die Nachbesserung der Behörde im Prozeß gegen das Recht des Betroffenen auf effektiven Rechtsschutz verstößt, hängt daher von zwei Faktoren ab: Erstens muß der Verfahrensfehler eine Verletzung subjektiver Rechte bewirken und zweitens der Betroffene durch die Nachbesserung der Behörde im Prozeß in seinem grundrechtlichen Rechtsschutzanspruch verletzt sein.

a) Verletzung von „Rechten" i. S. des Art. 19 IV GG

aa) Subjektive Rechte

Rechte i. S. des Art. 19 IV GG sind nur subjektive Rechte, die Einführung einer sog. Popularklage fällt nicht in den Schutzbereich.[663] Zu den subjektiven Rechten gehören die Grundrechte und die einfachgesetzlichen subjektiven Rechte des öffentlichen Rechts sowie subjektive Privatrechte des einzelnen.[664]

---

[661] Vgl. *BVerfG*, Beschluß v. 19. 6. 1973 - 1 BvL 39/69 -, BVerfGE 35, 263, 274; Beschluß v. 18. 7. 1975 - 1 BvR 23, 155/73 -, BVerfGE 35, 382, 401; Beschluß v. 23. 4. 1969 - 2 BvR 552/63 -, BVerfGE 25, 352, 364.

[662] *BVerfG*, Beschluß v. 8. 7. 1982 - 2 BvR 1187/80 -, BVerfGE 61, 82, 110; Beschluß v. 8. 5. 1979 - 2 BvR 782/78 -, BVerfGE 51, 176, 185.

[663] *Krüger*, in: Sachs, GG, Art. 19 Rz. 126; *Schmidt-Aßmann*, in: Maunz/Dürig, GG, Art. 19 Rz. 117 ff.

[664] *Schmidt-Aßmann*, in: Maunz/Dürig, GG, Art. 19 Rz. 121, 127; *Krüger*, in: Sachs, GG, Art. 19 Rz. 127.

bb) Verfahrensvorschriften

Auch Verfahrensvorschriften, die nicht ausschließlich öffentlichen Interessen dienen, zählen unstreitig zu den „Rechten" i. S. des Art. 19 IV GG.[665] Darunter fallen auch insbesondere das Recht des Betroffenen auf eine Anhörung und das Recht auf eine Begründung des belastenden Verwaltungsaktes.[666]

cc) Rechtsverletzung

Die Rechtsschutzgarantie des Art. 19 IV GG greift nur dann ein, wenn eine Rechtsverletzung geltend gemacht werden kann. Voraussetzung einer Rechtsverletzung ist die Rechtswidrigkeit des angefochtenen Aktes der öffentlichen Gewalt[667] Der unter Verstoß gegen eine - rechtlich bindende - Verfahrensvorschrift zustandegekommene Verwaltungsakt ist rechtswidrig. Der Adressat eines (verfahrensfehlerhaften) rechtswidrigen Verwaltungsaktes hat daher gemäß Art. 19 IV GG Anspruch auf wirksamen Rechtsschutz.

Die Rechtswidrigkeit des angefochtenen Verwaltungsaktes entfällt jedoch, wenn die Behörde den fehlerhaften Verwaltungsakt mit heilender Wirkung nachbessern kann. Die Heilung formeller Fehler durch Nachholung der Verfahrenshandlung gemäß § 45 VwVfG stellt einen Sanktionsausschluß dar. Der Verwaltungsakt wird nicht gemäß § 113 I S. 1 VwGO vom Verwaltungsgericht aufgehoben.[668]

Nach allgemeiner Ansicht läßt sich die Existenz gesetzlicher Heilungsregelungen, wie z. B. §§ 45 VwVfG a. F., 126 AO, 41 SGB X und 214, 215 BauGB grundsätzlich mit der Rechtsschutzgarantie des Art. 19 IV GG vereinbaren.[669]

b) Nachholen der Anhörung im Prozeß gemäß § 45 II VwVfG n. F.

§ 45 VwVfG n. F. unterscheidet sich von den „alten" Heilungsvorschriften insofern, als hier zum ersten Mal eine Heilung von Verfahrensfehlern durch die Behörde während des verwaltungsgerichtlichen Verfahrens ermöglicht wird.[670]

---

[665] *Schmidt-Aßmann*, in: Maunz/Dürig, GG, Art. 19 Rz. 149.

[666] *Rupp*, Nachschieben von Gründen im verwaltungsgerichtlichen Verfahren, S. 66 f.

[667] *Schmidt-Aßmann*, in: Maunz/Dürig, GG, Art. 19 Rz. 153.

[668] Auch bei einer fehlenden Heilung wird der verfahrensfehlerhafte Verwaltungsakt dann nicht aufgehoben, wenn der Fehler unbeachtlich i. S. des § 46 VwVfG ist.

[669] *Sachs*, in: Stelkens/Bonk/Sachs, VwVfG, § 45 Rz. 7 f.; *Schmidt-Aßmann*, in: Maunz/Dürig, GG, Art. 19 Rz. 155.

aa) Qualitative Gleichwertigkeit der nachgeholten Verfahrenshandlung

Die Heilung des Verfahrensmangels während des Prozesses könnte den Anspruch des Betroffenen auf wirksamen Rechtsschutz verletzen, wenn die Nachholung der unterlassenen Verfahrenshandlung im Prozeß dem Betroffenen nicht die gleiche Beeinflussungsintensität hinsichtlich der konkreten Verwaltungsentscheidung wie eine zeitlich (rechtmäßig) vor dem Ergehen der Entscheidung vorgenommene Verfahrenshandlung garantiert. Durch eine solche, ihrer eigentlichen Bedeutung beraubte nachträgliche Vornahme einer Verfahrenshandlung ermöglichen das materielle Recht und die Prozeßordnung der Behörde ein Obsiegen im Prozeß,[671] während gleichzeitig die Erfolgsaussicht des Betroffenen und damit sein Anspruch auf gerichtlichen Rechtsschutz verkürzt wird.

Es kommt daher darauf an, ob die spezifischen Funktionen der Anhörung des Betroffenen und der Begründung des Verwaltungsaktes auch bei einer Nachholung erst im verwaltungsgerichtlichen Verfahren noch gewahrt sind.

Nach § 28 I VwVfG ist der Betroffene vor Erlaß des Verwaltungsaktes von der erlassenden Behörde anzuhören. Die Vorschrift dient der Stärkung der Position des Betroffenen, der Gelegenheit erhält, zu dem bevorstehenden Verwaltungsakt Stellung und damit Einfluß auf die behördliche Entscheidungsfindung zu nehmen.[672]

bb) Zeitpunkt der Anhörung

Untrennbar mit der „Mitwirkung" des Betroffenen am Entscheidungsprozeß der Behörde verbunden ist der Zeitpunkt der Anhörung vor dem Erlaß des Verwaltungsaktes.[673] Auch die Nachholung der Anhörung während des Widerspruchsverfahrens wird der Funktion des § 28 I VwVfG noch gerecht, wenn die Wider-

---

[670] Eine Ausnahme bildet die nachträgliche Stellung eines Antrags gemäß § 45 I Nr. 1 VwVfG, der auch in der alten Fassung noch während des Prozesses nachgeholt werden konnte. Vgl. dazu die Ausführungen oben S. 86 [Fn. 388].

[671] Der Anfechtungskläger hat aber im Falle der Nachbesserung des Verwaltungsaktes die Möglichkeit, die Sache für erledigt zu erklären und damit die Kostenlast von sich abzuwenden.

[672] *Weyreuther*, Einflußnahme durch Anhörung, FS für Sendler, S. 183, 189; *Ehlers*, Anhörung im Verwaltungsverfahren, Jura 1996, 617, 619.

[673] *Weyreuther*, Einflußnahme durch Anhörung, FS für Sendler, S. 183, 184, 196.; *Redeker*, Neue Experimente mit der VwGO?, NVwZ 1996, 521, 523; *Ehlers*, Anhörung im Verwaltungsverfahren, Jura 1996, 617, 620; *Bracher*, Nachholung der Anhörung bis zum Abschluß des verwaltungsgerichtlichen Verfahrens?, DVBl. 1997, 534, 535, 537; *Eckert*, Beschleunigung von Planungs- und Genehmigungsverfahren, S. 59 f.

spruchsbehörde die gleiche Entscheidungskompetenz besitzt wie die Ausgangsbehörde selbst.

Mit dem Erlaß des Widerspruchsbescheids ist die Verfahrensherrschaft der Verwaltung aber beendet, der Erlaß des Verwaltungsaktes aus behördlicher Sicht abgeschlossen. Die Behörde tritt bei Anfechtung des Verwaltungsaktes durch den Betroffenen nunmehr an, ihre Entscheidung vor dem Verwaltungsgericht zu verteidigen. Im Zeitpunkt der gerichtlichen Überprüfung des Verwaltungsaktes ist bereits eine Verfestigung der Entscheidungssituation eingetreten und die für die Wirksamkeit einer Anhörung unabdingbare Entscheidungsoffenheit nicht mehr gewährleistet.[674]

Es ist weltfremd anzunehmen, die Behörde sei - jedenfalls im Regelfall - nach dem Erlaß des Verwaltungsaktes innerlich noch nicht soweit festgelegt, daß sie die in der nachträglichen Anhörung vorgebrachten Argumente des Betroffenen objektiv in Erwägung ziehen könnte. Vielmehr wird in den meisten Fällen nachträglicher Anhörung während des verwaltungsgerichtlichen Verfahrens die Behörde bemüht sein, es bei dem bereits feststehenden Ergebnis zu belassen und damit die Nachholung der Verfahrenshandlung zur reinen Formsache degradieren.[675] Durch die Nachbesserung eines wegen fehlender Anhörung formell rechtswidrigen Verwaltungsaktes wird die Zeit- und Situationsgebundenheit der Anhörung außer acht gelassen.

c) Relativierung des Verfahrensrechts

Das Verfahrensrecht der Anhörung wird durch die Zulässigkeit der Nachholung im Prozeß gemäß § 45 I Nr. 3, 45 II VwVfG bis zur Bedeutungslosigkeit relativiert.[676] Ein Verbot, auf dessen Übertretung keine Sanktion folgt, ist als nichtexi-

[674] Vgl. zu der Bedeutung des Zeitpunkts der Anhörung *Redeker*, Legislative, Exekutive und Verwaltungsgerichtsbarkeit, NVwZ 1996, 126, 131; *Ders.*, Neue Experimente mit der VwGO?, NVwZ 1996, 521, 523; *Roßnagel*, Verfahrensfehler ohne Sanktion, JuS 1994, 927, 931; *Schenke*, Das Verwaltungsverfahren zwischen Verwaltungseffizienz und Rechtsschutzauftrag, VBlBW 1982, 313, 322; *Weyreuther*, Einflußnahme durch Anhörung, FS für Sendler, S. 183, 190; *Ehlers*, Anhörung im Verwaltungsverfahren, Jura 1996, 617, 622; *Hufen*, Fehler im Verwaltungsverfahren, S. 135; *Krasney*, Zur Anhörungspflicht im Verwaltungsverfahren, NVwZ 1986, 337, 341; *Messerschmidt*, Zur Heilung und Folgenlosigkeit von Verfahrens- und Formfehlern, NVwZ 1985, 877, 878; *Odenthal*, Die Heilung von Verfahrensfehlern gemäß § 45 VwVfG nach erhobener Untätigkeitsklage, NVwZ 1995, 668, 670.

[675] *Ehlers*, Anhörung im Verwaltungsverfahren, Jura 1996, 617, 622; *Schenke*, „Reform ohne Ende"-Das Sechste Gesetz zur Änderung der VwGO und anderer Gesetze, NJW 1997, 81, 87.

[676] *Ehlers*, a.a.O., S. 617, 622.

stent anzusehen. Der Betroffene wird durch die Heilung des Anhörungsmangels im verwaltungsgerichtlichen Verfahren seiner Einflußnahme auf die Verwaltungsentscheidung beraubt und - weil dieser Verlust im gerichtlichen Verfahren ohne Folgen bleibt - dadurch in seinem Anspruch auf wirksamen Rechtsschutz verletzt.[677] Etwas anderes gilt nur für streng gesetzesgebundene Entscheidungen der Behörde, wenn das Gericht unabhängig von den Rechtsauffassungen der Beteiligten die Rechtmäßigkeit des Verwaltungsaktes überprüfen und daher auch feststellen kann, ob die Anhörung des Betroffenen den Erlaß des Verwaltungsaktes hätte beeinflussen können.[678]

Ergebnis: Die Funktion der Anhörung vermag bei ihrer Nachholung im laufenden Prozeß -zumindest bei Ermessensverwaltungsakten- ihre grundrechtsschützende Wirkung nicht zu entfalten, so daß ein Verstoß gegen die Rechtsschutzgarantie des Art. 19 IV GG vorliegt.

aa) Disziplinierungsfunktion des Verfahrensrechts

Mit der Möglichkeit der Nachholung der Anhörung von Betroffenen im verwaltungsgerichtlichen Verfahren wird die Disziplinierungsfunktion des § 28 I VwVfG für die Verwaltung geschwächt, da das Unterlassen der Anhörung vor dem Erlaß des Verwaltungsaktes und die fehlende Nachholung bis zur Klageerhebung nicht mehr mit der Sanktion der Aufhebung im Prozeß bewehrt ist. Dadurch kann die Behörde verleitet werden, das Anhörungsrecht der Betroffenen zugunsten einer schnellen Entscheidungspraxis zu vernachlässigen. Im Falle der Anfechtung des verfahrensfehlerhaften Verwaltungsaktes durch den Betroffenen steht ihr dann immer noch die Heilungsmöglichkeit während des verwaltungsgerichtlichen Verfahrens offen.

Die Befürchtung, daß § 45 II VwVfG eine Verschlechterung der Einhaltung der verfahrensrechtlichen Vorschriften durch die Verwaltung bewirken könnte, wird von einigen Kritikern der Neufassung des § 45 II VwVfG geäußert.[679] Die Vor-

---

[677] *Schmidt-Aßmann*, in: Maunz/Dürig, GG, Art. 19 Rz. 155; *Bonk*, Strukturelle Änderungen des Verwaltungsverfahrens durch das Genehmigungsverfahrensbeschleunigungsgesetz, NVwZ 1997, 320, 325.

[678] Ähnlich *Bettermann*, Anfechtbare und nichtanfechtbare Verfahrensmängel, FS für Menger, S. 709, 717.

[679] Vgl. *Redeker*, Neue Experimente mit der VwGO?, NVwZ 1996, 521, 523; *Ehlers*, Anhörung im Verwaltungsverfahren, Jura 1996, 617, 622; *Schenke*, „Reform ohne Ende"-Das Sechste Gesetz zur Änderung der VwGO und anderer Gesetze, NJW 1997, 81, 87; *Krämer*, Sechstes Gesetz zur Änderung der Verwaltungsgerichtsordnung, LKV 1997, 114, 115.; *Bracher*, Nachholung der Anhörung bis zum Abschluß des verwal-

schrift des § 28 I VwVfG, die die Anhörung des Betroffenen vor dem Erlaß des Verwaltungsaktes fordert, werde von der Verwaltung in zunehmenden Maße mißachtet werden, da ihre Unterlassung nicht mehr mit der Aufhebung des Verwaltungsaktes bewehrt sei.[680]

bb) Kostentragungspflicht der Behörde

Die Gefahr, daß sich die Behördenmoral hinsichtlich der Einhaltung zwingender Verfahrensvorschriften verschlechtert ist nicht unbegründet, da die Behörde die Kassation des Verwaltungsaktes wegen eines Verfahrensverstosses nicht mehr befürchten muß. Dennoch bleibt die Mißachtung einer Verfahrensvorschrift für die Behörde nicht völlig sanktionslos. Der Betroffene hat die Möglichkeit, im Falle der behördlichen Nachbesserung und Heilung des Verwaltungsaktes während des Prozesses die Klage für erledigt zu erklären, mit der Folge, daß der Behörde die Kostenlast auferlegt wird, da ohne die Nachbesserung der Verwaltungsakt aufgehoben worden wäre.[681]

Von einer „Freischußregelung“[682] für die Behörde kann daher nicht die Rede sein, da die Behörde vor allem in einer Zeit angespannter Haushaltslage nicht vorsätzlich Gerichtskosten verursachen wird.[683] Grundsätzlich ist im Rechtsstaat auch von dem Willen und Bestreben der Behörde, gesetzeskonform zu handeln, auszugehen.[684] Aber auch wenn man in verfahrensrechtlicher Hinsicht von einem Absinken der Qualität der Verwaltungsentscheidungen als Folge der Nachbesse-

---

tungsgerichtlichen Verfahrens?, DVBl. 1997, 534, 537; *Bonk*, Strukturelle Änderungen des Verwaltungsverfahrens durch das Genehmigungsverfahrensbeschleunigungsgesetz, NVwZ 1997, 320, 330; *Hatje*, Die Heilung formell rechtswidriger Verwaltungsakte im Prozeß als Mittel der Verfahrensbeschleunigung, DÖV 1997, 477, 480.

680 Vgl. dazu auch *Redeker*, Neue Experimente mit der VwGO?, NVwZ 1996, 521, 523.

681 *Schmieszek*, Sechstes Gesetz zur Änderung der Verwaltungsgerichtsordnung und anderer Gesetze, NVwZ 1996, 1151, 1155.

682 *Pofalla*, Ein Bericht zur Änderung der Verwaltungsgerichtsordnung, BRAK-Mitt 1996, 133, 134.

683 Eine andere Auffassung vertritt *Hatje*, der die Kostenbelastung nicht als geeignetes Instrument zur Disziplinierung der Behörde betrachtet und darauf hinweist, daß auch ein korrekt eingehaltenes Verfahren Kosten verursacht. Er übersieht dabei, daß gerade die häufig unterlassene Anhörung der Behörde bei ihrer Vornahme nur geringe Kosten bereitet. Vgl. *Hatje*, Die Heilung formell rechtswidriger Verwaltungsakte im Prozeß als Mittel der Verfahrensbeschleunigung, DÖV 1997, 477, 480.

684 *Schmitz/Wessendorf*, Das Genehmigungsverfahrensbeschleunigungsgesetz, NVwZ 1996, 955, 958; *Ossenbühl*, Verwaltungsverfahren zwischen Verwaltungseffizienz und Rechtsschutzauftrag, NVwZ 1982, 465; a. A. *Meyer*, Die Kodifikation des Verwaltungsverfahrens und die Sanktion für Verfahrensfehler, NVwZ 1986, 513, 522 [Fn. 66], der auf die sensible Reaktion der Verwaltung unter dem Gesichtspunkt ihrer Interessen auf harte oder weiche Rechtsprechung hinsichtlich der Sanktionen für Verfahrensverstöße, hinweist.

rungsregelungen ausgeht, würde diese bloße Vermutung noch nicht zur Begründung eines verfassungsrechtlichen Verdikts ausreichen.[685] Allein die mögliche Einschränkung der Disziplinierungsfunktion des Verfahrensrechts führt daher noch nicht zu einer Verfassungswidrigkeit der formellen Nachbesserungsregelung.

d) Nachholen der Begründung

Nach § 45 I Nr. 2, 45 II VwVfG n. F. kann die Behörde die Begründung des Verwaltungsaktes auch noch im verwaltungsgerichtlichen Verfahren nachholen. Bei der Begründung i. S. des § 39 I VwVfG handelt es sich um ein rein formelles Erfordernis, das streng von der Begründung des Verwaltungsaktes im materiellen Sinne zu unterscheiden ist. Bei der Begründung im formellen Sinne kommt es - wie oben hervorgehoben[686] - nicht darauf an, daß die angegebenen Gründe den Verwaltungsakt auch sachlich zu rechtfertigen vermögen, sondern nur das Vorliegen einer Begründung an sich zählt.

aa) Berücksichtigung der Funktion der Begründung

Die Begründungspflicht i. S. des § 39 I VwVfG besitzt Befriedungs, - Klarstellungs- und Beweisfunktion sowie Rechtsschutz- und Kontrollfunktion.[687] Mit Ausnahme der Befriedungsfunktion ist allen gemeinsam, daß sie letztlich insbesondere für die gerichtliche Überprüfung des Verwaltungsaktes von Bedeutung sind.[688] Die Begründung eröffnet dem Betroffenen die Möglichkeit, die Erfolgschancen einer Anfechtungsklage gegen den Verwaltungsakt einzuschätzen[689], da sie ihn über die dem Verwaltungsakt zugrundeliegenden tatsächlichen Feststellungen und rechtlichen Erwägungen der Behörde informiert.[690]

---

685 *Schmidt-Aßmann*, in: Maunz/Dürig, GG, Art. 19 Rz. 155 a. E.

686 Vgl. dazu die Ausführungen oben S. 108.

687 *Henneke*, in: Knack, VwVfG, § 39 Rz. 2.2; *Stelkens*, in: Stelkens/Bonk/Sachs, VwVfG, § 45 Rz. 5.

688 Vgl. *Horn*, Das Nachschieben von Gründen und die Rechtmäßigkeit von Verwaltungsakten, Die Verwaltung 1992, 203, 217.

689 Das Gebot, einen Verwaltungsakt zu begründen, wird zum Teil aus Art. 19 IV GG abgeleitet. Vgl. *Rupp*, Nachschieben von Gründen im verwaltungsgerichtlichen Verfahren, S. 76.

690 *Horn*, Das Nachschieben von Gründen und die Rechtmäßigkeit von Verwaltungsakten, Die Verwaltung 1992, 203, 216; *Stelkens*, in: Stelkens/Bonk/Sachs, VwVfG, § 39 Rz. 5 bezieht die Rechtsschutzfunktion der Begründung primär auf die bessere Nachprüfungsmöglichkeit der Verwaltungsentscheidung für Gericht und Widerspruchsbehörde.

Für die Behörde bietet die Verpflichtung zur Begründung des Verwaltungsaktes die Gelegenheit zur Selbstkontrolle ihrer eigenen Entscheidung.[691]

Fraglich ist nunmehr, ob diese Funktionen auch bei einer Nachholung der Begründung im gerichtlichen Verfahren noch ihre Wirkung entfalten können und ob ein etwaiges Leerlaufen einiger Funktionen bei der Nachbesserung im Prozeß eine - verfassungsrechtlich relevante - Rechtsbeeinträchtigung des Betroffenen darstellt.

aaa) Rechtsschutzfunktion

Die Kenntnis der Begründung vor Klageerhebung ist für den Betroffenen unerläßlich, da er ansonsten keine reelle Einschätzungsmöglichkeit seiner Erfolgschancen im Prozeß hat und „ins Blaue hinein" Klage erheben muß. In dieser Lage befindet sich der durch einen Verwaltungsakt ohne Begründung belastete Adressat aber schon dann, wenn er nach Bekanntgabe des Verwaltungsaktes vor der Entscheidung steht, ob er gegen diesen Widerspruch erheben soll oder nicht. Auch hier ist es ihm unmöglich, die Erfolgsaussichten seines Widerspruchs objektiv einzuschätzen; muß er mit einer Heilung des Verfahrensmangels während des Widerspruchsverfahrens rechnen. Durch die Heilung des Verfahrensfehlers im Widerspruchsverfahren wird der Betroffene nicht mit den Kosten der Zurückweisung des Widerspruchs belastet, da die Kosten des Widerspruchs nach § 80 I S. 2 VwVfG dem Träger der öffentlichen Verwaltung, deren Behörde den Verwaltungsakt erlassen hat, auferlegt werden.[692]

Bei der Nachholung der Begründung im Prozeß kann der Betroffene die Sache für erledigt erklären und damit die Kostenlast von sich abwenden.[693]

Der Verlust der Rechtsschutzfunktion der Begründung i. S. des § 39 I VwVfG ist typische und unvermeidbare Folge einer unterlassenen Begründung des Verwaltungsaktes, die zwar die Fähigkeit des Betroffenen, seine Anfechtungschancen objektiv einzuschätzen, behindert, aber keine Verletzung des Rechtsschutzanspruchs aus Art. 19 IV GG bedeutet. Die Unsicherheit des Betroffenen darüber, ob eine Anfechtung des Verwaltungsaktes wegen einer potentiellen Heilung Erfolg

---

[691] *Stelkens*, in: Stelkens/Bonk/Sachs, VwVfG, § 39 Rz. 5.

[692] *Klappstein*, in: Knack, VwVfG, § 45 Rz. 5; *Odenthal*, Die Heilung von Verfahrensfehlern gemäß § 45 VwVfG nach erhobener Untätigkeitsklage, NVwZ 1995, 668, 669.

[693] *Schmitz/Wessendorf*, Das Genehmigungsverfahrensbeschleunigungsgesetz, NVwZ 1996, 955, 958.

verspricht, wird durch die Abwälzung der Kostenlast auf die nachbessernde Behörde kompensiert.[694]

bbb) Klarstellungs- und Beweisfunktion

Sowohl im Widerspruchsverfahren als auch im Prozeß dient die Begründung des Verwaltungsaktes dazu, die Widerspruchsbehörde bzw. das Gericht über die dem Verwaltungsakt zugrundeliegenden tatsächlichen Feststellungen und rechtlichen Folgerungen zu informieren und auf diese Weise eine Kontrolle der Rechtmäßigkeit zu erleichtern.[695] Bei einem Nachholen der Begründung erst im Prozeß kann diese Funktion nicht mehr in vollem Maße erreicht werden, da in diesem Zeitpunkt das Widerspruchsverfahren schon abgeschlossen ist. Für die Zulässigkeit der Nachholung der Begründung im Prozeß ist daher allein darauf abzustellen, ob die Klarstellungs- und Beweisfunktion ihre Wirkung im Prozeß entfalten kann.

Dies ist zu bejahen, da das Gericht nach dem Hinweis auf die fehlende oder inkomplette Begründung der Behörde eine Frist zur Nachholung derselben setzen wird. In dem fortgesetzten Verfahren kann das Gericht die nachgereichte Begründung der Behörde seiner Prüfung der Rechtmäßigkeit des Verwaltungsaktes zugrundelegen.

ccc) Kontrollfunktion

Die Kontrollfunktion kann im Falle einer nachträglich vorgetragenen Begründung ebenfalls nicht mehr ihre Wirkung entfalten, da eine Kontrolle der Verwaltungsentscheidung durch die Widerspruchsbehörde oder das Gericht zumindest bei Ermessensentscheidungen nur unter Heranziehung der behördlichen Begründung möglich ist.[696] Hinsichtlich der gerichtlichen Kontrolle erfüllt auch die erst im Prozeß nachgereichte Begründung ihre Funktion, da nunmehr eine vollständige Überprüfung des Verwaltungsaktes anhand der Begründung möglich ist.

ddd) Befriedungsfunktion

Ziel der Befriedungsfunktion ist es, die Akzeptanz der Verwaltungsentscheidung durch den Betroffenen zu erhöhen.

---

[694] So auch *Schmidt-Aßmann*, in: Maunz/Dürig, GG, Art. 19 Rz. 155.

[695] *Stelkens*, in: Stelkens/Bonk/Sachs, VwVfG, § 39 Rz. 5; *Henneke*, in: Knack, VwVfG, § 39 Rz. 2.2.

[696] Vgl. dazu auch die Ausführungen oben S. 117.

Diese Funktion entfaltet im Moment der Bekanntgabe des Verwaltungsaktes und der Erhebung der Anfechtungsklage keine Wirkung, da ein ohne oder nur mit unvollständiger Begründung ergangener Verwaltungsakt nicht geeignet ist, ein Anerkennen der behördlichen Entscheidung bei dem Betroffenen herbeizuführen.[697] Es ist aber nicht ausgeschlossen, daß der Betroffene, wenn die Behörde im gerichtlichen Verfahren ihren Verwaltungsakt ausführlich begründet, die Beweggründe der Behörde nachvollzieht und die materielle Richtigkeit der Verwaltungsentscheidung anerkennt.[698]

Die Tatsache, daß der Verwaltungsakt erst nachträglich im Prozeß für den Betroffenen akzeptabel gemacht wird, stellt aber keine Rechtsbeeinträchtigung des Betroffenen dar. Dieser besitzt keinen Anspruch auf die Fixierung des fehlerhaften „status quo" des an ihn gerichteten Verwaltungsaktes. Jede andere Ansicht, die dem Betroffenen einen Aufhebungsanspruch wegen der fehlenden Begründung i. S. des § 39 I VwVfG zusprechen wollte und eine Nachbesserung der fehlenden oder unvollständigen Begründung im Prozeß ablehnt, würde für den Betroffenen bedeuten, daß er „Steine statt Brot" erhält, wenn die Behörde nach der gerichtlichen Kassation verpflichtet wäre, den inhaltlich identischen Verwaltungsakt verfahrensfehlerfrei neu zu erlassen.[699] Der Betroffene kann jedoch ein legitimes Interesse nur an einer auf Dauer angelegten Aufhebung des Verwaltungsaktes haben.

Ergebnis:

Die Nachholung der Begründung im Prozeß gemäß § 45 I Nr. 2, II VwVfG ist zulässig, da Einschränkungen der Rechtsschutzgarantie des Art. 19 IV GG nicht zu befürchten sind. Einer großzügigen Anwendung der Nachholung der Begründung im verwaltungsgerichtlichen Verfahren steht aber entgegen, daß das Fehlen jeglicher Begründung bei Ermessensentscheidungen einen Ermessensmangel in-

---

[697] Vgl. zur Akzeptanz von Verwaltungsentscheidungen *Schoch*, Der Verfahrensgedanke im allgemeinen Verwaltungsrecht, FS für Bachof, S. 21, 31 f.; Beachte auch die Nachweise oben Fn. 146, 147.

[698] So auch *Horn*, Das Nachschieben von Gründen und die Rechtmäßigkeit von Verwaltungsakten, Die Verwaltung 1992, 203, 217.

[699] Die Beantwortung dieser Frage hängt von der zugrundeliegenden materiellen Rechtslage ab.

dizieren kann.[700] Es ist daher Aufgabe des Gerichts, den nachgebesserten Verwaltungsakt auf materielle Mängel hin zu untersuchen.

bb) Anhörungsmangel durch die fehlende Begründung

Die Nachholung der formellen Begründung des Verwaltungsaktes im Prozeß wird nicht durch die Möglichkeit beschränkt, daß die fehlende Begründung einen Anhörungsmangel verursacht hat. Theoretisch ist eine Beeinträchtigung der Anhörung denkbar, da der Betroffene ohne Kenntnis der entscheidungsrelevanten Erwägungen der Behörde, auch nicht gezielt Stellung zu dem Erlaß des Verwaltungsaktes beziehen kann.[701] Diese hypothetische Möglichkeit der Einschränkung des Anhörungsrechts des Betroffenen gemäß § 28 I VwVfG stellt aber keine Beeinträchtigung des Rechtsschutzes des Betroffenen dar, da es nicht Sinn und Zweck des formellen Begründungserfordernisses des Verwaltungsaktes i. S. des § 39 I VwVfG ist, eine wirkungsvolle und vollständige Anhörung des Betroffenen zu gewährleisten. Dies ergibt sich schon aus der strikten Trennung zwischen der Begründungspflicht als formellem Erfordernis und der Begründung als materiellrechtlicher Notwendigkeit.[702]

Die unterschiedlichen Funktionen der Anhörung und der Begründung des Verwaltungsaktes für den Betroffenen bedingen die verfassungsrechtliche Beurteilung der Nachbesserung durch Nachholung der Anhörung und der Begründung im Prozeß. Die Anhörung ist die (einzige) Möglichkeit des Betroffenen, auf die Verwaltungsentscheidung Einfluß zu nehmen und damit eine unmittelbar grundrechtsgebotene Verfahrensgarantie. Die Anhörung kann ihre Funktion grundsätzlich nur erfüllen, wenn eine tatsächliche Einflußnahme auf die Entscheidung der Behörde noch möglich ist, d. h. die notwendige Entscheidungsoffenheit besteht. In der Regel wird dies bei einer Anhörung nach dem Erlaß des Verwaltungsaktes nicht mehr der Fall sein. Die Nachholung der Anhörung des Betroffenen im Prozeß läßt sich daher nicht mit der Rechtsschutzgarantie des Art. 19 IV GG vereinbaren.

---

[700] Vgl. *Ule/Laubinger*, Verwaltungsverfahrensrecht, § 58 Rz. 8; *Schoch*, Nachholen der Begründung und Nachschieben von Gründen, DÖV 1984, 401, 405; Kritisch *Horn*, Das Nachschieben von Gründen und die Rechtmäßigkeit von Verwaltungsakten, Die Verwaltung 1992, 203, 207.

[701] So auch *Schenke*, Das Nachschieben von Gründen im Rahmen der Anfechtungsklage, NVwZ 1988, 1, 6.

[702] Vgl. statt aller die klare Darstellung bei *Schoch*, Nachholen der Begründung und Nachschieben von Gründen, DÖV 1984, 401, 403.

Auch bei der Begründung des Verwaltungsaktes handelt es sich um eine grundrechtsgebotene Verfahrensgarantie. Die Begründung des Verwaltungsaktes erst im Prozeß ist ebenfalls mit Funktionseinbußen verbunden. So kann der Adressat eines Verwaltungsaktes ohne Begründung seine Erfolgschancen im Anfechtungsprozeß nicht realistisch einschätzen und muß mit einem Unterliegen im Prozeß rechnen. Diese Funktionseinbuße der Begründung wird aber durch die Möglichkeit des Klägers den Rechtsstreit für erledigt zu erklären und damit der Behörde die Kostenlast aufzubürden kompensiert. Die Nachholung der Begründung des Verwaltungsaktes erst im Prozeß schließt daher eine Kontrolle der Rechtmäßigkeit des Verwaltungsaktes durch das Gericht und damit auch die Akzeptanz des Verwaltungsaktes durch den Betroffenen nicht aus. Die Begründung des Verwaltungsaktes ist nicht in selbem Maße zeit -und situationsgebunden wie die Anhörung. Die Nachholung der Begründung im Prozeß verstößt nicht gegen Art. 19 IV GG.

II. Funktionaler Zusammenhang zwischen Verwaltungsverfahren und Verwaltungsgerichtsbarkeit

Auch unter dem Gesichtspunkt des funktionalen Zusammenhangs[703] von Verwaltungsverfahren und Verwaltungsgerichtsbarkeit ergibt sich, daß eine Nachholung der Anhörung im Prozeß zumindest bei Ermessensentscheidungen nicht zulässig ist. Ein funktionaler Zusammenhang zwischen Gerichtsschutz und Verwaltungsverfahren besteht insoweit, als administrative und gerichtliche Verfahren sich gegenseitig entlasten und ergänzen können.[704] Die Einhaltung der Rechtsstaatsprinzipien fordert sowohl die richterliche Kontrolle als auch den dem Verfahren immanenten Grundrechtsschutz.[705]

Dabei ist zumindest nach Auffassung von *Schwarze* der Rechtsschutzgarantie des Art. 19 IV GG nicht zwingend eine absolute Vorrangstellung einzuräumen, vielmehr muß eine Zuordnung beider Verfassungsaufträge dergestalt stattfinden, daß jeder Wirksamkeit besitzt.[706]

1. Gebot der gegenseitigen Rücksichtnahme

Für die gegenseitige Aufteilung der Aufgaben ist ein sich aus Art. 19 IV GG ergebendes institutionelles Rücksichtsnahmegebot zu beachten. Weder dürfen Verfahrensvorschriften die spätere Inanspruchnahme des Rechtswegs unzumutbar erschweren noch darf die Ausgestaltung der Prozeßordnung das vorangegangene Verfahren jeglichen Sinns berauben.[707]

Auch eine partielle Ersetzung oder Vereinigung von Verwaltungsverfahren und gerichtlichem Verfahren ist unzulässig.[708] So darf weder die Verwaltung im Ver-

---

[703] Grundlegend zu dem Zusammenhang zwischen Verwaltungsverfahren und Verwaltungsgerichtsbarkeit, *Ule*, Verwaltungsverfahren und Verwaltungsgerichtsbarkeit, DVBl. 1957, 597, 601; Speziell zu dem funktionalen Zusammenhang *Schwarze*, Der funktionale Zusammenhang von Verwaltungsverfahrensrecht und verwaltungsgerichtlichem Rechtsschutz, S. 1, 44 ff.

[704] *Schmidt-Aßmann*, Art. 19 IV GG als Teil des Rechtsstaatsprinzips, NVwZ 1983, 1, 5.

[705] *Schwarze*, Der funktionale Zusammenhang von Verwaltungsverfahrensrecht und verwaltungsgerichtlichem Rechtsschutz, S. 44.

[706] *Schwarze*, a.a.O., S. 54.

[707] *Schmidt-Aßmann*, in: Maunz/Dürig, GG, Art. 19 Rz. 26.

[708] *Schmidt-Aßmann*, Art. 19 IV GG als Teil des Rechtsstaatsprinzips, NVwZ 1983, 1, 5; In diese Richtung aber *Ule*, Verwaltungsverfahren und Verwaltungsgerichtsbarkeit, DVBl. 1957, 597, 601, der bei einem

trauen auf einen später in Anspruch genommenen gerichtlichen Rechtsschutz die Verfahrensrechte des Betroffenen vernachlässigen noch die normative Ausgestaltung der Prozeßordnung im Hinblick auf ein streng mechanisiertes Verwaltungsverfahren ein Mindestmaß an Rechtsschutzstandard unterschreiten.[709]

2. Schonung der behördlichen Ressourcen

Prinzipiell ist gegen eine Nachholung von unterlassenen Verfahrenshandlungen im Prozeß nichts einzuwenden, da es eine Entlastung für die Verwaltung bedeutet, wenn sie den ansonsten fehlerfreien Verwaltungsakt nicht nach der gerichtlichen Kassation neu erlassen muß.

3. Nachholung der Anhörung

Eine Ergänzung des Verwaltungsverfahrens durch die Nachbesserung im Prozeß ist aber nur dann gegeben, wenn die betreffende Verfahrenshandlung zeitlich verschoben in gleicher Qualität vorgenommen werden kann.

Dies trifft aber bei der Anhörung nicht zu. Es sind zwar Konstellationen denkbar, in denen der Betroffene auch bei einer Anhörung vor dem Erlaß des Verwaltungsaktes nichts vorbringen kann, was geeignet ist, den Entscheidungsprozeß der Behörde zu beeinflussen; in diesem Fall ist dann auch die nachträgliche Vornahme der Anhörung im Prozeß unbedenklich.

Auf diesen Fall kann aber nicht abgestellt werden; grundsätzlich ist davon auszugehen, daß die Stellungnahme des Betroffenen das Entscheidungsverhalten der Behörde innerhalb ihres Ermessensrahmens beeinflussen kann.

Voraussetzung dafür ist, wie oben schon dargelegt, eine offene, noch in keiner Richtung verfestigte Entscheidungssituation,[710] die nach dem Abschluß des Verwaltungsverfahrens im laufenden Prozeß nicht mehr gewährleistet ist. Die Anhörung des Betroffenen ist daher ohne Rechtsschutzverlust nicht im Prozeß nachholbar, so daß das Gericht der Behörde nicht arbeitsteilig die Nachholung der versäumten Verfahrenshandlung während des gerichtlichen Verfahrens ermöglichen

---

förmlichen Verwaltungsverfahren auf den mehrstufigen Ausbau der Verwaltungsgerichtsbarkeit verzichten will.

[709] *Schmidt-Aßmann*, a.a.O., S. 1, 5.

[710] Vgl. dazu auch *BVerwG*, Urteil v. 10. 3. 1971 - VIII C 210.67 -, BVerwGE 37, 307, 313.

darf. Die Nachholung der Anhörung im Prozeß bedeutet eine unzulässige Aushöhlung des Anspruchs auf rechtliches Gehör im Verwaltungsverfahren.[711] Dem Betroffenen ist zumindest einmal im Verwaltungsverfahren, sei es im Ausgangsverfahren oder im Widerspruchsverfahren Gelegenheit zum Vortrag seiner Argumente und deren Berücksichtigung duch die Behörde zu geben.[712]

4. Nachholung der Begründung

Im Gegensatz zur Nachholung der Anhörung im Prozeß kann unter dem Gesichtspunkt des funktionalen Zusammenhangs zwischen Verwaltungsverfahrensrecht und verwaltungsgerichtlichem Rechtsschutz eine Nachholung der Begründung des Verwaltungsaktes i. S. des § 45 I Nr. 2 VwVfG während des verwaltungsgerichtlichen Verfahrens gerechtfertigt sein. Die Begründung kann ihre Funktionen, abgesehen von der Rechtsschutzfunktion, auch noch im verwaltungsgerichtlichen Verfahren entfalten. Die Nachholung der Begründung im Prozeß bewahrt partiell den Sinn und Zweck des § 39 VwVfG und hat nicht die absolute Relativierung der Begründungspflicht zur Folge. Vielmehr ist es so, daß die Behörde, die die Begründung des Verwaltungsaktes im Prozeß nachliefert, sich intensiv bemühen wird, den Verwaltungsakt „wasserdicht" zu begründen, da die Begründung sofort der gerichtlichen Kontrolle standhalten muß, während im Normalfall nicht feststeht, ob Anfechtungsklage erhoben wird oder nicht. Unter der Berücksichtigung des funktionalen Zusammenhangs zwischen dem Verwaltungsverfahrensrecht und dem gerichtlichen Rechtsschutz ist die Nachholung der Begründung gemäß § 45 I Nr. 2 VwVfG daher zulässig.

---

[711] Vgl. zur Herleitung des Anspruchs auf rechtliches Gehör im Verwaltungsverfahren die Ausführungen oben S. 34.

[712] *Dolde*, in: Schoch/Schmidt-Aßmann/Pietzcker, VwGO, vor § 68 Rz. 17.

III. Verletzung des Art. 19 IV GG durch Übergehen des Widerspruchsverfahrens

1. Ausgangslage

Durch die Nachbesserung eines formellen oder materiellen Fehlers im Verwaltungsprozeß kann die Funktion des Widerspruchsverfahrens beeinträchtigt und abgewertet werden. Dies ist immer dann der Fall, wenn durch die Nachbesserung der Behörde im verwaltungsgerichtlichen Verfahren Informationen oder Tatsachen erörtert werden, die nicht Gegenstand der Entscheidungsfindung der Widerspruchsbehörde waren. Da die Widerspruchsbehörde im Regelfall eine gleichrangige Entscheidungskompetenz besitzt wie die Ausgangsbehörde, besteht für den Betroffenen eine objektive Chance, daß im Rahmen des Widerspruchsverfahrens die Entscheidung (positiv) abgeändert wird. Durch die Nachholung der Anhörung direkt im Prozeß entfällt diese Chance auf eine positive Verbescheidung.

2. Nachbesserung formeller Fehler gemäß § 45 VwVfG

a) Nachholen der Anhörung im Prozeß gemäß § 45 I Nr. 3 VwVfG

Die Notwendigkeit zur Nachholung der Anhörung im Prozeß ergibt sich, wenn eine Anhörung des Betroffenen i. S. des § 28 VwVfG weder vor dem Erlaß des Verwaltungsaktes noch während der Durchführung des Widerspruchsverfahrens erfolgt ist. Durch die Vornahme der Anhörung erst im Prozeß entfällt für den Betroffenen die Möglichkeit, durch seine Stellungnahme auf die Entscheidung der Widerspruchsbehörde Einfluß zu nehmen. Die Darstellung des Sachverhalts aus der Sicht des Betroffenen konnte nicht in die Entscheidungsfindung der Widerspruchsbehörde miteinfließen.

Hinsichtlich der Frage, ob eine Einflußnahme des Betroffenen auf die Entscheidung der Ausgangsbehörde im Prozeß generell noch möglich ist, wird auf die obigen Ausführungen verwiesen.[713]

b) Nachholen der Begründung gemäß § 45 I Nr. 2 VwVfG

---

[713] Vgl. dazu die Ausführungen oben S. 152.

Anderes gilt für die Nachholung der Begründung des Verwaltungsaktes erst im verwaltungsgerichtlichen Verfahren. Hier ist streng zwischen dem formellen Begründungserfordernis und der materiellrechtlichen Funktion der Begründung zu differenzieren. Für die Begründung i. S. des § 45 I Nr. 2 VwVfG kommt es darauf an, daß überhaupt Gründe für den Erlaß des Verwaltungsaktes angegeben werden. Die wichtigste Funktion der Begründung i. S. des § 45 I Nr. 2 VwVfG ist es, den Erlaß des Verwaltungsaktes vor dem Betroffenen zu rechtfertigen und dadurch eine Akzeptanz bei dem Betroffenen zu erreichen. Diese Befriedungsfunktion des Verwaltungsaktes kann aber, wie oben schon dargelegt, auch im gerichtlichen Verfahren noch erreicht werden.[714] Durch die Mitteilung der Begründung i. S. des § 45 I Nr. 2 VwVfG erst im Prozeß wird die Rechtsschutzfunktion des Widerspruchsverfahrens nicht verletzt.

3. Nachbesserung materieller Fehler des Verwaltungsaktes

Hauptanwendungsfälle der materiellen Nachbesserung sind das mittlerweile in § 114 S. 2 VwGO[715] kodifizierte Nachschieben von Gründen, die Ersetzung des Verwaltungsaktes und im Planungsrecht die Nachbesserung eines materiellen Abwägungsmangels durch Planergänzung oder Durchführung eines ergänzenden Verfahrens. Auch bei dem Nachschieben von Gründen und der Ersetzung eines Verwaltungsaktes wird das Widerspruchsverfahren abgewertet bzw. ganz umgangen.

a) Nachschieben von Gründen

Die ständige Rechtsprechung[716] und seit kurzem auch § 114 S. 2 VwGO[717] erklären ein Nachschieben von Gründen durch die Behörde auch noch im Prozeß für zulässig.

Jede Bekanntmachung einer Ermessenserwägung der Ausgangsbehörde erst im Prozeß hat zur Konsequenz, daß der Widerspruchsbehörde bei ihrer Kontrolle des Verwaltungsaktes diese konkrete Erwägung der Ausgangsbehörde vorenthalten

---

[714] Vgl. die Ausführungen oben S. 158.

[715] BGBl I 1626.

[716] Vgl. dazu die Nachweise oben S. 108.

[717] Eingefügt durch das 6. VwGO-Änderungsgesetz v. 1. 11. 1996, BGBl. I 1626.

und damit nicht auf ihre Recht- und Zweckmäßigkeit hin überprüft wurde. Eine Auseinandersetzung der Widerspruchsbehörde mit den nachgeschobenen Ermessenserwägungen der Ausgangsbehörde findet nicht statt. Die Prüfung der Zulässigkeit dieser Erwägungen wird nunmehr von den Verwaltungsrichtern übernommen.

Dem Betroffenen entgeht dadurch die Überprüfung des Verwaltungsaktes durch die Widerspruchsbehörde auf Recht- und Zweckmäßigkeit hinsichtlich der nachgeschobenen Gründe des Verwaltungsaktes; die Rechtsschutzfunktion des Widerspruchsverfahrens wird gemindert.[718]

Anders ist es, wenn man mit der Rechtsprechung des *BVerwG* das Nachschieben von Ermessenserwägungen als den (konkludenten) Erlaß eines neuen Verwaltungsaktes ansieht. In diesem Fall besitzt der Betroffene die Möglichkeit, Widerspruch gegen den neuen Bescheid zu erheben. Er kann aber auch im Wege der Klageänderung den neuen Verwaltungsakt zum Klagegegenstand machen.[719] In diesem Fall verzichtet er freiwillig auf die Durchführung des Widerspruchsverfahrens.

Hier differiert die Rechtsprechung des *BVerwG* von der des *BSG*, das beim Erlaß eines Zweitbescheids der Behörde während des Prozesses die Durchführung eines Widerspruchsverfahrens für entbehrlich hält.[720] Das *BSG* kann sich aber auf die gesetzliche Grundlage des § 96 SGG berufen, der bewirkt, daß der in einem laufenden gerichtlichen Verfahren erlassene (identische) Zweitbescheid der Behörde automatisch Klagegegenstand wird. Ein Äquivalent zu der Regelung des § 96 SGG kennt die Verwaltungsgerichtsordnung nicht.

b) Nachbesserung im Planfeststellungsverfahren

Nach § 75 I lit. a VwVfG führt ein Abwägungsfehler nur dann zur Aufhebung des Planfeststellungsbeschlusses, wenn der Fehler erheblich ist und nicht durch eine Planergänzung oder durch ein ergänzendes Verfahren ersetzt werden kann. Da vor

---

[718] So auch *Schenke*, Das Nachschieben von Gründen im Rahmen der Anfechtungsklage, NVwZ 1988, 1, 6; *von Mutius*, Gerichtsverfahren und Verwaltungsverfahren, FS für Menger, S. 575, 599.

[719] Vgl. *Schenke*, „Reform ohne Ende"-Das Sechste Gesetz zur Änderung der VwGO und anderer Gesetze, NJW 1997, S. 81, 90.

[720] Vgl. *BSG*, Beschluß v. 6. 10. 1994 - GS 1/91 -, NVwZ 1996, 824, 827.

der Erhebung der Anfechtungsklage gegen einen Planfeststellungsbeschluß die Durchführung eines Vorverfahrens nicht erforderlich ist, existiert hier eine vergleichbare Problematik nicht.

Als Ergebnis bleibt vorerst festzuhalten, daß eine Beeinträchtigung und Abwertung des Widerspruchsverfahrens unabhängig davon, ob es sich um die Nachbesserung formeller oder materieller Fehler eines Verwaltungsaktes handelt, vorliegen kann. Diese Feststellung sagt aber noch nichts darüber aus, inwieweit diese Einschränkung der Durchführung des Vorverfahrens auch eine konkrete Verletzung der Rechtsschutzgarantie des Art. 19 IV GG zur Folge hat, oder mit anderen Worten, ob das Grundrecht auf effektiven Rechtsschutz auch ein Recht des Einzelnen auf Durchführung eines Widerspruchsverfahrens beinhaltet.

4. Bedeutung des Widerspruchsverfahrens

a) Rechtsnatur des Widerspruchsverfahrens

Früher umstritten, handelt es sich bei dem Widerspruchsverfahren eindeutig um ein Verwaltungsverfahren.[721] Dies ergibt sich schon daraus, daß es seinen Abschluß mit dem Erlaß eines Verwaltungsaktes, dem Widerspruchsbescheid, findet. Obwohl es auch Sachurteilsvoraussetzung für den Verwaltungsprozeß ist[722], ist das Vorverfahren sinngemäß als „zweite Stufe" des Verwaltungsverfahrens anzusehen.[723]

b) Funktionen

Das Widerspruchsverfahren erfüllt mehrere Funktionen, die zum einen der richtigen Entscheidungsfindung der Behörde, zum anderen aber auch dem Rechtsschutz des Betroffenen dienen.

aa) Kontrollfunktion

Das Widerspruchsverfahren dient der (fremdinitiierten) Eigenkontrolle der Verwaltung.[724] Nach Einlegung des Widerspruchs durch den Betroffenen prüft die

---

[721] Dazu *Maurer*, Allgemeines Verwaltungsrecht, § 10 Rz. 28; *Rupp*, Nachschieben von Gründen im verwaltungsgerichtlichen Verfahren, S. 94.

[722] *Maurer*, Allgemeines Verwaltungsrecht, § 19 Rz. 6.

[723] *Hufen*, Fehler im Verwaltungsverfahren, S. 256, Rz. 396.

[724] *Redeker/von Oertzen*, VwGO, § 68 Rz. 2.

Ausgangsbehörde, ob sie dem Widerspruch abhilft, § 72 VwGO. Entscheidet sich die Ausgangsbehörde, dem Widerspruch nicht abzuhelfen, überprüft die Widerspruchsbehörde die Recht- und Zweckmäßigkeit des erlassenen Verwaltungsaktes, § 73 I Nr. 1 VwGO. Die Kontrollfunktion bewirkt gleichzeitig den Schutz der Verwaltung, da sie ihr die Möglichkeit gibt, den Verwaltungsakt vor dem eventuell bevorstehenden Prozeß noch einmal zu kontrollieren.

bb) Reparaturfunktion

Bis zur aktuellen Änderung des § 45 II VwVfG[725] war das Widerspruchsverfahren die „Reparaturwerkstatt" der Verwaltung, da § 45 II VwVfG a. F. die Nachholung von Verfahrens- und Formfehlern innerhalb des Widerspruchsverfahrens ermöglichte.[726] Durch die Nachbesserungsgesetze verschiebt sich die „Reparaturmöglichkeit" zeitlich in das verwaltungsgerichtliche Verfahren.

cc) Entlastungsfunktion

Die Vorschaltung eines Widerspruchsverfahrens vor die eigentliche Klageerhebung bezweckt eine Entlastung der Verwaltungsgerichtsbarkeit.[727] Durch diese vorgeschaltete Überprüfungsmöglichkeit kann in vielen Fällen der Rechtskonflikt beseitigt werden, ohne daß eine verwaltungsgerichtliche Klage erforderlich ist.[728] Das Vorverfahren bietet daher ein kostengünstiges Mittel zur außergerichtlichen Streitbeilegung.[729] Die Entlastungswirkung des Widerspruchsverfahrens für die Verwaltungsgerichtsbarkeit ist umstritten; empirische Erhebungen existieren nicht.[730]

---

[725] BGBl I 1354

[726] Dazu *Jäde*, Vereinfachungsprobleme des Anlagenzulassungsrechts, WiVerw 1995, 119, 175; *Hufen*, Fehler im Verwaltungsverfahren, S. 256, Rz. 397.

[727] So schon die Amtliche Begründung in: BT-Drucks. III 55, S. 88; *Kopp*, Die Rechtsschutzfunktion des Widerspruchsverfahrens nach §§ 68 ff., FS für Redeker, S. 543, 544 f.

[728] Kritisch zu der Entlastungsfunktion des Widerspruchsverfahrens *Hufen*, Fehler im Verwaltungsverfahren, S. 257, Rz. 398.

[729] *Geis*, in: Sodan/Ziekow, VwGO, § 68 Rz. 19; *Lotz*, Sechstes Gesetz zur Änderung der Verwaltungsgerichtsordnung, BayVBl. 1997, 257, 261.

[730] Inzwischen ist die Abschaffung des Widerspruchsverfahrens in einigen Rechtsbereichen im Gespräch. Durch die Streichung des Zusatzes „für besondere Fälle" in § 68 I S. 2 VwGO (6. VwGO-ÄndG) wird dem Landesgesetzgeber die Abschaffung des Widerspruchsverfahrens erleichtert. Das von Bayern zum 1. 1. 1970 versuchsweise aufgehobene Widerspruchsverfahren in Bausachen wurde mittlerweile wiedereingeführt. Vgl. dazu auch *Lotz*, Sechstes Gesetz zur Änderung der Verwaltungsgerichtsordnung, BayVBl. 1997, 257, 261.

dd) Rechtsschutzfunktion

Das Widerspruchsverfahren bietet unmittelbaren und erleichterten Rechtsschutz für den Betroffenen des Verwaltungsaktes, da im Gegensatz zu dem Verwaltungsprozeß geringere Anforderungen an die Begründung des Rechtsbehelfs gestellt werden und auch die potentiellen Kosten geringer ausfallen.[731] Ein Vorteil des Widerspruchsverfahrens besteht auch darin, daß der Prüfungsmaßstab Rechtmäßigkeit und Zweckmäßigkeit des Verwaltungsaktes umfaßt und die Widerspruchsbehörde daher einen rechtmäßigen, aber nicht zweckmäßigen Verwaltungsakt im Interesse des Betroffenen zurücknehmen kann.[732] Das Widerspruchsverfahren dient damit der Verbesserung der Rechtsschutzsituation des Betroffenen.[733]

c) Verfassungsrechtliche Legitimation des Widerspruchsverfahrens

Das *BVerfG* hat festgestellt, daß das Vorschalten eines Widerspruchsverfahrens vor die Eröffnung des Klagewegs nicht gegen das Recht auf Gewährung effektiven Rechtsschutzes i. S. des Art. 19 IV GG verstößt.[734] Aus dieser Feststellung könnte nun der e-contrario -Schluß gezogen werden, daß, wenn das *BVerfG* schon über die verfassungsmäßige Zulässigkeit der Einrichtung eines Widerspruchsverfahrens als Sachurteilsvoraussetzung einer Anfechtungs oder Verpflichtungsklage entscheiden mußte, die Nichtexistenz bzw. die Aushöhlung eines bestehenden Widerspruchsverfahrens per se nicht gegen die Rechtsschutzgarantie des Art. 19 IV GG verstoßen könne. Diese Folgerung hat aber nur für den Fall, daß ein Widerspruchsverfahren gesetzlich nicht vorgesehen ist, Anspruch auf Richtigkeit, da die Einführung eines Vorverfahrens nicht gemäß Art. 19 IV GG geboten ist.[735]

d) Subjektiver Anspruch auf Durchführung eines Widerspruchsverfahrens

---

[731] *Kopp*, Die Rechtsschutzfunktion des Widerspruchsverfahrens nach §§ 68 ff. VwGO, FS für Redeker, S. 543, 544 f.

[732] Diese Überlegung ist aber theoretischer Natur, da von dieser Möglichkeit wegen der „verwaltungspsychologischen Bestandskraft" des Verwaltungsaktes und aus Rücksichtnahme gegenüber der Ausgangsbehörde selten Gebrauch gemacht werden wird. Vgl. dazu *Hufen*, Fehler im Verwaltungsverfahren, S. 257, Rz. 398.

[733] *Schmidt-Aßmann*, in: Maunz/Dürig, GG, Art. 19 Rz. 249; *Kopp*, Die Rechtsschutzfunktion des Widerspruchsverfahrens nach §§ 68 ff. VwGO, FS für Redeker, S. 543, 545.

[734] Vgl. *BVerfG*, Beschluß v. 9. 5. 1973 - 2 BvL 43, 44/71 -, BVerfGE 35, 65, 72; Beschluß v. 28. 10. 1975 - 2 BvR 883/73 u. 379, 497, 526/74 -, BVerfGE 40, 237, 256; *Schmidt-Aßmann*, in: Maunz/Dürig, GG, Art. 19 Rz. 249; *Ule/Laubinger*, Verwaltungsverfahrensrecht, § 3 Rz. 8.

[735] *Schmidt-Aßmann*, in: Maunz/Dürig, GG, Art. 19 Rz. 249.

Die Rechtsprechung verneint einen individuellen Anspruch des Betroffenen auf Durchführung eines Widerspruchsverfahrens und hält eine entsprechende Klage für unzulässig.[736] Als Begründung gibt sie an, daß die Vorschriften der §§ 68 ff. VwGO nur prozessuale Rechte und Pflichten vermittelten, aber keine materiell-rechtliche Natur innehätten. Der Betroffene sei auf die Erhebung der Untätigkeitsklage zu verweisen.

Im Gegensatz dazu bejaht die Literatur ein subjektives Recht des Betroffenen auf ein Vorverfahren. Die Annahme eines rein prozessualen Charakters der §§ 68 ff. VwGO sei nicht überzeugend, wenn man davon ausgehe, daß die Kompetenz kraft Sachzusammenhangs auch materiell-rechtliche Regelungen umfasse.[737] Außerdem spreche auch der Wortlaut des § 73 VwGO für eine Pflicht der Widerspruchsbehörde zum Erlaß des Widerspruchsbescheids.[738] Das bloße Verweisen des Betroffenen auf die Untätigkeitsklage könnte die Behörde zu einem „Aussitzen" unliebsamer Entscheidungen und ihre subsekutive Abwälzung auf die Verwaltungsgerichte führen. Der Betroffene hat vor allem bei Ermessensentscheidungen ein Interesse an der Durchführung eines Widerspruchsverfahrens, da § 75 VwGO nur eine Prüfung nach Maßgabe des § 114 VwGO ermöglicht.[739]

5. Beeinträchtigung des Art. 19 IV GG

Die Verwaltungsgerichtsordnung ordnet in § 68 I S. 1 die Durchführung eines Widerspruchsverfahrens vor der Erhebung der Anfechtungs- oder Verpflichtungsklage, an. Das Vorverfahren ist nur bei der Anfechtung eines in einem förmlichen Verfahren erlassenen Verwaltungsaktes (§ 70 VwVfG) oder in den Fällen des § 68 I S. 2 VwGO entbehrlich.

Unabhängig von der gesetzlichen Regelung ermöglicht die gerichtliche Praxis auch in anderen Fällen einen Verzicht auf das Vorverfahren.

a) Entbehrlichkeit des Widerspruchverfahrens

---

[736] *Geis*, in: Sodan/Ziekow, VwGO, § 68 Rz. 5.
[737] *Geis*, in: Sodan/Ziekow, VwGO, § 68 Rz. 68.
[738] *Geis*, in: Sodan/Ziekow, VwGO, § 68 Rz. 6.
[739] *Geis*, in: Sodan/Ziekow, VwGO, § 68 Rz. 12.

Entbehrlich ist nach Auffassung der Rechtsprechung das Widerspruchsverfahren dann, wenn die Ausgangsbehörde während des laufenden Prozesses einen neuen Verwaltungsakt erläßt, der den streitgegenständlichen Verwaltungsakt ersetzt, und im Wege der Klageänderung Prozeßgegenstand wird.[740] Voraussetzung ist, daß der neue Verwaltungsakt im wesentlichen die gleichen Sach- und Rechtsfragen zum Gegenstand hat.[741] Bei notwendigen Streitgenossen erachtet es die Rechtsprechung für ausreichend, wenn lediglich einer von ihnen Widerspruch erhebt und ein (exemplarisches) Widerspruchsverfahren durchläuft.[742]

Weitere Beispiele sind das rügelose Einlassen auf eine Klage ohne vorangegangenes Vorverfahren[743], die Signalisierung durch die Widerspruchsbehörde, daß ein Widerspruch chancenlos ist[744] und der Fall der irrtümlichen Annahme der Entbehrlichkeit des Widerspruchsverfahrens durch die Behörde selbst.[745]

Darüberhinaus hält die Rechtsprechung das Widerspruchsverfahren auch dann für entbehrlich, wenn sein Zweck auf andere Weise erfüllt ist oder nicht mehr erfüllt werden kann.[746]

b) Verweis auf das Prinzip der Prozeßökonomie

In allen diesen Fällen wird die fehlende Durchführung des Widerspruchsverfahrens mit dem Verweis auf die Prozeßökonomie gerechtfertigt. Diese Rechtfertigung ist aber sehr undifferenziert, da sie in all den Fällen Geltung beanspruchen kann, in denen das Gericht bereits mit der Sache befaßt ist und es nicht auszuschließen ist, daß, nach der Durchführung des Vorverfahrens das Gericht erneut mit dem Streitfall konfrontiert wird.

Bedenklich ist außerdem, daß mit dem bloßen Hinweis auf die Notwendigkeit einer ökonomischen Ausgestaltung des gerichtlichen Verfahrens eine verwaltungsverfahrensrechtliche Institution für obsolet erklärt wird. Trotz seiner Funkti-

---

[740] *Dolde*, in: Schoch/Schmidt-Aßmann/Pietzner, VwGO, § 68 Rz. 24.

[741] *Dolde*, in: Schoch/Schmidt-Aßmann/Pietzner, VwGO, § 68 Rz. 24.

[742] *Dolde*, in: Schoch/Schmidt-Aßmann/Pietzner, VwGO, § 68 Rz. 30.

[743] *Dolde*, in: Schoch/Schmidt-Aßmann/Pietzner, VwGO, § 68 Rz. 28.

[744] *Dolde*, in: Schoch/Schmidt-Aßmann/Pietzner, VwGO, § 68 Rz. 32.

[745] *Dolde*, in: Schoch/Schmidt-Aßmann/Pietzner, VwGO, § 68 Rz. 34.

[746] *Dolde*, in: Schoch/Schmidt-Aßmann/Pietzner, VwGO, § 68 Rz. 28.

on als Prozeßvoraussetzung handelt es sich bei dem Widerspruchsverfahren - wie schon hervorgehoben - um ein Verwaltungsverfahren, da die für Verwaltungsentscheidungen typischen Verfahrensgrundsätze Anwendung finden und das Vorverfahren mit dem Erlaß des Widerspruchsbescheids, einem Verwaltungsakt, seinen Abschluß findet.[747]

Es ist daher fraglich, ob der Grundsatz der Prozeßökonomie auch im Bereich des Widerspruchsverfahrens uneingeschränkt Geltung beanspruchen kann.[748] Eine generelle Aussage derart, daß das Widerspruchsverfahren unter dem Einfluß des Grundsatzes der Prozeßökonomie stets zur Disposition gestellt werden kann, läßt sich freilich der Rechtsprechung nicht entnehmen.

Das *BVerwG* hat in einer früheren Entscheidung deutlich gemacht, daß Gründe der Prozeßökonomie keinen Vorrang vor der Intention des Gesetzgebers, eine vorprozessuale Zweckmäßigkeitsprüfung zu gewährleisten, einnehmen.[749] Vielmehr darf ein Verzicht auf die Durchführung des Widerspruchsverfahrens bzw. auf die Kontrolle der nachgeschobenen Gründe durch die Widerspruchsbehörde nur dann stattfinden, wenn eine Verkürzung des Rechtsschutzes des Betroffenen nicht zu befürchten ist. Dies ist aber nur dann der Fall, wenn die Widerspruchsbehörde signalisiert, daß eine erneute (vollständige) Durchführung des Widerspruchsverfahrens keinen Erfolg hätte.

Dies setzt aber voraus, daß die Widerspruchsbehörde von den nachgeschobenen Gründen Kenntnis erlangt. Unproblematisch ist dies bei Identität von Ausgangs- und Widerspruchsbehörde der Fall, da das Nachschieben durch dieselbe Behörde erfolgt. Bei einer Nichtidentität von Ausgangs- und Widerspruchsbehörde entfällt eine Prüfung der nachgeschobenen Gründe durch die Widerspruchsbehörde, da diese erst im Prozeß vorgetragen werden. Das Widerspruchsverfahren kann daher nicht entfallen, ohne daß der Rechtsschutz des Betroffenen eingeschränkt wird. Die Rechtfertigung des Wegfalls des Vorverfahrens mit prozeßökonomischen Zwängen ist daher nicht zulässig.

---

[747] *Rupp*, Nachschieben von Gründen im verwaltungsgerichtlichen Verfahren, S. 94; *Dolde*, in: Schoch/Schmidt-Aßmann/Pietzner, VwGO, vor § 68 Rz. 2.

[748] Kritisch auch *Busch*, in: Knack, VwVfG, § 79 Rz. 8.1.2

[749] *BVerwG*, DÖV 1982, 409.

c) Verbindung von Rechtsschutzgarantie und Widerspruchsverfahren

Es existiert ein Zusammenhang zwischen der Garantie wirksamen Rechtsschutzes gemäß Art. 19 IV GG und dem Widerspruchsverfahren. Den beiden Institutionen ist es verwehrt, sich gegenseitig zu behindern und durch die Ausgestaltung des einen dem anderen jeden Sinn zu nehmen.[750] Insoweit besteht für den Gesetzgeber eine Pflicht zur Rücksichtnahme, d. h., er muß bei seiner legislativen Tätigkeit dieses Zusammenspiel beachten.[751] Die Pflicht zur Rücksichtnahme wurde insbesondere bei der neuen Regelung des § 114 S. 2 VwGO, die nach der Intention des Gesetzgebers die Kodifikation des Nachschiebens von Gründen darstellt, nicht erfüllt.

Sinn und Besonderheit des Widerspruchsverfahrens gegenüber dem gerichtlichen Verfahren ist, daß die Prüfung des Verwaltungsaktes im Widerspruchsverfahren neben der Rechtmäßigkeit auch die Zweckmäßigkeit erfaßt. Dies gilt jedenfalls für die Konstellation, daß der Widerspruchsbehörde die gleiche Entscheidungskompetenz wie der Ausgangsbehörde zukommt. Hier kann durch das Entfallen der Zweckmäßigkeitsprüfung hinsichtlich der nachgeschobenen Gründe das vorher durchgeführte Widerspruchsverfahren seine Rechtsschutzfunktion nur unvollständig erfüllen. Unverständlich ist die Auffassung des Gesetzgebers, der in der Amtlichen Begründung zu dem neuen § 114 S. 2 VwGO ausführt: ...*"Zugleich wird mit dieser Regelung auch die Streitfrage geklärt, ob ein Nachschieben von Gründen durch die Ausgangsbehörde auch dann möglich ist, wenn diese mit der Widerspruchsbehörde nicht identisch ist. Wenn dem Zweck des Vorverfahrens bereits genügt ist oder sich sein Zweck ohnehin nicht (mehr) erreichen läßt, seine Durchführung mithin als leere Förmelei erweisen würde, bedarf es keinen erneuten Vorverfahrens."*[752] Die Durchführung eines Widerspruchsverfahrens ist aber gerade dann sinnvoll, wenn die Behörde rechtfertigende Gründe nachschiebt, da die Widerspruchsbehörde, auch wenn sie den Verwaltungsakt im Ergebnis für rechtmäßig hält, diesen wegen Unzweckmäßigkeit aufheben kann. Unnötigen Formalismus könnte die Durchführung des Widerspruchsverfahrens höchstens

[750] *Schmidt-Aßmann*, in: Maunz/Dürig, GG, Art. 19 Rz. 248 .

[751] *Schmidt-Aßmann*, in: Maunz/Dürig, GG, Art. 19 Rz. 248.

[752] Amtliche Begründung in BT-Drucks. 13/1433, S. 13.

dann bedeuten, wenn bei Identität von Ausgangs- und Widerspruchsbehörde diese im gerichtlichen Verfahren eindeutig erklären würde, daß sie eine Prüfung des Widerspruchs auch hinsichtlich der nachgeschobenen Gründe für erfolglos hält.

Grundsätzlich aber kann auf das Widerspruchsverfahren nicht zugunsten der Prozeßökonomie verzichtet werden, da legitime Rechtsschutzansprüche des Betroffenen vernachlässigt und die Zweckmäßigkeitsprüfung insoweit als geboten i. S. des Art. 19 IV GG anzusehen ist.[753]

Eine Beeinträchtigung der Rechtsschutzgarantie des Art. 19 IV GG ist daher zu bejahen. Der Schutzbereich des Art. 19 IV GG ist betroffen, da die Vorschriften über die Durchführung des Widerspruchsverfahrens auch dem Rechtsschutz des Betroffenen dienen und damit subjektive Rechte i. S. des Art. 19 IV GG darstellen.[754] Die Prozeßordnung ermöglicht die Nachbesserung während des Prozesses und damit die (partielle) Mißachtung des Widerspruchsverfahrens.

d) Ausschluß der Beeinträchtigung des Art. 19 IV GG wegen der Rechtsnatur des Vorverfahrens als Verwaltungsverfahren

Eine Verletzung des Art. 19 IV GG ist nicht schon deswegen ausgeschlossen, weil es sich bei dem Widerspruchsverfahren um ein Verwaltungsverfahren und nicht um ein gerichtliches Rechtsschutzverfahren handelt. Die Bedeutung des Widerspruchsverfahrens reicht in den Verwaltungsprozeß hinein.

Dies ergibt sich schon aus § 79 I VwGO, der festlegt, daß Gegenstand der Anfechtungsklage der Verwaltungsakt in der Gestalt, die er durch den Widerspruchsbescheid gefunden hat, ist. Der Widerspruchsbescheid ist immer Klagegegenstand, unabhängig davon, ob die Widerspruchsbehörde den angefochtenen Verwaltungsakt bestätigt, ihn im Ergebnis ändert, oder auch nur in seiner Begründung.[755] § 73 III VwGO normiert eine ausführliche Begründungspflicht der Behörde, deren Ergebnis der richerlichen Prüfung unterliegt. Durch das Nachschieben von Gründen erst im Prozeß werden der Prüfung der Widerspruchsbehörde den Verwaltungsakt rechtfertigende Gründe vorenthalten, die damit nicht in die Beurteilung

---

[753] Vgl. zur verfassungsrechtlichen Gebotenheit des Vorverfahrens *Ule/Laubinger*, Verwaltungsverfahrensrecht, § 3 Rz. 8.

[754] Vgl. *Schmidt-Aßmann*, in: Maunz/Dürig, GG, Art. 19 Rz. 118.

[755] *Redeker/von Oertzen*, VwGO, § 79 Rz. 2.

der Recht- und Zweckmäßigkeit des Verwaltungsaktes durch die Widerspruchsbehörde einfließen und auch in der Begründung nichtenthalten sind, so daß dem Gericht hinsichtlich dieser Gründe die Einschätzung der Widerspruchsbehörde vorenthalten bleibt.

6) Kompensation der Einschränkung des Widerspruchsverfahrens durch gerichtlichen Rechtsschutz

Es fragt sich, ob die Prüfung der nachgeschobenen Gründe im Verwaltungsprozeß den Ausfall an Kontrolle im Vorverfahren kompensieren kann.

Voraussetzung einer Kompensation ist, daß das Gericht die dem Widerspruchsverfahren immanenten Funktionen, soweit sie für den Rechtsschutz des Betroffenen von Bedeutung sind, übernehmen kann. Das Widerspruchsverfahren und der Verwaltungsprozeß müßten im Hinblick auf die Sachrichtigkeit der Entscheidung äquivalent sein.[756]

a) Kontrollumfang

Konkret bedeutet dies, daß das Verwaltungsgericht den Verwaltungsakt in gleichem Maße kontrollieren kann wie die Widerspruchsbehörde. Dies ist aber grundsätzlich nur bei streng gebundenen Entscheidungen der Fall, wenn der Ausgangsbehörde nach ihrer Subsumtion nur eine Entscheidungsmöglichkeit offenstand.

Sobald der Behörde ein Ermessensspielraum zusteht, ist das Gericht auf die Prüfung der Rechtmäßigkeit im Rahmen des § 114 VwGO beschränkt.

b) Zweckmäßigkeitsprüfung durch die Widerspruchsbehörde

Die Widerspruchsbehörde kann in der Regel Recht- und Zweckmäßigkeit des Verwaltungsaktes überprüfen.[757] Die Widerspruchsbehörde kann daher auch eine Entscheidung für rechtmäßig befinden und dennoch wegen verneinter Zweckmäßigkeit aufheben und hat somit weiterreichende Prüfungsbefugnisse als das Verwaltungsgericht.[758]

---

[756] *Krebs*, Kompensation von Verwaltungsverfahrensfehlern durch gerichtlichen Rechtsschutz?, DVBl. 1984, 109, 113.

[757] Vgl. den Wortlaut des § 68 I S. 1 VwGO!

[758] *Redeker/von Oertzen*, VwGO, § 68 Rz. 2.

Die Frage, ob eine Zweckmäßigkeitsprüfung bei Identität zwischen der Ausgangs- und der Widerspruchsbehörde bloße Makulatur ist, ist in Rechtsprechung und Schrifttum umstritten.

Während einerseits von dem formalistischen Standpunkt, daß eine unterschiedliche Wertigkeit des Widerspruchsverfahrens, unabhängig von einer Identität beider Behörden, nicht vorliegt,[759] ausgegangen wird, verweisen die Vertreter einer pragmatischen Ansicht darauf, daß dem angefochtenen Verwaltungsakt eine „verwaltungspsychologische Bestandskraft" zukomme, die eine dem Widerspruchsführer günstige Entscheidung als „unfreundlichen Akt" gegenüber der Ausgangsbehörde erscheinen lasse.[760] Dies muß verstärkt gelten, wenn innerhalb der Ausgangsbehörde (von einem anderen Beamten) über den Widerspruch entschieden wird.

Etwas anderes gilt dann, wenn es sich bei der angefochtenen Entscheidung um einen in Selbstverwaltungsangelegenheiten erlassenen Verwaltungsakt der Ausgangsbehörde handelt.[761] Wenn in diesem Fall keine Identität zwischen Widerspruchsbehörde und Ausgangsbehörde besteht, kann im Vorverfahren nur die Rechtmäßigkeit des Verwaltungsaktes untersucht werden.[762]

Im Grundsatz ist aber von einer Zweckmäßigkeitskontrolle durch die Widerspruchsbehörde auszugehen. Da dem Verwaltungsgericht eine Zweckmäßigkeitskontrolle des Verwaltungsaktes nicht möglich ist, wird der Betroffene auch nicht durch das gerichtliche Verfahren entschädigt. Eine Kompensation des (teilweisen) Ausfalls des Widerspruchsverfahrens durch den gerichtlichen Rechtsschutz findet nicht statt.

Ergebnis:

Die Nachbesserungsvorschriften kollidieren mit der Rechtsschutzfunktion des Widerspruchsverfahrens und sind daher restriktiv zu handhaben. Ein Nachschie-

---

[759] *Schoch*, Nachholen der Begründung und Nachschieben von Gründen, DÖV 1984, 401, 410.

[760] Überzeugend *Hufen*, Fehler im Verwaltungsverfahren, S. 257 Rz. 398; Ähnlich *Bracher*, Nachholen der Anhörung bis zum Abschluß des verwaltungsgerichtlichen Verfahrens?, DVBl. 1997, 534, 537, der von einem „verwaltungsinternen Solidaritätsdenken" spricht.

[761] Vgl. z. B. Art. 119 S. 1 Nr. 1 Hs. 1 BayGO. Bei der Nachprüfung der Verwaltungsakte von Selbstverwaltungskörperschaften durch stattliche Widerspruchsbehörden ist die Ermessenskontrolle beschränkt.

[762] *Redeker/von Oertzen*, VwGO, § 68 Rz. 2.

ben von Gründen im Prozeß beeinträchtigt zumindest dann die Rechtsschutzgarantie des Art. 19 IV GG, wenn ein Widerspruchsverfahren vor Klageerhebung obligatorisch und die Widerspruchsbehörde zur Prüfung von Recht- und Zweckmäßigkeit des Verwaltungsaktes berechtigt ist. Dasselbe muß gelten, wenn bei gleicher Prüfungskompetenz eine Identität von Ausgangs- und Widerspruchsbehörde vorliegt. Von *Bettermann* wird der Sinn einer Prüfung des Widerspruchs durch die identische Behörde zwar angezweifelt, es bleibt aber zu hoffen, daß innerhalb derselben Behörde ein anderer über den Erfolg des Widerspruchs zu entscheiden hat und sich seines Rechtswahrungsauftrags bewußt .[763] Eine Verfassungswidrigkeit der Nachbesserungsvorschriften wegen des Übergehens des Vorverfahrens liegt jedoch nicht vor, da die Rechtsschutzgarantie des Art. 19 IV GG die Durchführung eines Widerspruchsverfahrens nicht erfordert.

IV. Verwaltungseffizienz durch Nachbesserung von Verwaltungsakten

1. Ableitung eines verfassungsrechtlichen Prinzips der Nachbesserung

Die Nachbesserung eines Verwaltungsaktes im Prozeß stellt sich für die Betroffenen als eine Beeinträchtigung ihrer Verfahrensrechte und der Rechtsschutzgarantie des Art. 19 IV GG dar. Die Verwaltung beruft sich bei der Nachbesserung fehlerhafter Verwaltungsakte auf ihre Verpflichtung zu effizientem Handeln. Es ist schon umstritten, ob sich aus dem Verfassungsrecht überhaupt ein Prinzip der Verwaltungseffizienz ableiten läßt. Befürworter eines solchen Prinzips verknüpfen dieses dogmatisch mit Art. 20 II GG.[764] Im Rahmen der vorliegenden Arbeit kann es dahingestellt bleiben, ob es sich bei dem Topos der Verwaltungseffizienz um ein normatives Prinzip mit Verfassungsrang oder um einen rechtlich beachtlichen Gesichtspunkt handelt. Hier interessiert nur, ob die Beschleunigung des Verwaltungsverfahrens unter den Begriff der Verwaltungseffizienz subsumiert werden kann.

a) Begriff der Verwaltungseffizienz

[763] Vgl. zum Rechtswahrungsauftrag der Verwaltung *Steiner*, Diskussionsbeitrag, VVDStRL 41, 277.

[764] Vgl. *Schenke*, Das Verwaltungsverfahren zwischen Verwaltungseffizienz und Rechtsschutzauftrag, VBlBW 1982, 313, 316, der selbst die Existenz eines verfassungsrechtlich untermauerten Prinzips der Verwaltungsefizienz ablehnt.

Das Schlagwort der Verwaltungseffizienz tauchte in letzter Zeit häufig in Diskussionen auf, um die Unentbehrlichkeit von Nachbesserungsregelungen zu illustrieren. Bedenklich ist hierbei schon die unkritische Übertragung eines ökonomischen Begriffes auf das Verwaltungsverfahren. Unter Effizienz versteht man in der Ökonomie die Optimierung einer Zweck-Mittel-Relation.[765] Einen eigenständiger Effizienzbegriff hat die deutsche Rechtswissenschaft nicht entwickelt, so daß den Überlegungen über die Verwaltungseffizienz diese von dem Gedanken der Wirtschaftlichkeit geprägte Definition zugrundezulegen ist.[766] Dabei ist die Bestimmung von Effizienz immer abhängig von dem vorgegebenen Ziel, das erreicht werden soll.[767] Ohne die vorherige Festlegung eines Handlungszieles kann daher nicht beurteilt werden, ob ein bestimmtes Verhalten effizient ist oder nicht. Zum Teil wird auch der Begriff der Effektivität synonym zu dem Terminus der Effizienz verwendet.[768] Diese Gleichsetzung ist aber falsch, da bei der Beurteilung von Effektivität allein die Frage der Wirksamkeit eines oder mehrerer Mittel im Hinblick auf die Erreichung eines bestimmten Zieles im Vordergrund steht. Darauf, ob das Mittel im Sinne einer Kosten-Nutzung-Maximierung optimal für die Erreichung des Zieles ist, kommt es nicht an.

b) Ziel des Verwaltungsverfahrens

Die Beantwortung der Frage, ob die Verwaltung effizient arbeitet, hängt also davon ab, welches Ziel dem Verwaltungshandeln gesetzt ist. Vor allem die Fürsprecher einer Beschleunigung des Verwaltungsverfahrens und des sich in vielen Fällen anschließenden Anfechtungsprozesses gehen meist ohne genaue Begründung davon aus, daß die Verwaltungseffizienz gleichbedeutend mit einem schnellen Verfahren und dem raschen Erhalt einer verwaltungsgerichtlichen Entscheidung ist.[769] Nach dieser Ansicht ist also die beschleunigte Durchführung primäres Ziel

---

[765] *Eidenmüller*, Effizienz als Rechtsprinzip, S. 55; *Behrens*, Die ökonomischen Grundlagen des Rechts, S. 83; *von Mutius*, Gerichtsverfahren und Verwaltungsverfahren, FS für Menger, S. 575, 587 f.

[766] Anders der wohlfahrtsökonomische Effizienzbegriff! Hier geht es nicht nur um die Optimierung einer Zweck-Nutzen-Relation, sondern die Effizienz selbst wird als Ziel angesehen, an dem alle anderen Ziele gemessen werden. Vgl. dazu *Eidenmüller*, Effizienz als Rechtsprinzip, S. 56.

[767] *Eidenmüller*, Effizienz als Rechtsprinzip, S. 56; *Schenke*, Das Verwaltungsverfahren zwischen Verwaltungseffizienz und Rechtsschutzauftrag, VBLBW 1982, 313, 316.

[768] Vgl. den Diskussionsbeitrag von *Wagener*, in: Das Verwaltungsverfahren zwischen Effizienz und Rechtsschutzauftrag, VVDStRL 41 (1983), S. 193, 272.

[769] Vgl. die Nachweise bei *Schmidt-Aßmann*, Das Verwaltungsverfahren zwischen Effizienz und Rechtsschutzauftrag, VVDStRL 41 (1983), 193, 194; *Jacoby*, Die Beschleunigung von Verwaltungsverfahren

des Verwaltungsverfahrens hinter dem etwaige rechtsschützende Aspekte des Verwaltungsverfahrens zurückzutreten haben.[770] Diese Zielfestlegung einer maximalen Durchführungsschnelligkeit des Verwaltungsverfahrens wird von ihren Anhängern meist nur mit dem vagen Hinweis auf wirtschaftliche und rechtspolitische Zwänge begründet.[771] Fraglich ist, ob sich das Postulat der Beschleunigung von Verwaltungs- und anschließendem Gerichtsverfahren auch im einfachem Gesetz und im Verfassungsrecht verorten läßt. Ein für die Beurteilung der Effizienz des Verwaltungshandelns maßgebliches Ziel muß sich aus der Rechtsordnung ergeben, da Ziele nicht willkürlich festgelegt werden können. Jede andere Ansicht würde einen Widerspruch gegen Art. 20 GG darstellen.[772]

c) Grundsatz der zügigen Durchführung des Verfahrens gemäß § 10 S. 2 VwVfG

§ 10 S. 2 VwVfG bestimmt, daß das einfache nichtförmliche Verwaltungsverfahren einfach, zweckmäßig und zügig durchzuführen ist.[773] Damit wurde erstmalig die Bedeutung des Zeitfaktors in einer bundesrechtlichen, fachgebietsübergreifenden Norm verankert.[774] Es handelt es sich um unmittelbar anwendbares Recht, so daß die Behörde bei der Durchführung von Verwaltungsverfahren daran gebunden ist.[775] Fraglich ist aber, ob diesem Grundsatz der zügigen Durchführung des Verwaltungsverfahrens ein durchsetzbarer Anspruch des Betroffenen korrespondiert oder ob es sich um eine Vorschrift mit bloßem Appellcharakter handelt.[776] Die

---

und das Verfassungsrecht, S. 24; *Kuschnerus*, Beschleunigung der Verkehrswegeplanung?, UPR 1992, 167 ff.

[770] So *Tettinger*, Rechtsänderungen zur „Sicherung des Wirtschaftsstandorts Deutschland", NuR 1997, 1, 5; Zu dem Spannungsverhältnis zwischen Beschleunigung des Verfahrens und der Notwendigkeit effektiven Rechtsschutzes *Behrens*, Der Faktor Zeit im Prozeß der Rechtsfindung - Reflexionen über die gegenwärtige Beschleunigungsdiskussion, NWVBl. 1996, 121, 122; *Bullinger* (Hrsg.), Investitionsförderung durch flexible Genehmigungsverfahren, S. 35 f.

[771] *Tettinger*, Rechtsänderungen zur „Sicherung des Wirtschaftsstandorts Deutschland" - Umweltschutz im Gegenwind?, NuR 1997, 1, 5.

[772] *Schenke*, Das Verwaltungsverfahren zwischen Verwaltungseffizienz und Rechtsschutzauftrag, VBlBW 1982, 313, 316.

[773] Das Merkmal der zügigen Durchführung des Verwaltungsverfahrens wurde durch das Gesetz zur Beschleunigung von Genehmigungsverfahren (GenBeschlG) v. 12. 9. 1996, BGBl. I 1354 in das Verwaltungsverfahrensgesetz eingefügt. Vgl. zu dem „Zügigkeitsprinzip" *Bonk*, Strukturelle Änderungen des Verwaltungsverfahrens durch das Genehmigungsverfahrensbeschleunigungsgesetz, NVwZ 1997, 320, 322.

[774] *Bonk*, a.a.O., S. 320, 323.

[775] *Bonk*, in: Stelkens/Bonk/Sachs, VwVfG, § 10 Rz. 12.

[776] Die Appellfunktion des § 10 S. 2 VwVfG bejahend *Stüer*, Die Beschleunigungsnovellen 1996, DVBl. 1997, 326, 327; a. A. *Bonk*, Strukturelle Änderungen des Verwaltungsverfahrens durch das Genehmigungsverfahrensbeschleunigungsgesetz, NVwZ 1997, 320, 323.

Behörde ist nach dem Gesetzeszweck jedenfalls verpflichtet, alle zur Verfügung stehenden Beschleunigungsmaßnahmen zu ergreifen.[777]

Die Regelung des § 10 S. 2 VwVfG legitimiert aber nicht die Nachbesserung des Verwaltungsaktes durch die Behörde während des laufenden gerichtlichen Verfahrens. Mit dem Erlaß des Widerspruchsbescheids endet die Verfahrensherrschaft der Verwaltung über den Verwaltungsakt. Der Grundsatz der Beschleunigung des Verwaltungsverfahrens erstreckt sich nicht auf auf den späteren Anfechtungsprozeß, in dem die Behörde eine Nachbesserung vornehmen will, um ein neues Verfahren zu vermeiden. Die Forderung der zügigen Durchführung des Verwaltungsverfahrens konkretisiert sich auf das Verfahren, in dem der fehlerhafte Verwaltungsakt erlassen worden ist. Die Aussetzung des Verwaltungsprozesses zur Ermöglichung der behördlichen Nachbesserung eines Verfahrens- oder Formfehlers stellt keine Fortsetzung des ursprünglichen Verwaltungsverfahrens dar. Auf eine Geltung des § 10 S. 2 VwVfG im Verwaltungsprozeß als Rechtfertigung für die Nachbesserung kann sich die Behörde nicht berufen.

d) Verfassungsrechtliche Verankerung des Beschleunigungsgebots

Die schnelle Erledigung eines Verwaltungsverfahrens als primäre Aufgabe der öffentlichen Verwaltung findet im Grundgesetz keine Unterstützung. Als Zielvorgabe für die Verwaltung läßt sich aus Art. 20 III GG entnehmen, daß das Verwaltungshandeln in erster Linie rechtmäßig sein müsse.[778] Die Regelung des Art. 20 III GG schließt allerdings nicht aus, daß neben der Rechtmäßigkeit des Verwaltungshandelns bei der Art und Weise der Verfahrensgestaltung auch andere Faktoren und Umstände berücksichtigt werden müssen. Diese Faktoren ergeben sich aus den materiellen Grundrechten des Einzelnen, die in das Verfahren zur Entscheidungsfindung der Behörde miteinfließen.

So kann sich beispielsweise aus dem Recht auf Eigentum gemäß Art. 14 GG die Verpflichtung der Behörde ergeben, daß eine öffentlich-rechtliche Genehmigung möglichst rasch erteilt wird, wenn anderenfalls eine adäquate Nutzung des Grundstückseigentums nicht möglich ist. Die Wertentscheidung der Grundrechte

---

[777] *Stüer*, Die Beschleunigungsnovellen 1996, DVBl. 1997, 326, 327.

[778] So auch *Schulze-Fielitz*, Diskussionsbeitrag, in: Blümel/Pitschas, Reform des Verwaltungsverfahrensrechts, S. 211.

muß bei dem konkreten Verwaltungsverfahren beachtet werden. Die Behörde ist daher auch verpflichtet Verfahrensverzögerungen, die zu einer schweren Grundrechtsbeeinträchtigung des Betroffenen führen könnten, zu verhindern. Gerade auch bei den Genehmigungsverfahren für raumbedeutsame Großvorhaben sind die Interessen des Anlagebetreibers innerhalb einer angemessenen Zeitspanne, solange die Planungen noch aktuell sind, sein Vorhaben realisieren zu können, zu berücksichtigen. Die Zeitabhängigkeit von Planungsvorhaben muß daher bei dem Entscheidungsprozeß ein Kriterium sein, ohne die maximale Richtigkeit der Entscheidung zu gefährden. Gefragt ist ein Ausgleich zwischen der Schnelligkeit des Verfahrens und der Sachrichtigkeit der Entscheidung,[779] jede Verabsolutierung eines der beiden Kriterien muß unterbleiben.[780] Da die Schnelligkeit des Verfahrens ein wichtiger, aber dennoch der Rechtmäßigkeit des Verfahrensergebnisses untergeordneter Faktor ist, kann die Behörde sich nicht auf die Beschleunigung als (alleiniges) Ziel des Verwaltungsverfahrens berufen und mit der Erforderlichkeit effizienten Handelns die Nachbesserung im Prozeß rechtfertigen.

V. Gerichtlicher Rechtsschutz durch materielle Grundrechte

Der Rechtsschutzanspruch des Betroffenen ergibt sich nicht allein aus der Garantie des Art. 19 IV GG, sondern wird durch bestimmte, aus materiellen Grundrechten abgeleitete Verfahrensprinzipien ergänzt.[781] Zuvörderst sind hier zu nennen das Recht des Betroffenen auf eine faire Gestaltung des verwaltungsgerichtlichen Verfahrens (fair trial)[782], der Grundsatz der Waffengleichheit der Prozeßparteien und nicht zuletzt die sich aus den Art. 101 ff. GG ergebenden Prozeßgrundrechte. All diese grundrechtsbeeinflussten prozessualen Grundsätze werden bei der Ermöglichung der Nachbesserung im Prozeß tangiert.

1. Faire Gestaltung des Verwaltungsprozesses

[779] So auch *von Mutius*, Gerichtsverfahren und Verwaltungsverfahren, FS für Menger, S. 575, 588.

[780] *Behrens*, Der Faktor Zeit im Prozeß der Rechtsfindung - Reflexionen über die gegenwärtige Beschleunigungsdiskussion, NWVBl. 1996, 121; Gegen die Möglichkeit eines Ausgleichs zwischen dem Erfordernis der schnellen und der rechtmäßigen Entscheidung *Schenke*, der eine sinnvolle Ausbalancierung der vielen, das Verwaltungsverfahren determinierenden Faktoren für unmöglich hält. Vgl. VBlBW 1982, 313, 317.

[781] *Schmidt-Aßmann*, Art. 19 IV GG als Teil des Rechtsstaatsprinzips, NVwZ 1983, 1, 3; *Ders.*, in: Maunz/Dürig, GG, Art. 19 Rz. 20; *Sachs*, in: Sachs, GG, Art. 20 Rz. 110.

[782] Vgl. zu dem allgemeinen Prozeßgrundrecht des fairen Verfahrens *Dörr*, Faires Verfahren, S. 139 ff.

Das Gebot des fairen gerichtlichen Verfahrens ist Ausfluß des Rechtsstaatsprinzips und besitzt vor allem im Strafprozeß als Recht auf eine wirksame Verteidigung Relevanz.[783] Im Verwaltungsprozeß liegt die Bedeutung des Gebots des „fair trial" hauptsächlich darin, daß durch die konkrete Prozeßordnung die Waffengleichheit der beiden Prozeßparteien hergestellt werden soll.

a) Waffengleichheit der Parteien

Waffengleichheit bedeutet in diesem Zusammenhang, daß beiden Parteien gleichermaßen Angriffs- und Verteidigungsmittel zur Verfügung stehen, so daß die Chancengleichheit der Parteien gewährleistet ist. Funktion der Waffengleichheit im Verwaltungsprozeß ist es zusätzlich, das außerhalb des Prozesses bestehende Ungleichgewicht zwischen der Behörde als Exekutivorgan und dem einzelnen Bürger aufzuheben. Der Bürger, der sich sonst in einer der Behördenstellung unterlegenen Position befindet, hat im Prozeß Anspruch auf Gleichbehandlung und eine neutrale Entscheidung durch den Richter.
Diesen Anspruch sehen Kritiker der aktuellen Nachbesserungsregelungen durch die Ermöglichung der Aussetzung des Verfahrens zur Heilung der Verfahrensfehler gefährdet. Die praktische Durchführung der Nachbesserung von Fehlern des Verwaltungsaktes wird für das vorbereitende Verfahren und die mündliche Verhandlung selbst getrennt geregelt.

b) Prozessuale Instrumentarien zur Fehlerheilung

§ 87 I Nr. 7 VwGO bestimmt, daß der Richter der Verwaltungsbehörde vor der mündlichen Verhandlung Gelegenheit zur Heilung von Verfahrens- und Formfehlern innerhalb einer Frist von höchstens drei Monaten geben kann, wenn dies nach seiner freien Überzeugung die Erledigung des Rechtsstreits nicht verzögert.[784]

Während der mündlichen Verhandlung kann das Gericht gemäß § 94 S. 2 VwGO auf Antrag die Verhandlung zur Heilung von Verfahrens- und Formfehlern ausset-

---

[783] *Degenhart*, in: Sachs, GG, Art. 103 Rz. 44.

[784] Die Nr. 7 des § 87 I VwGO wurde durch die Novelle v. 1. 11. 1996 eingefügt. Vgl. BGBl. I 1626.

zen, soweit dies im Sinne der Verfahrenskonzentration sachdienlich ist.[785] Damit wird den Behörden ein wirkungsvolles Instrument zur Reparatur fehlerhafter Verwaltungsentscheidungen an die Hand gegeben und das Verwaltungsgericht mutiert nach Auffassung einiger Kritiker zum „Reparaturbetrieb" der Verwaltung.[786]

c) Verletzung des Grundsatzes der Waffengleichheit durch die Nachbesserung

aa) Gerichtliche Ermessensentscheidung

Die Durchführung der Nachbesserung des Verwaltungsaktes liegt unabhängig davon, ob sie während des vorbereitenden Verfahrens oder der Verhandlung selbst erfolgt, im Ermessen des Gerichts. Im Falle des § 94 S. 2 VwGO ist die Aussetzung zur Nachbesserung zusätzlich von einem Antrag der Parteien abhängig.

Im Gesetzesentwurf der Bundesregierung war ursprünglich vorgesehen, die Ermessensvorschrift des § 94 S. 2 VwGO als gebundene Entscheidung auszugestalten und allein der Verwaltungsbehörde eine Antragsbefugnis einzuräumen.[787] Auf Antrag der Verwaltungsbehörde sollte das Gericht die Verhandlung zur Heilung von Verfahrens- und Formfehlern aussetzen, soweit dies sachdienlich war.[788]

Auf den Vorschlag des Rechtsausschusses hin wurde die Antragsbefugnis auf beide Prozeßparteien erweitert und die Aussetzung des Verfahrens in das Ermessen des Gerichts gestellt.[789] Damit hat auch der Betroffene die Möglichkeit, die Aussetzung des Verfahrens zum Zwecke der Nachbesserung zu beantragen. Damit gewährt die Prozeßordnung der Verwaltung und den Betroffenen identische Rechte, so daß auf den ersten Blick die Waffengleichheit der Parteien gewahrt ist.

---

[785] Angefügt durch VwGO-Novelle v. 1. 11. 1996 (BGBl. I 1626).

[786] Vgl. *Bund Deutscher Verwaltungsrichter und Verwaltungsrichterinnen* (*BDVR*): Thesenpapier zum Entwurf eines 6. VwGO-Änderungsgesetzes, S. 83.

[787] Vgl. den ursprünglichen Regierungsentwurf BT-Drucks. 13/3993, S. 5.

[788] Vgl. Entwurf eines Sechsten Gesetzes zur Änderung der Verwaltungsgerichtsordnung und anderer Gesetze (6. VwGOÄndG), BT-Drucks. 13/3993, S. 5; Im ursprünglichen Regierungsentwurf war weiterhin vorgesehen, ein zwingendes Entscheidungs- und Kassationsverbot für das Verwaltungsgericht einzuführen, wenn der Behörde im Prozeß keine Möglichkeit zur Nachbesserung gewährt wurde. Vgl. BT-Drucks. 12/3993.

[789] Gemeinsame Sachverständigenanhörung des Innen-, Rechts-, Wirtschafts- und Umweltausschusses des Deutschen Bundestags am 8. 5. 1996, Ausschuß-Drucks. 13/271; Bericht des Rechtsausschusses, BT-Drucks. 13/5098.

bb) Interesse des Betroffenen an der Antragstellung gemäß § 94 S. 2 VwGO

Fraglich ist aber, ob es sich hier nicht um eine rein formale Gleichstellung der Parteien handelt und der Betroffene seinen Anspruch auf Nachbesserung praktisch gar nicht nützen kann. § 94 S. 2 VwGO bezieht sich auf die Nachbesserungsnorm des § 45 VwVfG und ermöglicht ihre prozessuale Durchsetzung.[790] Bei den in § 45 I VwVfG genannten Verfahrenshandlungen handelt es sich aber um Verfahrenshandlungen, deren Mißachtung durch die Behörde zur Rechtswidrigkeit des Verwaltungsaktes führt und damit zu einem Zustand, an dessen Beseitigung vor allem die Behörde Interesse hat.
Ein Anwendungsbedarf des § 94 S. 2 VwGO für den Betroffenen ist allenfalls im Zusammenhang mit der nachträglichen Stellung eines Antrags gemäß § 45 I Nr. 1 VwVfG ersichtlich.

Nach Auffassung von *Redeker* wird der Betroffene den Aussetzungsantrag auch nützen, um Zeit für die Aufbesserung seines Sachvortrags zu gewinnen.[791] Die Ausdehnung des Anwendungsbereichs des § 94 S. 2 VwGO auf jegliche Änderung des Sachvortrags steht aber dem Wortlaut des § 94 S. 2 VwGO entgegen, der ausdrücklich von einer Aussetzung zum Zwecke der Heilung von Verfahrens- und Formfehlern spricht.[792] Die in § 45 I VwVfG aufgeführten Verfahrens- und Formfehler beziehen sich aber wie oben schon dargelegt mit Ausnahme des § 45 I Nr. 1 VwVfG auf Verfahrensvorschriften, deren Einhaltung der Behörde obliegt. Die praktische Anwendbarkeit des § 94 S. 2 VwGO für den Betroffenen ist daher auf den Fall des § 45 I Nr. 1 VwVfG beschränkt.

Als Konsequenz ist daher festzuhalten, daß § 94 S. 2 VwGO durch die Antragsbefugnis beider Parteien zwar formal den Anforderungen an die Waffengleichheit der Prozeßparteien entspricht, faktisch aber der Anwendungsbereich für den Betroffenen gering ist, da eine Nachbesserung ihm nur im Falle der Nachholung ei-

---

[790] Vgl. BT-Drucks. 13/5098, S. 24; *Redeker*, Neue Experimente mit der VwGO?, NVwZ 1996, 521, 522.

[791] *Redeker*, Legislative, Exekutive und Verwaltungsgerichtsbarkeit, NVwZ 1996, 126, 131.

[792] BGBl. I 1626

ner für den Erlaß eines ihm günstigen Verwaltungsaktes erforderlichen Antragstellung einen prozessualen Vorteil bringt.[793]

Es ist zwar theoretisch denkbar, daß auch der Betroffene eines belastenden, wegen unterlassener Anhörung formell rechtswidrigen Verwaltungsaktes im Prozeß die Aussetzung des Verfahrens zur Nachholung der Anhörung und Heilung des Verwaltungsaktes, beantragt. Fraglich ist aber, welches konkrete Interesse der Kläger an einer Heilung des rechtswidrigen Verwaltungsaktes haben kann, da diesen naturgemäß nur die Aufhebung des Verwaltungsaktes interessiert.

Unverständlich ist insoweit die Ansicht des *Rechtsausschusses*, derzufolge die Aussetzung des Verfahrens zur Heilung des Verwaltungsaktes auch im Interesse des Betroffenen liegt.[794] Ein (theoretisches) Interesse an des Betroffenen an der Aussetzung des Verfahrens zur Fehlerheilung behauptet auch *Hatje*, der auf die anhaltende Dispositionsmöglichkeit der Behörde während des Prozesses verweist. Die Befugnis der Behörde während des laufenden Prozesses einen neuen inhaltsgleichen, verfahrensfehlerfreien Verwaltungsakt zu erlassen führe auch zur Gegenstandslosigkeit einer an sich berechtigten Klage, so daß zwischen dem Erlaß eines Zweitbescheids und der Nachbesserung des ursprünglichen Bescheids kein grundlegender, die Waffengleichheit der Parteien verletzender Unterschied ersichtlich sei.[795]

Hatje übersieht aber, daß bei dem Erlaß eines Zweitbescheids dem Betroffenen ein Wahlrecht dahingehend zusteht, ob er die Klage für erledigt erklären oder im Wege der Klageänderung gegen den neuen Bescheid vorgehen soll. Der Kläger kann auch Widerspruch gegen den Zweitbescheid erheben und auf eine günstige Entscheidung der Widerspruchsbehörde hoffen. Bei der Nachbesserung im Prozeß entfällt dieser Handlungsspielraum.

Außerdem empfindet es der Betroffene wohl immer als Rechtsnachteil, wenn eine Heilung des Verwaltungsaktes zur Folge hat, daß er im Prozeß mit seinem Aufhebungsverlangen unterliegt, auch wenn er die Kostenlast durch Erledigungserklärung gemäß § 161 II VwGO von sich abwenden kann.

---

[793] Die nachträgliche Stellung eines für den Erlaß eines Verwaltungsaktes erforderlichen Antrags während des verwaltungsgerichtlichen Verfahrens war auch bei Geltung des § 45 I Nr. 1 VwVfG a. F. möglich.

[794] Vgl. BT-Drucks. 13/5098, S. 24.

[795] *Hatje*, Die Heilung formell rechtswidriger Verwaltungsakte im Prozeß als Mittel der Verfahrensbeschleunigung, DÖV 1997, 477, 481 f.

d) Verletzung der Erfolgschancen durch die Nachbesserung im Prozeß

Richtiger erscheint es hier danach zu fragen, ob der Kläger im Anfechtungsprozeß durch die die Behörde favorisierende Regelung des § 94 S. 2 VwGO reale Einbußen in seinen Erfolgschancen zu verzeichnen hat. Hierbei ist zwischen den Zielen des Klägers zu differenzieren: Dem Kläger, der eine Aufhebung des Verwaltungsaktes wegen eines Verfahrens- oder Formfehlers anstrebt, auch wenn absehbar ist, daß die Behörde nach dem Prozeß einen identischen Verwaltungsakt gegen den Betroffenen erlassen müßte, der sich also eines gerichtlichen Verfahrens als (vorübergehende) Verhinderungstaktik bedient, entsteht subjektiv immer ein Nachteil in seinen Prozeßchancen. Diese „Verfahren als Verhinderungs-Strategie" entspricht aber nicht dem Sinn und Zweck von Verfahrens- und Prozeßrecht,[796] so daß ein Interesse des Klägers an der Erreichung eines kurzlebigen Prozeßerfolges in keiner Weise schützenswert ist.

e) Vorrang der Prozeßökonomie

Hier hat das Prinzip der Prozeßökonomie Vorrang.[797] Es ist allein darauf abzustellen, ob der Betroffene durch die Regelung des § 94 S. 2 VwGO derart in seinen Prozeßchancen benachteiligt wird, daß er auch in seinem Ziel einer dauernden Aufhebung des Verwaltungsaktes beeinträchtigt wird. Diese Frage läßt sich anhand der oben gewonnenen Erkenntnisse[798] beantworten, da eine mit dem Rechtsschutzgedanken des Art. 19 IV GG vereinbare Nachbesserung des Verwaltungsaktes durch die Behörde das prozessuale Chancengleichgewicht nicht zuungunsten des Anfechtungsklägers verschieben kann. Eine Beeinträchtigung der Chancengleichheit ist daher in den Fällen zu bejahen, in denen auch die Nachbesserung des Verwaltungsaktes im Prozeß unterbleiben müßte.[799]

---

[796] *Schmidt-Aßmann*, in: Isensee/Kirchhof, Handbuch des Staatsrechts, § 70 Rz. 20.

[797] Vgl. dazu auch die Stellungnahme von *Jungfelter*, FAZ v. 17. 7. 1996, S. 39.

[798] Vgl. oben S. 159.

[799] Vgl. oben die Ausführungen S. 159.

2. Verletzung der richterlichen Neutralität

Im Zusammenhang mit der Befugnis des Verwaltungsgerichts selbst oder auf Antrag einer der Parteien eine Nachbesserung des Verwaltungsaktes zu ermöglichen, wurde kritisiert, daß darin eine Verletzung der richterlichen Neutralitätspflicht gegenüber den Parteien liege, da das Gericht in diesem Fall quasi als „Rechtsberater" der Behörde agiere.[800] Weiterhin verstoße eine derartige Befugnis der Verwaltungsrichter auch gegen den Grundsatz der Gewaltenteilung[801], wenn sich die Behörde unsanktioniert über Verfahrens- und Formvorschriften hinwegsetzen könne und die Gerichte zur Reparatur der Fehler auf Kosten der betroffenen Bürger herangezogen würden.[802] Dies führe zu einer Verlagerung der jeweiligen der Exekutive und der Iudikative übertragenen Aufgaben.[803] Insbesondere in den neuen Bundesländen sei die Gefahr eines irreversiblen Vertrauensverlusts der Bürger in den Rechtsstaat zu befürchten.[804]
Um dieser Kritik begegnen zu können, ist es unerläßlich, zunächst den Aufgabenkreis und die Stellung des Verwaltungsrichters genauer zu definieren.

a) Unabhängigkeit des Richters

Der Status des Richters wird verfassungsrechtlich von den Art. 92, 95 II, 96 II S. 5, 97 und 98 GG geprägt.[805] Nach Art. 97 I GG[806] ist der Richter unabhängig und nur dem Gesetze unterworfen. Es handelt sich um eine der verfassungsgestaltenden Strukturprinzipien des Grundgesetzes.[807] Effektiver Rechtsschutz im Sinne des Art. 19 IV GG ist nur durch einen unabhängigen Richter gewährleistet, da

---

[800] *Rechtsausschuß*, BT-Drucks. 13/5098, S. 24; *Schenke*, „Reform ohne Ende"-Das Sechste Gesetz zur Änderung der VwGO und anderer Gesetze, NJW 1997, 81, 86.

[801] BT-Drucks. 13/5098, S. 24; BDVR-Rundschreiben, S. 90; *Krämer*, Sechstes Gesetz zur Änderung der Verwaltungsgerichtsordnung, LKV 1997, 114, 115.

[802] *BDVR*-Rundschreiben 3/1996, S. 90; *Kuhla/Hüttenbrink*, Endstation Einzelrichter, DVBl. 1996, 718.

[803] BDVR-Rundschreiben 3/1996, S. 90.

[804] BDVR-Rundschreiben 3/1996, S. 92. Schwer nachvollziehbar ist die Befürchtung einer massiven Vertrauenseinbuße in den Rechtsstaat seitens der ostdeutschen Bürger vor allem dann, wenn man sich vergegenwärtigt, daß sich in der DDR der Rechtsschutz des Bürgers gegen staatliches Handeln auf sog. „Eingaben" gerichtet an den Staatsrat, beschränkten.

[805] Vgl. *Barbey*, in: Isensee/Kirchhof, Handbuch des Staatsrechts, § 74 Rz. 1.

[806] §§ 25 DRiG und 1 GVG sind einfachgesetzliche Ausprägungen des Art. 97 I GG.

[807] *Detterbeck*, in: Sachs, GG, Art. 97 Rz. 1.

ansonsten die Gefahr von Willkürentscheidungen besteht. Danach ist Voraussetzung der richterlichen Tätigkeit, daß sie von einem neutralen Dritten in persönlicher und sachlicher Unabhängigkeit ausgeübt wird.[808] Sachliche Unabhängigkeit bedeutet, daß der Legislative, Exekutive und Iudikative die Einflußnahme auf die richterliche Entscheidungstätigkeit verwehrt ist. Aus dem Verfassungsgrundsatz ergibt sich auch die Pflicht des Richters, sich beiden Parteien gegenüber neutral zu verhalten. Das gerichtliche Verfahren soll die Chancengleichheit der Parteien wahren. Daraus ergibt sich die Prämisse, daß auch die jeweilige Verfahrensordnung derart ausgestaltet sein muß, daß nicht eine Partei hinsichtlich des Ausgangs des Verfahrens über Gebühr begünstigt wird.

Durch die Neuaufnahme der §§ 87 I S. 2 Nr. 7, 94 S. 2 in die Verwaltungsgerichtsordnung könnte die aus dem verfassungsrechtlichen Prinzip der Unabhängigkeit des gesetzlichen Richters abgeleitete Neutralitätspflicht des Richters beeinträchtigt werden. Eine Beeinträchtigung liegt vor, wenn die notwendige Chancengleichheit der Partei durch einseitiges Tätigwerden des Richters zugunsten der Verbesserung der prozessualen Position einer der Parteien nicht mehr gegeben ist.[809]

b) Fristsetzung gemäß § 87 I S. 2 Nr. 7 VwGO

§ 87 I S. 2 Nr. 7 VwGO ermöglicht es dem Richter, schon vor der mündlichen Verhandlung der Verwaltungsbehörde eine Frist zur Beseitigung von Verfahrens- oder Formmängeln zu setzen. In § 87 VwGO manifestiert sich der Konzentrationsgrundsatz. Danach soll der Verwaltungsprozeß idealerweise in einer einzigen mündlichen Verhandlung, die gleichzeitig auch eine eventuell erforderliche Beweisaufnahme enthält, abgewickelt werden.[810] § 87 VwGO gibt dem Verwaltungsrichter einen nicht abschließenden Katalog von vorbereitenden Maßnahmen für die zügige Entscheidung des Verwaltungsprozesses an die Hand.[811] Als wichtige Vorbereitungsmittel sind hier vor allem die Anforderung im Prozeß voraussichtlich benötigter Unterlagen, die Einholung von Auskünften, die Ladung von

---

[808] *Detterbeck*, in: Sachs, GG, Art. 97 Rz. 2.

[809] *Redeker*, Neue Experimente mit der VwGO, NVwZ 1996, 521, 523.

[810] *Redeker/Oertzen*, VwGO, § 87 Rz. 1; *Kopp*, VwGO, § 87 Rz. 1; *Hufen*, Verwaltungsprozeßrecht, § 35 Rz. 26.

[811] *Redeker/Oertzen*, VwGO, § 87 Rz. 4; *Kopp*, VwGO, § 87 Rz. 4.

Zeugen und Sachverständigen sowie die Anordnung des persönlichen Erscheinens der Parteien zu nennen. § 87 I S. 2 Nr. 1 VwGO ermöglicht dem Richter, die Beteiligten zur Erörterung des Sach- und Streitstandes und zur gütlichen Beilegung des Rechtsstreits zu laden.

Diese Bestimmung dient vor allem der Prozeßökonomie, da in einer Vorbesprechung des Richters mit den Beteiligten in vielen Fällen eine Klärung der entscheidungserheblichen Fragen des oft voluminösen Parteienvortrags erreicht werden kann. Es kommt vor, daß sich die klagende Partei in Unkenntnis der geltenden Rechtslage befindet und im Rahmen einer Erörterung der strittigen Fragen mit dem Richter und der Beklagtenseite die geringe Erfolgschance erkennt und die Klage zurücknimmt.[812]

Der Richter ist daher schon gemäß § 87 I S. 2 Nr.1 VwGO befugt, die Beteiligten über die Rechtslage aufzuklären.[813] Die neu hinzugefügte Nummer 7 ist insoweit als logische Konsequenz des § 87 I S. 2 Nr. 1 VwGO anzusehen. Im Laufe einer Erörterung des Sach- und Streitstands werden unweigerlich Bedenken sowohl hinsichtlich des Klagevorbringens als auch den strittigen Verwaltungsakt betreffend auftauchen, die den Sacherfolg des Klägers bzw. die von der Behörde angestrebte Klageabweisung in Frage stellen. Der Richter wird darauf hinweisen, daß zur Erzielung eines in der Sache gesetzeskonformen Ergebnisses eine Partei ihren Klagevortrag ergänzen, erweitern oder auch eine bestimmte Handlung noch vornehmen muß.[814] Im Anschluß an diesen Hinweis wird er der betroffenen Partei Gelegenheit geben das eigene Vorbringen insoweit zu vervollständigen, daß ein den Vorschriften des materiellen Rechts entsprechendes Ergebnis erzielt werden kann.[815]

Diese Vorgehensweise ist unter dem Aspekt der Prozeßökonomie betrachtet einleuchtend, da es kurzsichtig wäre, einen Verwaltungsakt aufzuheben oder den Antrag auf Erlaß eines Verwaltungsaktes abzulehnen, wenn absehbar ist, daß die

---

[812] Die besondere Relevanz der vorbereitenden Erörterung des Sach- und Streitstandes besteht nicht zuletzt darin, daß die VwGO eine anwaltliche Vertretung der Parteien im Verfahren vor dem Verwaltungsgericht nicht vorsieht, 67 II S. 1 VwGO.

[813] Ähnlich *Ortloff*, in: Schoch/Schmidt-Aßmann/Pietzner, VwGO, § 87 Rz. 24 h.

[814] *Redeker*, Neue Experimente mit der VwGO, NVwZ 1996, 521, 523; *Ders.*, Legislative, Exekutive und Verwaltungsgerichtsbarkeit, NVwZ 1996, 126, 131.

[815] Dies war auch bisher ohne gesetzliche Normierung schon gängige Praxis der Gerichte. Vgl. dazu *Redeker*, Neue Experimente mit der VwGO?, NVwZ 1996, 521, 523; *Bullinger* (Hrsg.), Investitionsförderung durch flexible Genehmigungsverfahren, S. 193.

betreffende Partei die zur Erzielung eines gesetzeskonformen Ergebnisses erforderliche Handlung nachholen und im Berufungsverfahren obsiegen wird. Eine Verletzung der Chancengleichheit der Parteien durch den richterlichen Hinweis auf das Vorliegen eines Verfahrensfehlers und die Fristsetzung zur Beseitigung desselben könnte allerdings damit begründet werden, daß § 87 I S. 2 Nr. 7 VwGO den Richter explizit dazu ermächtigt, einseitig die Verwaltungsbehörde durch Ermöglichung der Nachbesserung ihrer mit Verfahrens- oder Formfehlern behafteten Verwaltungsakte zu begünstigen. Mit dem 6. VwGOÄndG wurde kein § 87 I S. 2 Nr. 8 geschaffen, der ausdrücklich eine Nachbesserung des klägerischen Vorbringens ermöglicht.

Diesem Einwand kann aber mit der Überlegung begegnet werden, daß ein gesetzgeberisches Bedürfnis zur Schaffung einer speziell für den Kläger konzipierten Nachbesserungsnorm nicht vorhanden ist. Dem Kläger wird regelmäßig gemäß § 86 III VwGO Gelegenheit zur Nachbesserung seines Klagevortrags gegeben werden. § 86 III VwGO ermöglicht ausdrücklich die Beseitigung von Formfehlern, die Erläuterung unklarer Anträge, die Stellung sachdienlicher Anträge, die Ergänzung ungenügender tatsächlicher Angaben sowie ferner die Abgabe aller für die Feststellung und Beurteilung des Sachverhalts wesentlichen Erklärungen. § 86 III VwGO stellt sich damit als umfassende Aufklärungspflicht des Richters dar, die im wesentlichen dem in der Regel rechtsunkundigen Kläger, der oft nicht anwaltlich vertreten ist, zugute kommt. Der Richter ist daher schon nach § 86 III VwGO zum Hinweis auf etwaige, einem Erfolg des klägerischen Vorbringens im Wege stehende Mängel und zur Ermöglichung der Beseitigung dieser Mängel durch den Kläger verpflichtet. Die Aufnahme dieser Nachbesserungsmöglichkeit des Klägers in den Maßnahmenkatalog des § 87 I S. 2 VwGO ist daher nicht erforderlich, da § 86 III VwGO die gleiche richterliche Befugnis umfaßt.[816]

Eine Verletzung der Chancengleichheit der Parteien durch die Regelung des § 87 I S. 2 Nr. 7 VwGO ist daher nicht ersichtlich.

c) Aussetzung des Verfahrens gemäß § 94 S. 2 VwGO

---

[816] So auch die Stellungnahme der *Vereinigung Hessischer Verwaltungsrichterinnen und Verwaltungsrichter* (VHV), BDVR-Rundschreiben 3/1996, S. 98.

Etwas anders verhält es sich mit der Regelung des § 94 S. 2 VwGO. Wie oben schon dargelegt dient § 94 S. 2 VwGO hauptsächlich dem Nachbesserungsinteresse der Behörde und besitzt kaum praktische Anwendbarkeit für den Betroffenen.[817] Eine Verletzung der der richterlichen Unabhängigkeit liegt aber auch hier nicht vor, wenn die Nachbesserung durch die Behörde unter den oben genannten Einschränkungen wahrgenommen werden. Es ist Aufgabe des Gerichts dem Nachbesserungbegehren der Behörde nur für diese (unbedenklichen) Fälle stattzugeben.

Es ist allerdings schwierig den Anschein, daß das Verwaltungsgericht einseitig als „Weggefährte" der Behörde tätig wird, aus der Welt zu schaffen.[818] Insoweit sind die rechtspolitischen Bedenken der Kritiker der Neuregelungen auch begründet.[819] Der Ruch der einseitigen Parteinahme wird auch nicht dadurch beseitigt, daß die Vorschrift des § 94 S. 2 VwGO von ihrer ursprünglichen Ausgestaltung als Soll-Vorschrift, *„Auf Antrag der Verwaltungsbehörde soll das Gericht die Verhandlung zur Heilung von Verfahrens- und Formfehlern aussetzen......"*[820] in eine gerichtliche Ermessensregelung abgeändert wurde.[821] Dies ergibt sich zum einen daraus, daß der Kläger praktisch höchst selten von seiner Antragsbefugnis Gebrauch machen wird und daher immer subjektiv den Eindruck haben wird, daß das Gericht die beklagte Behörde favorisiert, zum anderen macht es für den Betroffenen keinen Unterschied, ob der Gesetzgeber den Richter anweist, die Fehlerheilung zuzulassen oder ob es sich dabei um die eigene Entscheidung des Gerichts handelt.

Hier muß allerdings berücksichtigt werden, daß das Gericht sein Ermessen ausschließlich mit dem Ziel der Verfahrenskonzentration ausüben darf und seine Entscheidung dementsprechend begründen muß. Weiterhin stellt das Gesetz in § 87 I

---

[817] Vgl. oben S. 184.

[818] *Stüer*, Die Beschleunigungsnovellen 1996, DVBl. 1997, 326, 333.

[819] Vgl. *Kuhla/Hüttenbrink*, Endstation Einzelrichter, DVBl. 1996, 717, 718; *Stüer*, Die Beschleunigungsnovellen 1996, DVBl. 1997, 326, 333; *Redeker*, Neue Experimente mit der VwGO?, NVwZ 1996, 521, 524; *Krämer*, Sechstes Gesetz zur Änderung der Verwaltungsgerichtsordnung, LKV 1997, 114, 115; *Schenke*, „Reform ohne Ende"-Das Sechste Gesetz zur Änderung der VwGO und anderer Gesetze, NJW 1997, 81, 86.

[820] BT-Drucks. 13/3993.

[821] Die Änderung erfolgte aufgrund der Kritik des Rechtsausschusses an der Formulierung des § 94 S. 2 VwGO, der optisch den Eindruck einer Parteinahme erwecke. Vgl. nur die Beschlußempfehlung und den Bericht des Rechtsausschusses des Deutschen Bundestages zu den Gesetzesentwürfen der Bundesregierung und des Bundesrates, BT-Drucks. 13/5098, S. 9, 36.

S. 2 Nr. 7 VwGO klar, daß die Nachbesserung durch die Behörde nur erfolgen darf, wenn dadurch keine Verzögerung des Verfahrens eintritt. Das Ermessen des Gerichts hat sich daher an dem Zweck der Verfahrenskonzentration und der Verfahrensbeschleunigung zu orientieren. Letztendlich liegt es an den Verwaltungsgerichten von den neuen Befugnissen zurückhaltend Gebrauch zu machen und dadurch selbst den Anschein der Parteilichkeit zu vermeiden. Nicht zuletzt ist eine vom Gesetzgeber erwünschte Zulässigkeit der (antragsabhängigen) Nachbesserung von Mängeln des Verwaltungsaktes im Prozeß immer von einer Initiative des Gerichts abhängig, das über die Sachdienlichkeit der Heilung von Verfahrens- und Formmängeln im Prozeß zu entscheiden hat.

VI. Gesamtergebnis

1. Die Nachbesserung eines Anhörungsmangels im Prozeß durch Nachholen der Anhörung verstößt gegen das verfassungsrechtlich garantierte Recht auf wirksamen Rechtsschutz gemäß Art. 19 IV GG. Eine Anhörung des Betroffenen, die erst im Zeitpunkt nach Erlaß des Verwaltungsaktes durchgeführt wird, kann ihre Funktion der Verfahrensteilhabe nicht mehr erfüllen und ist sinnlos. Die Anhörung des Betroffenen vor dem Erlaß des Verwaltungsaktes ist Kern des verfahrensrechtlichen Grundrechtsschutzes. Ohne vorherige Anhörung wird der Betroffene mit einem ihn belastenden Handeln der Behörde konfrontiert, das im Falle der Ermessensverwaltungsakte keine strenge Gesetzesakzessorietät aufweist und deshalb durch eine Stellungnahme des Betroffenen zu den Gründen der Behörde beeinflußt werden konnte. Durch das Unterlassen der Anhörung wird dem Betroffenen diese Einflußmöglichkeit und damit die Chance, die Entscheidung der Behörde zu seinen Gunsten zu wenden, genommen.

2. Das Nachschieben der Begründung i. S. des § 45 I Nr. 2 VwVfG während des Prozesses verstößt nicht gegen Art. 19 IV GG, da hier primär auf die Befriedungsfunktion der Begründung abzustellen ist, die auch im Prozeß noch erreicht werden kann. Die Akzeptanz des Verwaltungsaktes durch den Betroffenen ist nicht von dem Zeitpunkt abhängig, in dem der Betroffene die Begründung erhält, sondern basiert auf der erkennbaren Qualität, Überzeugungskraft und Stringenz der Entscheidung. Das Vorliegen der Begründung erst während des gerichtlichen Verfahrens ist grundsätzlich dazu geeignet, den Verwaltungsakt gegenüber dem Betroffenen zu rechtfertigen.

Die Tatsache, daß der Betroffene allein aufgrund der fehlenden oder unvollständigen Begründung der Verwaltung zur Einleitung des Klageverfahrens veranlaßt worden ist, in dem er jetzt nominell unterliegt, verletzt nicht die Rechtsschutzgarantie des Art. 19 IV, da ein Anspruch des Betroffenen auf die Beibehaltung des negativen „status quo" des Verwaltungsaktes nicht existiert. Die durch die Klageabweisung drohenden Kosten kann der Betroffene durch Erledigungserklärung nach der Nachbesserung auf die Verwaltung abwälzen.

3. Die prozessualen Instrumentarien zur Durchsetzung der Nachbesserung im Prozeß, namentlich die §§ 87 I S. 2 Nr. 7 und 94 S. 2 VwGO, sind mit dem Grundgesetz vereinbar.

Im Planfeststellungsrecht richtet sich die Nachbesserung nach den jeweiligen Fachgesetzen bzw. nach den Vorschriften der §§ 72 ff. VwVfG, die eine Anwendung des § 45 VwVfG ermöglichen. Bei Anwendung des § 45 VwVfG auf formelle Fehler des Planfeststellungsbeschlusses ist auf die obigen Ausführungen zu verweisen. Die Möglichkeit des Betroffenen, durch seine Teilhabe an dem Verfahren auf den Erlaß bzw. die Beschaffenheit des Planfeststellungsbeschlusses Einfluß zu nehmen, läuft leer, wenn dies erst nach dem Erlaß des Planfeststellungsbeschlusses erfolgt. Die Problematik der Nachholung der Anhörung der Betroffenen während des Prozesses stellt sich im Planfeststellungsrecht nicht, da der Betroffene, der seine Einwendung nicht oder nicht rechtzeitig vorgetragen hat, damit im Verwaltungsprozeß materiell präkludiert ist.
Dagegen kann eine Begründung des Planfeststellungsbeschlusses auch noch im gerichtlichen Anfechtungsprozeß nachgeliefert werden. Die Nachbesserung der formellen Begründung des Planfeststellungsbeschlusses im Verwaltungsprozeß bringt aber erhöhte Anforderungen an die Prüfung der Rechtmäßigkeit des Abwägungsergebnisses mit sich, da eine fehlende formale Begründung des Planfeststellungsbeschlusses einen materiellen Abwägungsmangel verbergen kann.

4. Die Unerheblichkeitsregelungen von Abwägungsmängeln in § 75 I lit. a VwVfG und gleichlautend in den Fachgesetzen ermöglichen eine Nachbesserung von materiellen Mängeln des Planfeststellungsbeschlusses durch eine Planergänzung oder eines ergänzenden Verfahrens. Ein Verstoß gegen Art. 19 IV GG ist nicht ersichtlich. Dies ergibt sich zum einen schon aus dem hohen Formalisierungsgrad des Planfeststellungsverfahrens, der ein Höchstmaß an materieller Sachrichtigkeit gewährleistet, und zum anderen aus der Tatsache, daß eine Heilung nur stattfinden kann, wenn ein Fehler in der inhaltlichen Abwägung das Gesamtkonzept der Planung nicht in Frage stellt.

Sinnbild für die Fehlerheilung durch Wiederholung des Verfahrens ist die schief zugeknöpfte Jacke, die nur bis zu dem Punkt wiederaufgeknöpft werden muß, bis die fehlerhaft geknöpfte Stelle erreicht ist. Wenn sich bei der nunmehrigen Berücksichtigung des abwägungsrelevanten Materials ergibt, daß sich die Grundzüge der Planung aufgrund der neuen Tatsache nicht mehr halten lassen, ist eine Fehlerheilung mittels Planergänzung oder eines ergänzenden Verfahrens ausgeschlossen (die Jacke wurde in diesem Fall schon mit dem ersten Knopf falsch geschlossen).

Problematisch ist hier, daß das Verwaltungsgericht feststellen muß, ob der Abwägungsmangel von dem Gesamtkonzept der Abwägung isolierbar und damit einer Nachbesserung zugänglich ist. Hierbei können die Grenzen zwischen der autonomen Planungsverantwortung der Planfeststellungsbehörde und der nachvollziehenden gerichtlichen Kontrolle verwischt werden. Ob die richterliche Entscheidung über die Zulässigkeit der Behebung eines Abwägungsmangels einen Verstoß gegen das Prinzip der Gewaltenteilung verursachen kann, ist nicht Gegenstand dieser Untersuchung. Die Nachbesserung materieller Fehler des Planfeststellungsbeschlusses ist mit Art. 19 IV GG vereinbar.

5. Verfassungsrechtlich bedenklich ist die Abwertung des Widerspruchsverfahrens durch die Nachbesserungsnormen. Dem Betroffenen entgeht i. d. R. die Nachprüfung der nachgeschobenen Gründe durch die Widerspruchsbehörde oder er muß bei der Nachholung der Anhörung erst im Prozeß auf die Einflußnahme im Widerspruchsverfahren verzichten. Hier sind die Funktionseinbußen des Widerspruchsverfahrens unübersehbar. Ein Verstoß gegen Art. 19 IV GG ist aber zu verneinen, da Art. 19 IV GG die Durchführung eines Widerspruchsverfahrens nicht zwingend gebietet.

VII. Ausblick

Neue Gesetze führen oft zu erbitterten Diskussionen über ihre verfassungsrechtliche Rechtmäßigkeit. Die Fronten im Schrifttum verhärten sich, die Positionen bleiben eindeutig. Doch während der (Papier)Krieg noch tobt, hat die Praxis in aller Stille schon mit der Umsetzung der umkämpften Normen begonnen.[822] Nach einiger Zeit und einer Vielzahl von Urteilen stellt sich dann später heraus, daß die vermeintliche Gefährdung eherner Verfassungsprinzipien bei weitem nicht so einschneidend ist wie befürchtet und daß die geschmähten Paragraphen schlicht zu wenig praktische Relevanz besitzen, um den Rechtsstaat grundsätzlich in Frage zu stellen.

Auch für die Nachbesserungsnormen stellt sich die Frage, ob ihr praktischer Anwendungsbereich weitreichend genug ist, um ernstliche verfassungsrechtliche Probleme zu bereiten. Dabei ist zwischen nichtförmlichen und förmlichen Verwaltungsakten zu unterscheiden.

1. Nichtförmliche Verwaltungsakte

Vor der Anfechtung von Verwaltungsakten, die in einem nichtförmlichen Verfahren erlassen wurden, ist grundsätzlich gemäß § 68 I VwGO ein Widerspruchsverfahren durchzuführen, das nur ausnahmsweise nach § 68 II VwGO entfallen kann. Mit der Durchführung des Widerspruchsverfahrens ist nach der Auffassung des *BVerwG* eine unterlassene Anhörung als geheilt anzusehen, soweit der Widerspruchsbehörde die gleiche Sachentscheidungskompetenz zukommt wie der Ausgangsbehörde. Wenn man mit dem *3. Senat* des *BVerwG* davon ausgeht, daß auch bei identischer Entscheidungskompetenz der Widerspruchsbehörde die unterbliebene Anhörung nur durch die Ausgangsbehörde nachgeholt werden kann, besteht auch die Möglichkeit, daß die Ausgangsbehörde nach Einlegung des Widerspruchs durch den Betroffenen die erforderliche Anhörung im Rahmen des Abhilfeverfahrens nachholt.[823] Die Konstellation, daß eine unterlassene Anhörung in einem einfachen Verwaltungsverfahren erst im Prozeß gerügt wird, ist daher zumindest im einfachen Verfahren als Ausnahmefall einzustufen.

Grundsätzlich wird die verletzte Verfahrenshandlung im Laufe des Widerspruchsverfahrens entdeckt und nachgebessert werden. Es kann auch nicht davon ausgegangen werden, daß die Behörde den Verfahrensfehler zwar erkennt, eine Heilung

---

[822] Es existiert selbstverständlich auch das entgegengesetzte Verhaltensmuster, daß neue Rechtsnormen von den Gerichten schlichtweg ignoriert werden und dadurch ihre politische Wirkung verfehlen. Dies gilt ausschließlich für Normen deren Anwendung in das Ermessen des Richters gestellt ist, wie dies bei der Vorschrift des § 87 I Nr. 7 VwGO, der die Nachbesserung prozessual ermöglicht, der Fall ist.

[823] Vgl. dazu *BVerwG*, Beschluß v. 18. 2. 1991, Buchholz 316 § 45 Nr. 20.

aber in der Erwartung unterläßt, daß der Betroffene schon nicht Anfechtungsklage erheben werde. Der Behörde steht zwar nach der Neufassung des § 45 II VwVfG die Nachbesserung des verfahrens- oder formfehlerhaften Verwaltungsaktes im verwaltungsgerichtlichen Verfahren offen, sie kann durch die im Prozeß nachgeholte Verfahrenshandlung i. S. des § 45 I VwVfG die drohende Aufhebung des Verwaltungsaktes abwenden, wird aber trotzdem mit den Prozeßkosten belastet, da diese entsprechend § 161 II VwGO der Behörde auferlegt werden.[824] Ein derartiges „laisser faire"- Verhalten der Behörde dürfte daher auszuschließen sein.

Was die Heilung materieller Mängel durch das Nachschieben von Gründen gemäß § 114 S. 2 VwGO anbelangt, so ist ein Abrücken des *BVerwG* von seiner neueren Rechtsprechung, daß es sich bei den nachgeschobenen Gründen um einen (konkludent) neu erlassenen Verwaltungsakt handelt, nicht zu erwarten. Die Rechtsprechung des *BVerwG* eröffnet dem Betroffenen aber die Möglichkeit, Widerspruch gegen den neuen Bescheid zu erheben, so daß eine Abwertung des Widerspruchsverfahrens nicht vorliegt.

2. Planfeststellungsbeschlüsse

Im Planfeststellungsverfahren war bisher schon die tatsächliche Nachbesserungsphase zeitlich enger abgesteckt, da vor der Erhebung der Anfechtungsklage gegen einen Planfeststellungsbeschluß ein Widerspruchsverfahren nicht durchgeführt wird.[825] Eine Heilung des Verfahrensfehlers war daher nach bisheriger Rechtslage kaum durchführbar, da diese in der knappen Einmonatsfrist zwischen dem Erlaß des Planfeststellungsbeschlusses und der Klageerhebung erfolgen mußte.[826] Die Unstatthaftigkeit der Durchführung eines Widerspruchsverfahrens vor der Erhebung der Anfechtungsklage gegen einen Planfeststellungsbeschluß wird allgemein mit der besonderen Ausgestaltung des förmlichen Verfahrens, das eine umfassende Berücksichtigung individueller Belange und damit ein Maximum an Rechtmä-

---

[824] *Schmieszek*, Sechstes Gesetz zur Änderung der Verwaltungsgerichtsordnung und anderer Gesetze (6. VwGOÄndG), NVwZ 1996, 1151, 1155

[825] Vgl. §§ 74 I S. 2 i. V. mit § 70 VwVfG; Ausnahmeregelungen können in den Landesgesetzen enthalten sein.

[826] Vgl. *Breuer*, Verfahrens- und Formfehler der Planfeststellung für raum- und umweltrelevante Großvorhaben, FS für Sendler, S. 357, 375.

ßigkeit und Zweckmäßigkeit der Entscheidung gewährleiste, begründet.[827] Dies wird vor allem durch ein ausführliches Anhörungs- und Erörterungsverfahren (vgl. § 73 VI VwVfG) gewährleistet.

Nach früherer Rechtslage wurde der Betroffene, der seine Einwendungen zu spät erhoben hatte, mit diesen nicht mehr im Erörterungstermin gehört, das (spätere) Vorbringen dieser Einwendungen im Rahmen der Anfechtungsklage blieb unbenommen.[828] Diese formelle Präklusion wurde zunächst in den Fachgesetzen[829] und nunmehr auch in § 73 IV S. 3 VwVfG durch eine materielle Präklusion ersetzt.[830]

Wer nunmehr als Betroffener seine Einwendung gegen den Planfeststellungsbeschluß zu spät erhebt, darf mit diesem Einwendungen im Planfeststellungsverfahren und auch im gerichtlichen Anfechtungsverfahren nicht mehr gehört werden.[831] Praktisch bedeutet dies, daß ein Betroffener, der seine Einwendung verspätet erhoben hat, einen Mangel der Anhörung im verwaltungsgerichtlichen Verfahren nicht geltend machen kann, so daß die Planfeststellungsbehörde die Anhörung auch nicht mit heilender Wirkung im Verwaltungsprozeß nachholen muß.

Was die Fallkonstellation angeht, daß der Einwendungsführer mit seinem Vorbringen nicht in ausreichendem Maße Gehör gefunden, insbesondere seine abwägungsrelevanten Belange nicht berücksichtigt wurden, so handelt es sich nicht um einen formellen, sondern einen materiellen (Abwägungs)Fehler, dessen Erheblichkeit nach der materiellen Nachbesserungsregelung des § 75 I lit. a VwVfG oder der entsprechenden fachgesetzlichen Regelung zu beurteilen ist.[832]

---

[827] Vgl. statt vieler *Sachs*, in: Stelkens/Bonk/Sachs, VwVfG, § 70 Rz. 1; *Busch*, in: Knack, VwVfG, § 70 Rz. 2.

[828] Diese formelle Präklusionsregelung hinderte die Anhörungsbehörde nicht daran verspätet erhobene Einwendungen in die Erörterung mit einzubeziehen. Vgl. dazu *Niehues*, Der verwaltungsverfahrensrechtliche Ausschluß von Einwendungen gegen einen Planfeststellungsbeschluß, FS für Menger, S. 619, 622.

[829] Vgl. §§ 17 IV S. 2 BFStrG.

[830] Vgl. zu der verfassungsrechtlichen Rechtfertigung materieller Präklusionen, *Jacoby*, Die Beschleunigung von Verwaltungsverfahren und das Verfassungsrecht, S. 82 ff.

[831] Vgl. zu § 75 I lit. a VwVfG, *Stüer*, Die Beschleunigungsnovellen 1996, DVBl. 1997, 326, 328; *Jäde*, Beschleunigung von Genehmigungsverfahren nach dem Genehmigungsverfahrensbeschleunigungsgesetz, UPR 1996, 361; Vgl. zu der Einführung materieller Präklusionsregelungen in den Fachplanungsgesetzen, *von Danwitz*, Umweltrechtliche Präklusionsnormen zwischen Verwaltungseffizienz und Rechtsschutzgarantie, S. 323, 324; *Schmitt Glaeser*, Die Position der Bürger als Beteiligte im Entscheidungsverfahren gestaltender Verwaltung, in: Lerche/Schmitt Glaeser/Schmidt-Aßmann, Verfahren als staats- und verwaltungsrechtliche Kategorie, S. 35, 67.

[832] So auch *BayVGH*, Beschluß v. 4. 2. 1994 - 8 AS 94.40007/8 -, UPR 1994, 194, 195.

Diese Einschränkung der Anwendbarkeit der Nachbesserungsnorm des § 45 VwVfG gilt aber nur für Anhörungsmängel. Für andere Verfahrensfehler, wie beispielsweise Fehler in der Begründung des Planfeststellungsbeschlusses, besteht Raum für den behördlichen Nachbesserungsbedarf während des gerichtlichen Verfahrens. Fehler des Planfeststellungsbeschlusses werden grundsätzlich auch erst im Verwaltungsprozeß akut, da eine der Funktion des Widerspruchsverfahrens korrespondierende Reparaturinstanz fehlt.

Zusammenfassend läßt sich daher feststellen, daß der zeitlichen Erweiterung der formellen Nachbesserungsmöglichkeit des § 45 VwVfG zumindest im Planfeststellungsverfahren (wenn auch in beschränktem Maße) ein Anwendungsbereich eröffnet ist und daher gewisse praktische Relevanz zukommt.

FSC
www.fsc.org
MIX
Papier | Fördert gute Waldnutzung
FSC® C083411

Kolibri 360 GmbH
Ferdinand-Jühlke-Straße 7
99095 Erfurt, Deutschland
produktsicherheit@kolibri360.de